Gerhard Oppel

Wunderliche Geschichten

Über den Autor

Er bezeichnet sich selbst als »Sonntagsdenker und Montagsdichter« (Jahrgang 42). Beruflich ein Mann des Vertriebs, kam er erst spät über den Werbetext zur Schriftstellerei. Sein besonderes Interesse gilt den unausweichlichen Fragen, die zeitgemäß zu beantworten sind. Dazu stellt er Gedankengut der Philosophie, der Psychologie, sowie lyrisches Talent bereit und er hält edle, großherzige Gedanken, die wir in uns hegen, für die wahren Juwelen des Menschen. Der Autor schätzt die Fantasie als wichtiges Werkzeug beim »Handwerk« des Schreibens, denn ihr verdankt er seine oft ungewöhnlichen Einfälle. Im vorliegenden Band aber versucht sich der Autor als Erzähler; die vorstehend erwähnten Vorlieben für Tiefgründiges werden gelegentlich auch in seinen Geschichten spürbar.

Gerhard Oppel

Wunderliche Geschichten

zum Lachen und Weinen

Erzählband

Bookmundo

Impressum

Wunderliche Geschichten – zum Lachen und Weinen

1. Auflage Juli 2022
ISBN: 9789403669533

Cover-Gestaltung, Foto, Satz und Korrektur durch den Autor
Seine Webseite: www.oppelweb.de

Selfpublishing-Portal: Bookmundo Rotterdam, gedruckt in Deutschland

Bibliografische Informationen der Deutschen Nationalbibliothek sind abrufbar: http://dnb.d-nb.de

Inhaltsverzeichnis

Vorwort

Lange Zeit ruhten die vorliegenden Erzählungen in der Schublade. Ich hatte sie aus Neugierde verfasst, um zu sehen, ob mein Geschick dazu überhaupt ausreiche. Dabei stellte ich fest, dass es mir umso mehr Vergnügen bereitete, je experimentierfreudiger ich zur Sache ging.
Zuvor musste ich mich geradezu von schweren geistigen Ketten befreien, die ich als eher mittelmäßiger Notensammler einst im Fach Deutsch mit mir fast lebenslang herumschleppte. Stark behindernd empfand ich die *vogelwilde* deutsche Grammatik. Sie ist mir im Grunde bis heute ein allgegenwärtiger Hemmschuh beim Schreibhobby geblieben.
Damit haben wir uns vorsichtig meiner Bitte an die Leserin, den Leser genähert, bei entdeckten Schwachstellen im Text doch Nachsicht zu üben. Glücklicherweise kommt es beim Schreiben vor allem auf Inhalt und Ideenreichtum an. Mangelt es daran, kann selbst die tadelloseste Grammatik nicht helfen und auch kein richtig gesetztes Komma.
Als exemplarischer Sturkopf gegenüber dieser, für mich konfliktträchtigen grammatikalischen Regelwerke, dürfte ich eigentlich weder Prosa noch Lyrik veröffentlichen, mangels unzureichender Kenntnisse akademischer Spielregeln. Vermutlich möchten jetzt abertausende studierte Germanisten heftig mit den Köpfen nicken? Ätsch! Ich riskiere es trotzdem, und zwar ohne mit dem Buch durch eine grammatische

Waschstraße zu fahren, wo Lektoren eifrig Texte schrubben. Sehen Sie die Sache bitte positiv: Jeder von Ihnen entdeckte Grammatikfehler spricht für Ihre besseren Deutschkenntnisse! Da sollte doch eher Freude statt Ärger aufkommen – oder?
Das war es schon; es ist raus! Nun aber viel Vergnügen beim Lesen!

*

Kein Schütze trifft immerfort ins Schwarze, ebenso wenig wie ein Spekulant nur gewinnen wird. Auch ein Autor trifft es nicht immer, wie er möchte, und schon gar nicht gelingt das einem Montagsdichter. Es braucht also Versuche, um Treffer zu erzielen. Das sei auch Trost für alle Hand- und Kopfwerker.

Skalar Napoleon und die Eierfrau

Tun wir uns doch keinen Zwang an – bleiben wir allgemein verständlich, laienhaft gewissermaßen, wenn wir unter Wasser gehen und über Fische sprechen. Zuvor sollte ich noch eine Begründung liefern, weshalb ich die Leser da mit reinziehe.

Meine Frau hatte mich immer häufiger mit der Entscheidung konfrontiert: Standuhr oder kleines Schränkchen, irgendwas Hübsches, das dieses meterbreite Mauerstück nahe dem Essplatz noch gut vertragen könne.

»Mensch, schau mal«, rief ich meiner Gattin zu, als wir gerade von den Standuhren kommend im obersten Stock des Warenhauses durch die Abteilung sausten.

»Das Sechseck dort, das würde sich doch gut machen, obwohl ...« Sie bremste ab und nahm sich das Möbel vor, fand es ebenso formschön wie farblich passend und der Preis war um fünfzig Prozent reduziert aber immer noch üppig für ein Fischhaus. Zugegeben, es war ein Schönes! Stilmöbel! Nussbaum mit Zierleisten, ein seltenes Sechseck-Hochformat-Aquarium, mit Beleuchtung und integriertem Unterschrank, praktisch!

»Also, was ist?«

»Na ja, wenn du dich um die Fische kümmerst, mir soll's recht sein.«

Fische? Ach ja, natürlich würde ich das hinkriegen; die machen kaum Dreck und ruhig sind die auch! So also kam einer, der Fische nicht einmal zum Essen gerne hat und keine Ahnung vom Drumherum der Fischhaltung und nie im Traum an ein Warmwasseraquarium dachte, zu einem solchen.

Längst stand die leere Fischvitrine an ihrem Platz, während ich noch Trockenübungen in den Fischabteilungen durchzog. Informationsaustausch mit Aquarianern, Fachleuten, Fischexperten. Da war ich aber verwirrt, wie widersprüchlich bereits die fundamentalen Meinungen auseinanderliefen!

»Zuerst das Wasser, klar – dann, nach drei Wochen die Fische rein, und unbedingt die Mittel nicht vergessen!«, riet der eine.

»Das Wasser rein, dann gleich die Fische im Wasserbeutel rein – zur Temperaturanpassung und Eingewöhnung. Nach einer halben Stunde Fische samt Beutelwasser rein. Das ist ganz wichtig, damit die Organismen das neue Wasser impfen können!« Gefragt danach, was er von einer sichereren Wartezeit über drei Wochen hielte.

»Das ist Quatsch!« So ist das mit den Experten.

»Wann bringst du endlich die Einrichtung? Den Sand und die Wurzel, von der du gesprochen hast?«, fragte mich mit drängendem Unterton meine Frau.

»Ich bin noch nicht soweit. Weißt du, es ist alles komplizierter, als ich dachte: Welchen Sand? Welche Pflanzen? Wie pflanzen – mit Erdballen? Dann die Filtergeschichte – und erst die Fische! Da fängt es ja erst an! Woher soll ich nur die Zeit nehmen?« Daraufhin musste ich mir anhören, dass ich das Aquarium doch unbedingt haben wollte und jetzt müsse ich mich eben auch darum kümmern! So einfach sei das.

Nach und nach hatte ich mir den theoretischen Unterbau zusammengefragt und kam schließlich mit einer Teilmöblierung fürs Fischehaus zurück. Zuerst kam ein Sack ... haha, kein Sand! Der mache sich gerne auf die Socken, wenn man den Fischabort am Boden mit dem Schlauch absaugt. Besser sei Kies, das habe ich befolgt. Ich kaufte teures Grobsandiges oder fein Kiesiges, wenn man so will, eben Spezialkies. Gelblich mit quarzigem Anteil und einem Schuss Buntkies, rot, grün, schwarz. Eingeschüttet – vorne flach, nach hinten ansteigend, wie beim Landschaftsbau. Mittig draufgestellt, eine prächtige Schauwurzel mit zwei ausgreifenden Enden, als solle sie sich künftig die Fische greifen, keilförmig aufragend bis unter die Wasseroberfläche. Auch so etwas ist nicht billig, wie überhaupt gar nichts billig ist, wenn man einmal seinen Geldbeutel geöffnet hat. Wenn jemand meint, er könne mir Vorhaltungen machen, weil ich keine einheimische Wurzel aus dem Wald geholt hatte und teures Geld für eine wasserfertige Schauwurzel ausgab, dem sage ich jetzt aber auf den Kopf zu: Ich habe das natürlich zuerst versucht! Sie schwamm wochenlang obenauf in der Badewanne, und wie oft ich das braune Teewasser gewechselt habe, weiß ich nicht mehr.

»Unsere Wurzeln haben sich das Schwimmen abgewöhnt«, zerstreute der Verkäufer meine Zweifel, die ja durch gemachte Erfahrung berechtigt waren.

Es ging mir damals so wie in Kindertagen, als ich für ein großes Marmeladenglas ordinären Bausand waschen wollte, damit ich einen selbst gefangenen

Bachfisch im Glas auch noch sehen konnte. Mit welcher Ausdauer ich wusch und wusch und immer wieder vergeblich das Wasser wechselte, so viel Geduld hat kein normaler Mensch!
Wo waren wir? Bei der Einrichtung! Es mussten einige flache, schwarze Schieferplatten fächerförmig ausgelegt werden. Daneben poröses Vulkangestein, aufgebaut aus etlichen Brocken zu kleinen Versteckhöhlen. Die Fische sollten sich doch wohlfühlen. Im Vordergrund, der eingebuddelte smaragdgrüne exotische Stein, welcher daumenbreit aus dem golden schimmernden Kies hervorlugte. Vorne Wasserpflanzen, aussehend wie knackiger Feldsalat und neben der Wurzel, bis zu ihrer halben Höhe reichend, ein schlankes, elegantes lilienblättriges Gewächs. Darüber freies Wasser für freie Fische. Sarkastisch – finden Sie? Hm – freie Fahrt für freie Bürger? Sind wir denn frei? Frei ist nur der Geist, und das auch nicht überall. Sobald einer sagt, was er denkt, kann er das schneller bestätigt finden, als ihm lieb ist.
Schon an der vorherigen Beschreibung wird jedem klar, wie sehr doch eine noble Einrichtung nach attraktiven Bewohnern schreit. Ein Standardfisch kommt in einem Salon einfach nicht zu Geltung. Aber da gibt es noch ein Problem.
Weil die meisten Aquarien querformatig sind, fühlen sich längliche Fische dort wie zu Hause. Aber wie ist das in einem Hochformat-Aquarium mit querformatigen Tieren? Irgendwie musste das Problem gelöst werden, indem ich nach runden, beziehungs-

weise quadratischen Fischen Ausschau hielt. Bis ich wie elektrisiert vor hochformatigen Skalaren stand, die handflächengroß mit ihren riesigen beiden Stoßstangen – leider fehlt mir die fachmännische Bezeichnung dafür – majestätisch, würdevoll an mir vorüberzogen. Wäre ich noch ein kleiner Bengel gewesen, hätte ich mich jetzt gewiss an den Kasten gehängt und gezahnt: »Die will ich aber haben!«

Schließlich kam im Laufe der nächsten Monate eine ansehnliche Gesellschaft in der luxuriösen Fischvilla zusammen. Halt, vom eingefüllten Wasser war noch nicht die Rede, es sei aber der Vollständigkeit wegen, für gewissenhafte und gründliche Naturen erwähnt: Zuerst das Wasser – dann die Fische im Beutel – nach dreißig Minuten – fertig!

Einer der ersten Bewohner war Napoleon. Ein schwarzer Skalar mit wenigen weißen Flecken. Er kam selbstverständlich nicht im Luftsack als Napoleon ins jungfräuliche Wasser, sondern er bekam diesen Namen erst viel später, aufgrund seines Verhaltens, seiner Eigenarten. Eine Herrschernatur war der, ungeduldig, jähzornig und souverän gegenüber Artgenossen.

Unser Globus, welcher mit ihm ins Wasser flutschte, war der Größte, ein Koloss. Kniff man die Augen zusammen und hatte etwas Fantasie, sah man die Kontinente an seinen bräunlichen Flanken. Dieser Fisch strotzte vor Neutralität. Er stand über den Dingen und mischte sich selten ein, wenn Zoff angesagt war. Ganz anders die Eierfrau. Diese Dame war ungewöhnlich engagiert und darüber hinaus auch sehr schön, makellos ihr schwarzgestreifter Silberleib. Napoleon war ihr ergebener Diener bei der Eierverteidigung, wenn die übrigen Neidhammel daher schwammen, um sich den künftigen Nachwuchs zu schnappen. Zu Solchem kam es leider nie!

Keinesfalls darf der Däumling unerwähnt bleiben, ein scheuer und ziemlich feiger Zeitgenosse. Kein Wunder, er war der kleinste Skalar und wurde von jedem zusammengestaucht, dem er in die Quere schwamm. Doch auch er war eine Persönlichkeit, Komödiant noch dazu.

Somit sind die Skalare abgehandelt. Es folgen noch unsere beiden Haie im Zigarrenformat. Keine Angst, es waren Haibarben, Dummerchen, stumpfsinnige Hin- und Herschwimmer, taten so, als wären sie alleine auf der Welt und reagierten nicht im Mindesten auf uns, wenn wir Signale durchs Glas sandten, zum Beispiel mit gefletschten Zähnen klapperten. Ganz im Gegensatz zu den Skalaren, die auf Fingerzeig an die Scheibe kamen und neugierig herausäugten. Meine Stoßstangen-Imitation mittels nach unten gekrümmtem Zeige- und Mittelfinger, auffordernd bewegt, ließ einen Napoleon Kampfhaltung einnehmen, und seine Schwerter zuckten aggressiv, um mir zu zeigen, wo der Bartel den Most holt. Ach, oder heißt es, wer hier den Bartel den Most holt?

Beim Schreiben merkt man erst, was für ein Stuss doch in Umlauf ist und welchen man selbst verzapft.

Zur weiteren Bestandsaufnahme gehört auch ein Schwarm ovaler Sträflinge, quicklebendige Sumatra

Barben, in ihrer schwarzgelbgestreiften Montur mit den lustigen roten Bauchflossen. Flink, wie Vögel flogen – Pardon, flitzten sie im Schwarm durchs Wasser, hatten keinen Respekt vor irgendetwas. Gerne gingen sie neckisch den großen Seglern an die Flossen und zupften daran, um diese zu nerven. Auch bei Fischen sieht man genau, wie es ihnen Spaß macht, andere zu ärgern. Zu guter Letzt, um die Aufzählung endlich abzuschließen, sei ein Corridorasmelanistus[1] erwähnt. Mich durchfährt ein Ruck des Erstaunens, als ich das Wort niederschreibe, verblüfft darüber, wie es so lange in meinem Gehirn haften konnte. Es muss an seinem großen Saugmaul liegen, mit dem sich dieser Geselle aber auch überall anhaftet, sogar in meinem Gedächtnis. Ob ich seinen Namen richtig geschrieben habe, weiß ich nicht. Im Duden oder Lexikon war er nicht auffindbar und Fischbücher habe ich keine mehr. Jedenfalls ist er nützlich, da er das Haus in Ordnung hält, Scheiben putzt, den Boden säubert. Sonst fiel er nur auf, wenn er plötzlich, gut getarnt, von der braunen Wurzel aus dem Nichts aufstob und den ungefassten Zuschauer erschreckte. Anfangs saßen meine Frau und ich häufig vor dem neonlichtdurchfluteten Aquarium, in welchem feine Luftbläschen zwischen den Fischen als Silberbällchen zur Wasseroberfläche sprangen. Aus dem Unterschrank drang ein behagliches Brummen der Pumpe.

Unser Sohn, selbst Fisch, hatte an solcher Beschaulichkeit nur wenig Interesse. Er spielte über unseren

---

1 Nachtrag: Der Name schreibt sich Corydoras Melanistius

Köpfen Klavier in seinem Zimmer. Uns aber machte Fischesehen eben Spaß. Das Fernsehen hatten wir uns für einige Zeit dadurch abgewöhnt und gar nicht vermisst. Die obligatorische Futterschau mit bunten papierdünnen Flocken aus der Dose brachte immer Leben in die Bude. Während die flinken Barben das Absinken des Mannas, das vom Himmel fiel, nicht abwarten konnten und raketenartig nach oben schossen, schnappten die Skalare gelassen erst zu, wenn der Braten vor ihrem Maul schwamm. Ein Putzerfisch allerdings zieht es vor, sich Abgesunkenes reinzuziehen.

Wenn unsereiner statt der langweiligen Kartoffeln mit Grünzeug ein Pfeffersteak – oder der süße Typ seinen Rahmstrudel auf dem Teller sieht, strafft sich das Rückgrat. Solches ist auch bei Fischen zu beobachten, wenn sie abweichend vom alltäglichen Futtertrott gelegentlich Lebendfutter, zum Beispiel ihre Leibspeise, ein Knäuel roter Würmchen aufgetischt bekommen – brr. Den langstieligen schönen Wurmlöffel hat meine Frau leider nicht fortgeworfen. Er befindet sich, wohl Tausende Male peinlichst gewaschen, im Besteckfach. Ob man es mir glaubt oder nicht: Mich graust es nach Jahrzehnten noch immer davor, einen dieser vier Löffel für tiefgründige Leckereien zu benutzen; es könnte ja der Wurmlöffel sein ...

Bei der Wurmfütterung spielten sich allerhand spannende Szenen ab. Zwei Skalare, die ihre Kraft maßen und sich verhielten, wie Seilzieher, den Wurm im Maule, ausdauernd zogen und das gute Stück schließ-

lich zerrissen. Der Putzer bekam ein großes Knäuel unter die Flossenfittiche, hockte sich mit seinem riesigen Sauger darauf und verteidigte seine Beute ganz besessen vor jedermann, solcher versuchte, ein schlingerndes Wurmende zu ergattern. Das Spiel des Besitzers mit den Habenwollern schien ihm rechtschaffen Freude zu bereiten, denn soweit ich sehen konnte, mochte er selbst seinen Schatz nicht anrühren, was ich dem Putzer problemlos nachfühlte. Vielleicht nach einer halben Stunde Theaterspiel hatte er keine Lust mehr, hob ab und überlies die geballte Ladung den anderen.
In den Haibarben aber glaubte ich, tatsächlich jene aggressive Ader ihrer Namensvettern zu erkennen, wenn sie jetzt auf einmal zu Pfeilen geworden waren und zu puren Bestien für die armen Würmchen.

Soweit Teil eins der Geschichte. Doch was jetzt an Enthüllung folgt, ist etwas so unsäglich Dummes und Abgefahrenes von mir, dass ich allergrößte Bedenken vor der Niederschrift habe und Angst davor, man könnte mich für verrückt erklären. Es stellt garantiert vieles in den Schatten, was es Seltsames aus der Aquaristik zu berichten gibt.
Für die hoffentlich wenigen Leser und Leserinnen, die Trost suchen, weil sie womöglich glauben, manchmal selbst nicht mehr bei Sinnen zu sein – denen kann geholfen werden: Sie sind nicht allein! Ihnen sei das Folgende gewidmet.
Wieder einmal war die missliebige Arbeit der Stall-

reinigung getan. Ein Nachmittag war damit draufgegangen, bis alles im nunmehr kristallklaren Wasser optimal zu Geltung kam, die kräftigen Farben der Fische und das leuchtende Grün der Blätter. Wohlgelaunt setzte ich mich nun in die Ecke und gönnte mir ein kühles Weißbier. Ein großer Wasserwechsel veränderte erstaunlicherweise das Verhalten der Tiere ungemein. Je älter das Wasser, umso träger und schwerfälliger wurden die Fische. Im Frischwasser fühlten sie sich neugeboren, gar übermütig schwammen sie herum. Etwas ähnlich Befreiendes hatte der Wasserwechsel für sie, wie einsetzender Gewitterregen, lang ersehnt nach großer Trockenheit für eine danach lechzende Erde mit all ihren Pflanzen. Ebenso auch bei mir: Kaum hatte ich mein Glas Weißbier getrunken, verlangte mir nach einem weiteren, was ich mir unverzüglich genehmigte und damit neben meine Frau rückte, die seit kurzer Zeit das saubere Aquarium genoss. Immer ärgerlicher war aber ihre Miene geworden.

»Was fehlt dir denn?«, fragte ich sie teilnahmsvoll und in bester Geberlaune.

»Ach schau doch nur, wie sie wieder den Däumling drangsalieren!«

»Komm rauf Kleiner, du brauchst jetzt einen Schluck«, sagte ich beim Aufstehen und zeigte ihn mit dem Finger, wo es langgeht. Tatsächlich schwamm der Kluge nach oben, und ehe sich meine Frau umsah, bekam Däumling den versprochenen kräftigen Schluck Weißbier durch das Futterloch des Abdeckglases gespuckt. Um den Fisch herum flimmerte es im Wasser,

man sah, wie sich das Bier von dort verbreitete.
»Ja, bist du verrückt geworden?«, lachte meine Frau.
»Du kannst den Fischen doch kein Bier geben«, sagte sie vorwurfsvoll mit abgewürgtem Lachen.
»Aber ja, doch – schau, der hat es schon!«
Däumling wollte sich in den eigenen Schwanz beißen, drehte sich torkelnd im Kreis herum, dabei sprang er schier um die eigene Achse. Ein besoffener Fisch! Und wie rekordverdächtig schnell er das schaffte! Wer sonst hat solches Verhalten bei Skalaren beobachtet?
Die Artgenossen aber zogen sich instinktiv immer mehr von dem verrückt Gewordenen zurück. Der aber hatte sich Mut angesoffen und schwamm schnurstracks auf Napoleon zu, seinem Beherrscher. Ein ungewöhnliches Bild bot sich unseren Augen: Däumling, der Kleine war wütend! Er schnappte nach Napoleons Stoßstange! Sodass dieser in geduckter Haltung – Hofknicks heißt das bei uns – rückwärts schwamm. Andere Fische, die sich in die Nähe der beiden wagten, jagte Däumling blitzartig quer durchs Gehäuse, um sich sofort wieder dem Herrscher zu widmen. Da war doch eine Rechnung offen, aber einhundertprozentig! Däumling fuhr jetzt von oben kommend auf den großen Napoleon herab, und zwar so hartnäckig und knüppeldick drohend, bis der Boss flach unter ihm auf den Kies lag. Uns Zuschauern hatte es die Sprache verschlagen, das war einfach unglaublich, was wir da geboten bekamen. In jenen Minuten war Däumling, der Schwache, zum unumschränkten Herrscher des Fischpalastes geworden, mit einer Machtfülle, an die sich selbst ein Napoleon

hätte nicht erinnern können.
So schnell der Verwandlungsspuk begonnen hatte, so plötzlich war er auch verflogen. In der Tat, Fische sind erstaunlich flott nüchtern! Schon nach zehn Minuten schwamm alles wieder seinen gewohnten Gang. So ein Unsinn, werden sie bei dieser Formulierung denken. Nur, wie sagt man das besser?
Napoleon hatte sich rasch gefangen, als er sah, wie Däumling für ihn wieder normal, also scheu geworden war. Sofort verlangte er Satisfaktion, Genugtuung für die erlittene Schmach, und der Kleine musste, flach wie eine Flunder, auf dem Kies liegend, ausgiebig Abbitte leisten. Von den übrigen Gedemütigten wurde er dabei angeschwommen und durfte mit ansehen, wie sie ihm nicht halfen, sondern ihre kalten Schultern zeigten, indem sie sich ruckartig abwandten und vermutlich hämisch lachend in die obere Etage aufstiegen. Da ging es ja zu wie bei den Menschen. Jawohl, genauso! Das war ja das Schockierende: Fische sind auch nicht besser! Wer aber anderen ins Wasser spuckt, bekommt vielleicht – und in diesem Fall ist es absolut zutreffend – reichlich Gelegenheit zu Reue und Sühne.
Es begann damit, das vertraute Pumpengeräusch zu vermissen, als ich anderntags das Wohnzimmer betrat. Pumpe kaputt! – verdammt! Aber im Unterschrank zirpte es noch – vielleicht hängt sie nur, mal nachsehen. Wie gestern, beim großen Wasserwechsel, begann ich mein Reinigungsritual wieder mit den Absperrhähnen und den Schläuchen. Diese verliefen unsichtbar verlegt in der hohlen Holzrückwand des Aquariums. Die

musste ich zuerst herausfummeln. Dann kam die Pumpen-Filtereinheit ans Tageslicht. Die gestern frisch eingesetzte Filterwatte guckte bereits wieder verferkelt durchs grüne Filterglas. Als ich den geöffneten Behältertopf schräg über den Eimer hielt, flutschte die sonst festsitzende Watte wie ein Pfropfen heraus, gefolgt von einem abscheulichen, gallertartigen Schleim, den ich Glibber nannte. Woher kam das Zeug? Weltraumglibber? Von unbekannten Intelligenzen auf unbekannte Weise ins Aquarium geschafft?

Nein! Es war nur ein Erzeugnis der Weißbierhefe. Bäh, da möchte einer glatt aufs Bier verzichten, wem schon mal Glibber durch die Hände geglitten ist. Mit dieser Menge Material wäre sogar eine Gruselfilmproduktion ausgekommen. Es half nichts, die Schläuche und die Filterapparatur mussten gereinigt werden, und als ich damit fertig war, hatte ich Durst bekommen, mir ein Glas Weißbier eingeschenkt und auf den Glibber gepfiffen.

Keine zwei Tage vergingen und ich musste mich erneut fragen: Pumpe kaputt? Man kann es sich denken: Zum zweiten Mal säuberte ich Schlauch und Filter, diesmal aber gründlichst mit heißem Wasser. Na ja, weil aber alle guten Dinge drei sind und es sich mit den schlechten Sachen ebenso verhält, musste auch ich diese Erfahrung dank der Hefebakterien im warmen Wasser machen, die sich unaufhaltsam immer wieder in Glibber verwandelten.

Jetzt half nur eine Totalrenovierung der Fischvilla. Der Geldbeutel wurde weit geöffnet und vieles neu beschafft. Schläuche, Ventile, Spezialkies, Pflanzen. Die Fische nicht! Sie fing ich mit dem Netz heraus und ließ sie in vortemperierten Wassereimern, später auch in der Badewanne, lange Zeit herumschwimmen, ehe sie wieder ihre frisch renovierte Villa beschwimmen konnten. Von da an war ich nie mehr mit Weißbier in der Hand in Nähe des Aquariums gesichtet worden.

Als diese Geschichte meine Frau gelesen hatte, meinte sie vorwurfsvoll:

»Wie kannst du Napoleons Tod vergessen! Und wie die Eierfrau darüber getrauert hat?«

»Du meine Güte! Das ist doch keine Trauerstory! Wo denn soll ich das noch reinquetschen? Nirgends geht das, siehst du!«, versuchte ich, mich zu drücken.

»Dummerle, schreib es doch ans Ende, wo es hingehört; der Tod kommt immer zum Schluss!«

Was sollte ich also tun? Gegen diese Logik ist kein Kraut gewachsen, deshalb wenden wir uns schleunigst Napoleons Untergang zu.

Immer gnädiger war er geworden, der große Schwarze! In Wahrheit wird ihm die Kraft entfleucht sein, um sein strenges Regime machtvoll aufrechtzuerhalten. Verstöße gegen seinen Rang ließ er immer häufiger durchgehen, und er veränderte sich allmählich zum gleichrangigen Fisch unter Fischen. Seine Gattin, die Eierfrau, litt sehr darunter, wie ihr Gemahl an Bedeutung verlor, und sie versuchte, den Respektverlust auszugleichen, indem sie selbst fehlenden Respekt von den Artgenossen einforderte. Fuchsteufelswild wurde sie, wagte es einer, Napoleon dumm zu kommen. Die dunk-

len Streifen ihres makellosen Fischleibes waren deutlich kräftiger zum Vorschein gekommen und schienen das Schwarz aufzusaugen, welches Napoleon sinngemäß an Schwäche abgab. Still war es um den geworden. Als sei er bestellt und nicht abgeholt, stand er oft den halben Tag lang regungslos an der gleichen Stelle, seinem neuen Lieblingsplatz, unten, im Schatten der Wurzel. Einen solchen Ort hatte er früher taktisch gemieden und lieber das helle Licht in den oberen Regionen bevorzugt, wo er als Feldherr stand und den Überblick über seine Untertanen behielt. Dort sah man jetzt auffallend häufig die Herrschergattin patrouillieren. Sie, in ihrer neuen Rolle, weiterhin als Eierfrau zu titulieren, kam uns auf einmal dümmlich vor, sodass wir sie fortan respektvoll Matrone nannten.
Eines Morgens schwammen die Fische unruhiger umher, als sonst – Napoleon war tot! Er lag flach gestreckt auf dem Kiesgrund. Merkwürdig, jene Trostlosigkeit, die er ausstrahlte. Um den Toten herum schwankte eine farblose Matrone. Nicht in tiefschwarzen Streifen zeigte sich ihr Trauergewand, sie trug fahle, transparente Blässe. Als sei sie ohne Halt, schwamm sie eigentümlich ruckartig, stockend und schräg im Wasser, ab und zu die Schlagseite wechselnd. Auch nachdem der tote Fisch entfernt war, hatte Matrone wohl reichlich eine Woche getrauert. In dieser Zeit rührte sie kein Futter an und war auch nicht an Würmern interessiert, mit denen erfahrungsgemäß sonst schnell ein Leid zu kurieren war. Dem Beispiel ihres Mannes folgend, stand sie sehr oft an dessen Schatten-

platz, angelehnt an die Wurzel und machte einen erbarmungswürdigen Eindruck auf die Reingucker. Erst als sie von meiner Frau einen energischen Fingerzeig Richtung Futterloch erhielt, schwamm Matrone nach oben und nahm lustlos, mehr aus Anstand, einige Futterflocken auf.

Den übrigen Fischen ging der Tod ihres Fürsten nicht nahe, sie ließen jedoch Matrone in Ruhe und gewährten ihr wenigstens die ungestörte Trauer. Wahrscheinlich stand Matrone bereits auf jener Schwelle, die Napoleon überschritten hatte. Sie aber wäre nicht Matrone gewesen, hätte sie dort nicht abrupt kehrtgemacht und sich mit letzter vitaler Kraft zurückgemeldet. Sofort gab es Extraportionen Futter für die Geschwächte! Mit jedem Tag nahm nun die Intensität der dunklen Streifen auf ihrem Körper zu und gleichzeitig der Machtanspruch ans Fischvolk, den sie von Napoleon geerbt zu haben schien.

So war aus der Eierfrau die Matrone geworden, die unumschränkte Herrscherin unseres Aquariums.

*

Im Tiere tief verborgen sitzt
ein Kern, aus dem du selbst auch bist.

Hey, hey, Autor!

Das Blatt ist schneeweiß. Der Mensch hockt nervös davor, zentriert sich hin- und herrückend vor dem Papierbogen, der ihm wie eine Drohung ins Auge springt und als kleines weißes Rechteck in seinen Brillengläsern herumschwimmt. Nicht der unentschlossene Schreiberling sieht die Spiegelung in der Brille, nur eine Person, welche vor ihm auf Augenhöhe ginge, könnte sie sehen, wäre da nicht die Zimmerwand. Im schmalen Hotelzimmer 327 ist es eng. Das kleine Tischlein steht unmittelbar an der Wand. Nur ein Gespenst sieht da hindurch, schwebte es vor der Außenwand des Hotels. Auch die eigene Fantasie könnte sich solches und noch ganz anderes vorstellen, falls man ihr dazu die Freiheit ließe. Der Bleistift – ja, der ist willig, doch der ruht noch unentschlossen senkrecht auf dem Papier. Soll man einen Strich ziehen? Keinen Schlussstrich!, das wäre verfrüht. Eine vertikale Linie, vielleicht im ersten Drittel des Blattes, von oben nach unten durchziehen? Links dann die Namen. Und rechts Zusammengesponnenes über die erfundenen Personen – in Stichworten! Ja? Edelsinniges gegebenenfalls mit dem Kuli unterstreichen? Ach was, das ideelle Gute gibt nichts her, weiß der Schreiber, das fliegt überall schnell raus, wird ungern gelesen. Also lieber gleich auf jede Menschlichkeit verzichten und Unmenschliches aufgreifen – besser auf Boshaftes, Kriminelles setzen? Solches ist beliebt und salonfähig. Dafür gibt es jederzeit Nachfrage, denn benötigt wird dergleichen wohl in unbegrenzter Menge. Man sieht das gut in den TV-Programmzeitschriften: Tagtäglich Mord und Totschlag, wohin man schaut. Fast auf allen Sendern: Lumpen- und Verbrecherpack, das die Dödel fasziniert, anspornt und einen selber zum Zweifeln bringt am eigenen Verstand, weil's ja so beliebt ist. Wirklich? Will man als Zuschauer das tatsächlich sehen? Oder wird es uns zur Verblödung zwangsserviert? Mindestens so begehrt wie der Fußball sind die Rate- und Containerspiele, also genau richtig für die Masse von Trotteln im Publikum.

»Hey, hey, Autor!«

»Ach, Verzeihung, war nur so ein Gedanke, verraten vom Gespenst, das draußen schwebt und durch die Mauer hindurch ins Hirn reinschaut.«

»Egal was – aber schreib schon, schreib endlich!«, faucht die innere Stimme. Da hebt sich die Bleistiftspitze vom Blatt ab, wie der Saphir von der Schallplatte, wenn sie nichts mehr zu bieten hat und die Scheibe abgespielt ist.

»Was denn?, was denn?«, brüllt närrisch erregt der Autor in sich hinein. Er kann nicht! Die empfindliche Mechanik im Kopf ist blockiert, keine fünf Nilpferde könnten im Augenblick den Schreiber zur produktiven Einspielung ins Papier ziehen. Von seiner angeblichen Vernunftzentrale bekommt er nur unnützes, aussichtsloses, abgedroschenes Gelaber zu hören. Ihm fehlt der Zugang zu einem notizfähigen Ideenraum. Die Türen sind alle verrammelt, und stünde doch eine offen, bräuchte es immerhin noch den Lichtschalter, ihn zu

erleuchten, den einfallslosen Dummkopf. Aber dann ließe sich wenigstens abschätzen, ob die Aufzeichnung lohnte. Da pfeift neben ihm durch die offene Balkontüre ein gefiedertes Wesen.
»Was schreibst du Schönes, in deinem Käfig?« Ähnlich klang es an sein Ohr. Er antwortete pfiffig, also in der Vogelsprache:
»Wenn ich das wüsste ... mir fällt ja nichts ein.« Dabei sackte der Pfiff am Ende traurig in der Tonhöhe ab, und gewissenhaft, wie er war, sandte er die Botschaft auch an sein Zentralhirn, mit der zusätzlichen Bemerkung:
»Auch wenn ich jetzt einen ganzen Stapel Bögen vor mir hätte, die alle schön mit endlosen Buchstabenschlangen vollgeschrieben wären, so wüsste ich trotzdem nicht recht, wozu das gut sein soll?« Die Antwort kam prompt:
»Du schreibst, was ich dir sage, basta! – Beginne damit ...« So schnell hat noch kein Gast das Zimmer verlassen; er war einfach ausgebüchst, machte den Schlendrian, schlenderte den Kai entlang, in Raab, dem gleichnamigen Städtchen der kleinen Insel in Kroatien, wo er sich eben aufhielt. Lockeren Schrittes querte er die Uferstraße und schlüpfte durch den Spalt ausgelöster Bruchsteine der alten Stadtmauer ins enge Touristengässchen dahinter. Dabei grinste er, ging er doch durch Mauern wie das Messer durch die Butter. Diese Ringmauer hatte früher unbezwingbar zu sein – wie sich doch die Zeiten ändern. Dort, bei den Touristen, glänzten die von abertausenden Schuhsohlen in Jahrhunderten polierten Kalksteinplatten seidig im Abend-

licht, und das Gemurmel der Menschen schien im alten Mauerwerk zu versickern. Gegenüber der Mauer reihten sich Lokale aneinander und lockten Touristen zur Einkehr.
Aber rein gar nichts blieb dem Spaziergänger wieder einmal verborgen. Nämlich wie die Steinplatten so offen den Einblick haben, hinauf in die Hosenbeine, unter die Röcke der Damen. Also wie sie sich genüsslich über die Befindlichkeiten des Gehwerks informieren und kommentarlos diskret schweigen, genau wie in all den Jahrhunderten zuvor, seit sie hier liegen. Glücklicherweise ahnen sie nicht, dass solches Ideenzeug einmal auf Papier Erwähnung finden könnte, selbst wenn es furchtbar spannend ist, was sie alles sehen. Deswegen sie gar von Zeit zu Zeit laut aufschreien möchten – doch sie bleiben stumm. Verschwiegener, kalter Stein – als wär's ein kühler Kopf mit feurigem Geist.

*

Gespenster gibt es, solange es Köpfe gibt.

Von der Socke

Von weit her wurde ich zurückgerufen, als meine Frau mich mit meiner verschwundenen blauen Socke konfrontierte. Zuerst wusste ich gar nichts damit anzufangen, weil ich zu sehr in steuerlichem Kauderwelsch festhing und nur langsam in die reale Welt zurückkehrte. Also wedelte die verbliebene blaue Socke immer näher an meine Nase heran. Allerdings hatte das behördliche Steuerlatein derartigen Einfluss auf mich, dass es die Strickware einfach transzendierte und ich quasi durch sie hindurch guckte und nur schleierhaft wahrnahm.

»... Häh?«, fragte ich gedankenlos, mehr aus Höflichkeit, vom Schreibtisch aufblickend. Die Socke wischte ich instinktiv mit einer mechanischen Handbewegung beiseite.

»Sag mal, kannst du nicht zuhören?«, nehme ich meine Gattin jetzt schärfer wahr. Sie hätte schon das ganze Haus nach dem verschollenen Teil abgesucht.

»Du liebe Güte!«, hat die Frau Probleme, denke ich. Stattdessen frage ich langgedehnt zweifelnd:

»Beim Waschen – in der Maschine ... verschwunden?, meinst du.«

»Ja!, sag ich doch, seit dem Waschen ist sie weg!

Ob sie vielleicht hinter dem Gummi des Bullaugenfensters gelangt sein könnte?«, schien mein technisches Verständnis angesprochen. Denn wenn sie die Waschmaschinentrommel von Hand drehte, sei da so ein Ruckeln zu spüren gewesen, das könnte doch der eingeklemmte Strumpf sein? Aber, meint sie, die Gummimanschette habe sie gründlich untersucht und abgetastet, da könne eigentlich nichts dahinter geraten. Mir blieb nur ein hilfloses Kopfschütteln, und wie ich ins Grübeln darüber komme und aufgefordert werde, doch selber mal nachzusehen, ist mir eines schnell klar: Sie hat recht, es kann wirklich nichts hinter die Gummimanschette verschwinden; da hilft auch kein Reingucken. Meine Vermutung, der Strumpf sei vielleicht beim Wäschetransport auf der Treppe irgendwie irgendwo hineingefallen – in den Pflanzenkübel? – das kommt nicht gut an bei ihr. Überall hätte sie schon nachgeschaut, natürlich auch bei den Pflanzen. Dass dieses Dingsda unauffindbar ist, sei ja das Unheimliche an der Sache!

»Wo kann die Socke denn sonst sein?«, damit war ich gefordert. Mehr zum Trost schleicht mir da ein Kalauer über die Lippen:

»Das Haus verliert nichts ...«, da ist sie gegangen.

Jetzt aber kommen mir womöglich noch meine Leserinnen und Leser in die Quere und denken sich, was für ein saudummes Thema ich mir da habe einfallen lassen. Solch kritischen Zeitgenossen ist es auch schnuppe, wenn ich jetzt beteure, es handle sich um eine tatsächliche Geschichte und kein banales Fantasieprodukt! Und erwartungsgemäß höre ich in meiner Vorstellung einen von euch schreien:

»Häng dir doch die Socke übers Hirn und verschone uns damit!« Solchen Menschen ist ja auch nicht geholfen, wenn ich nun sofort verrate, wie die Story

sich am Ende aufgelöst hatte – oder etwa doch? Versuchen wir es einfach. Nach einigen Tagen kommt meine Frau mit leicht verklärtem Blick auf mich zu und sagt:
»Die fehlende Socke ist wieder da.«
»Ui, und wo ...«, sie unterbricht mich und gibt das Wunder preis. Wie sie eben in ihre Flauschjacke geschlüpft sei, hätte sie im Ärmel einen Widerstand gespürt. Kurz, sie hatte die Verstopfung mit der Faust durchgedrückt, es war meine blaue Socke!
»Unglaublich! Wie kommt die da hinein?« Bevor ich noch beteuern konnte, nicht der zu sein, der ihr diesen Streich gespielt hatte, war ich schon aufgeklärt.
»Die Jacke war auch in der Buntwäsche, und der Füßling verkroch sich eben in den Jackenärmel – ganz einfach.«

Auch das noch!

Seit ich erfahren durfte, wie schwer doch Wolken sein können, da sie mit dem Gewicht von Elefanten verglichen wurden, sehe ich in düsteren Gewitterwolken regelrecht Elefantenherden über meinen Kopf dahinziehen, und ich werde dieses Gedankenbild nicht mehr los – Hilfe! Heute, als mich obige Sockengeschichte literarisch überwältigte, war das Getrampel besonders schlimm.

Badegasts Vertreibung aus dem Paradies

Das Meer lag azurblau mit türkisfarbenen Randflächen zu ihren Füßen, entspannt, ohne aufregenden Wellengang. Nur ein laues Lüftchen wehte ihnen angenehm ins Gesicht. Der Blick streifte von oben herab über die traumhaft schöne kleine Bucht, die von weißen Felsen gesäumt, das glitzernde Meer wie ein Juwel einfasste. Ein Sechziggradwinkel begrenzte den Ausblick in die Unendlichkeit des Meeres, wo Wasser und Firmament vor gleißendem Sonnenlicht zu dunstigem Zartblau verschmolzen. Am linken Rand ragte dekorativ ein Leuchtturm aus der Wasserfläche. Herr Badegast bemerkte zu seiner Frau mit tiefer Überzeugung:
»Da musst du aber lange suchen, bis du so was Schönes findest!«
»Aber ja, unser Platz ist bezaubernd und sogar noch reizvoller als ein Inselchen der Malediven!«
Diese Erkenntnis musste geradezu das Bedürfnis ausgelöst haben, schleunigst ins herrliche Türkis da unten hineinzusteigen! Frau Badegast trug eine Taucherbrille und blickte gespannt hinab auf den eintönigen, felsigen Meeresgrund, dem die Bucht wohl seine türkise Farbe verdankt. Im kristallklaren Wasser sah sie so gut wie keine größeren Fische, allenfalls ein paar fingerlange Silberpfeile schossen an ihr vorüber. Ganz im Gegensatz zum Naturerlebnis auf den Malediven, wo es von Meeresgetier in allen erdenklichen Farben zwischen bunten Korallenstöcken nur so wimmelte. Jetzt musste sie ihren Eindruck ganz schnell korrigieren, den sie

kurz zuvor im Vergleich zu den Malediven geäußert hatte. Zumindest unter Wasser fand sie den Unterschied so krass wie das Verhältnis von Tag und Nacht – schlicht unvergleichlich! Ihr kam ein Spruch in den Sinn: »Außen hui, innen pfui« – was doch ganz gut ein scheintotes Gewässer umschreibt.

Nachdem die zwei eine Zeitlang in Ufernähe an den Gesteinsflanken herumgeschwommen waren, suchten sie in ihren blauen Badeschuhen unbeholfen Halt auf glitschigen Steinbänken und bemühten sich hinauf zu den Handtüchern. Die lagen ausgebreitet in der arenaartig ansteigenden Felsgalerie auf einer bequemen Felsenstufe. Weil Schwimmen Appetit macht, gab es eine ordentliche Brotzeit: Weißbrot mit herrlich zartem Speck, aufgeschnittenes Grillkotelett von gestern, eine saftige Riesentomate, dazu Rotwein für die Dame sowie ein kühles Export für Herrn Badegast. Vergnügt zählten sie die Boote und kleinen Schiffe im Bildausschnitt ihrer geliebten Nivea-Bucht – so sie den wirklichen Namen verballhornten – und erstaunt darüber, wie viele Segler und Yachten heute da draußen unterwegs waren, meinte Herr Badegast schulmeisternd:

»Eine von drei Voraussetzungen ist nötig, um sich so eine Yacht leisten zu können: ein reicher Erblasser, ein florierendes Unternehmen oder ein schweres Aktienpaket.« Klammheimlich stieg Neid in ihm auf. Er erfüllte keine der Voraussetzungen, deshalb saß er ja am Ufer. Einen Steinwurf weit hinter sich parkte sein Landfahrzeug, das heutzutage wirklich kein Aufsehen macht, selbiges schon gar nicht. Erregt streckte Herr

Badegast den Zeigefinger aufs Meer hinaus und stellte mit empörtem Unterton fest:
»Dreiundzwanzig sind es in diesen Minuten!«
»So viele waren es noch nie! Und wir sind ja doch öfter hier gewesen«, pflichtete ihm die Ehefrau bei.
Wie auf einer Autobahn zog die schwimmende Karawane zwischen Leuchtturm und Felsvorsprung dahin und etliche Schnellbootraser, die Porschefahrer der See, ließen die überholten Boote durch ihre Druckwellen aufhüpfen. Aus Sicht der Seefahrer war es die einmalige Küstenlandschaft um Kap Kamenjak, die sie anlockte und faszinieren musste. Insgeheim beneideten sie vielleicht die Badenden, die Strandhocker, welche so hautnah mit der Schönheit verbunden waren und sich bestens erholten, während sie abseits fuhren und im Motorgeheul der Boote und im Stress ihres Lebens gefangen blieben. Höchste Zeit also, Ballast abzulassen und der Entladung von angestautem Frust nachzugeben, was bedeutet: Klappen auf, und alles Gute für die Landratten! Einen feinen Vorteil haben die Boote dabei, sie schwimmen den Fäkalien davon. Im Yachtklub hatte man noch den Hummer zerlegt oder haufenweise Muscheln verspeist. Jetzt ist der Tank voll – also, ab die Post! Empfänger waren auch Frau und Herr Badegast. In kurz aufeinanderfolgenden Wellensalven schossen Schaum und braungefärbtes Wasser in die kleine Bucht, aus der nun die Schwimmer panikartig flüchteten.
»Eine solche Sauerei!«, brauste Herr Badegast auf. Er stand auf, um vom ohnehin hohen Standpunkt gewissermaßen noch tiefere Einsicht zu erhalten. Es

war für ihn zweifelsfrei die Hinterlassenschaft dieser *Kakadus*, wie Herr Badegast sie wortspielerisch klassifizierte. Kakadus, die in den zahlreichen Yachten und Booten saßen und offensichtlich den Drang zur Tankentleerung nahezu gleichzeitig verspürt haben mussten, weil niemals ein einzelnes Gefährt einen solchen Saustall hätte anrichten können. Auch kam der Fäkaliendreck in einer verräterischen Formation angetrieben und schwappte fast zeitgleich auf gesamter Breite in die Bucht ein. Da die Entsorgung aber vor der wunderschönen Küstenkulisse geschah und nicht, wie es sich gehört, in der Anlage des Hafens oder zumindest im küstenfernen offenen Meer, das machte Herrn Badegast so richtig zornig. Doch auch ein strammer Yachtler, der sich weit genug von seiner Ausladung entfernt hat und endlich, genussvoll badend, sich in tadellos sauberem Meerwasser wähnt, kann sehr leicht selber zum Empörten werden. Wenn nämlich weiter draußen ein großes Schiff die Tanks flutete, schwämme der sanftmütigste Großaktionär als wilder Mann im schaumigen Nass zwischen Toilettenpapier und kehrte schleunigst auf seine lackierten Bootsplanken zurück. Noch dazu hat der Mann stets die brachialen Kosten im Hinterkopf, für die Yacht, die Transferkosten über rund dreitausend Kilometer – und das wegen läppischer drei Wochen Urlaub – ein Wahnsinn, eigentlich! Und womöglich auch das noch: ein Dreckwasser so weit draußen!

»Eine Schweinerei auf verschiedener Wellenlänge – aber mit vergleichbarem Ergebnis«, maulte erläuternd Herr Badegast, der seine Fantasien der Gattin plakativ ausgemalt hatte und die Theorie von den Kakadus wohl für den Rest des Lebens verinnerlicht haben wird. Nun aber hielt sein Blick angestrengt Ausschau nach einem potenten Rächer am Horizont.

»Richtig! Sieh dort! Zwischen den beiden Flitzern! Das sind die Aufbauten eines riesigen Frachters. Der soll's ihnen zeigen, diesen Kackern, wer den größeren Dreckstank hat!« Dabei lachte er hysterisch auf und verschluckte sich an seinem Geifer. Ob Herr Badegast Recht hat mit der Anschuldigung, die Bootsfahrer wären die Verursacher der unappetitlichen Bescherung, das wissen die Götter. Es gibt jedoch auch eine weitere Möglichkeit. Etwa fehlende Kläranlagen bei Kommunen und den riesigen Campingplätzen, so dass dort intervallweise Abwassertanks abgelassen werden könnten, ja entleert werden müssen. Verdächtig sind jedenfalls die kleinen Grasschnipsel, welche man regelmäßig im Abschaum des Meerwassers entdeckt. Angeblich dient Gras in den Auffangbecken als *Stabilisierungsmittel*; viel mehr ist von Einheimischen nicht zu erfahren; da schweigen alle wie ein Grab. Es geht ja schließlich um den einträglichen Fremdenverkehr. Jetzt aber, von den argen Vermutungen, zurück an die Badebucht ...

Den Leuten am Ufer, behost oder unbehost, war es inzwischen heiß geworden vom Herumstehen in der prallen Sonne, und immer häufiger überwand sich jemand und sprang in die schaumige Brühe. Mit wenigen Armschwüngen ruderte man ins schaumfreíe Wasser, das unmittelbar hinter dem Schaumgürtel so aussah, als könnte rein gar nichts es trüben. Frau Badegast beobachtete dabei, dass die meisten demonstrativ den eleganten Kopfsprung bevorzugten.

»Mich tät es schön grausen! Da bringen mich heute keine zehn Pferde mehr hinein!«, quittierte ihr Mann diese Beobachtung.

Sichtlich frustriert philosophierte das Ehepaar über das verlorene Paradies. Dann klaubten sie kurzerhand ihre Siebensachen zusammen und fuhren den autofeindlichen, steilen Küstenweg hoch, wo Felsschwellen und hervorstehende Kalksteine gewiss schon manchen Auspuff gequetscht oder abgerissen hatten. Der abenteuerliche Weg führte hinauf auf das Plateau der kleinen, naturbelassenen Halbinsel. Von dort bot sich ein grandioser Weitblick über das umgebende blaue Meer, hinweg über eine urbane, trockene Landschaft. Leuchtend gelb stach der Ginster im ausgedorrten Gras hervor. In solch beeindruckende Landschaftskulisse setzten unsere Vorfahren ehrfürchtig Tempel, gleichwohl Gott zum Gruße und aus Dank für diesen zauberhaften Ort. Hier aber hatte es immerhin für zwei weithin sichtbare Obelisken gereicht, die links und rechts der beiden Küstenseiten aufragen. Statt eines Tempels zur Ehre des Höchsten, schmähen im Zentrum der Hochfläche die Überreste einstiger Bunker und Geschützbastionen. Solche Bauwerke werden ja bekanntlich nicht zum Segen des Menschen errichtet, sondern zu seiner Vernichtung, also aus Hass oder Profitgier, wie übrigens jedes andere Kriegswerkzeug ebenso. Vom südlichsten Punkt aber stürzt senkrecht der Fels ins wild brandende Meer hinab. Ein Schauer befällt den Mutigen, der sich an den Klippenrand wagt. Dies alles kannten die Badegasts, sie hatten ja in den Jahren zuvor auch eine nach der anderen Bucht in abenteuerlicher Abfahrt bis ans Wasser hinab erkundet und gelegentlich den Wagen ohne fremde Hilfe wieder flottbekommen. Bis auf einige Kratzer, die üppig wachsende Dornen an kritischen Engstellen in einem Zug von vorne bis hinten ins Blech gravierten, gab es nichts zu meckern. Jetzt aber fuhren sie eine beispiellose Staubrallye in scheinbar endloser Fahrzeugschlange auf holpriger Piste. Die Autoschlange bildeten total eingestaubte Wägen, die aus den zahlreichen Küstenwegen in den ebenfalls miserablen Hauptweg einfädelten. Die irre Kolonne bewegte sich in Richtung Premantura, einem Ort im Zugangsbereich des Naturreservates.

»Da kannst du sehen, wer sein Auto schont und wer ein Rambo ist«, orakelte Herr Badegast vor sich hin. Dabei hielten seine Hände verkrampft das hin- und herspringende Lenkrad, und sein Gesicht verzog sich zur Grimasse, als ein alter Karren ohne Rücksicht auf Verluste ihn überholt und in eine unverschämte Staubwolke eingehüllt hatte.

»Die armen Reifen!«, stöhnte seine Frau mitfühlend.

»Für die Kiste ist es nicht schade, wenn sie auseinanderfällt; hoffentlich erlebt der Hundling das bald!«

»Gib doch acht!« Eine Felsschwelle, quer über den Weg verlaufend, hatte markant am Fahrzeugboden angeklopft. Durch verstärktes Lenkmanöver versuchte Herr Badegast wieder bei seiner Frau zu punkten und

fuhr wie ein Besoffener die staubige Piste entlang. Dadurch scheuchte ihn ein Drängler per Lichthupe auf die rechte Seite und wedelte im Vorbeifahren aufgeregt mit der flachen Hand vor dem Hirnkasten.
»Ja doch, da fehlt es dir, du Volltrottel!«, schrie ihn Herr Badegast erregt hinüber. Wegen des Staubs waren allerdings die Fenster geschlossen, womit es ein Verständigungsproblem gab. Der forsche Landsmann wird also nie erfahren, was Herr Badegast ihn Nettes zugerufen hatte.
Zu ihrem Wohnwagen auf dem Campingplatz kamen sie im rechten Augenblick, gerade um den davonfliegenden leichten Aluminiumstühlen nachzurennen, sie einzufangen und in Sicherheit zu bringen. Am Himmel hatte sich eine mächtige Gewitterfront vorgeschoben und heftiger Wind zerrte an dem kleinen Vordach ihres Wohnwagens. Die drei Haltestangen hatte Herr Badegast zum Glück vorsorglich mit insgesamt neun Schnüren im Boden verankert. Nun ging es zur Sache! Es begann wie aus Kübeln zu schütten und Sturzbäche fielen aus dem tief eingebeulten Vordach. Die beiden Camper hatten sich in ihr Mobilheim verkrochen und stierten frustriert hinaus ins Unwetter. Während sich schon bald der wolkenbruchartige Regenfall abschwächte, legte der Wind kräftig nach. Orkanartige Böen versetzten den Wagen rhythmische Stöße, sodass es den beiden angst und bange wurde.
»Hoffentlich hält alles zusammen – au weh, die armen Schweine!« Herrn Badegast versagte die Stimme. In der Nachbarschaft hatte sich das kleine Zelt zerlegt,

und das junge Pärchen kämpfte regengepeitscht in hochsommerlicher Bekleidung um die fliehenden Habseligkeiten im kühlen Sturmwind.
Hinter dem Wohnwagen krachte es. Schnell flogen die Köpfe herum und die zwei erlebten, wie das Vorzelt eines abwesenden Dauercampers zerfledderte; einige Gerüststangen hatten auf den Caravan eingeschlagen.
»Was ist denn dort drüben los?« Ängstlich zeigte Frau Badegast auf ein eigentümliches Geschehen. Gemeint war der komische Winzling, ein Wohnwägelchen, das man geringschätzig *U-Boot* nannte, da es einen kleinen Stoffturm ausfährt, damit man drinnen wenigstens aufrecht stehen kann. Dessen Luxusvorzelt ließ die zwei Beobachter schadenfroh grinsen. Es fing sich nämlich darin der Wind, der das pyramidenförmige Vordach anhob. Durch seine Form begünstigt, war es zum Segel himmelwärts geworden, sodass es sich grotesk aufwölbte und das ältere Ehepaar schier mitnehmen wollte, das an der Vorderseite mit ausgestreckten Armen vergeblich versuchte, dem flatternden Stoffungetüm Herr zu werden.
»Du solltest ihnen helfen, sie können das doch nicht mehr lange so durchhalten«, kam es hervor.
»Und was sagst du, wenn es hier losgeht: Die Alten werden uns auch nicht helfen, die hängen doch selbst fest.«
»Bis jetzt hat unser Dach gehalten – so geh doch, Mann!«, drängte sie. Gehorsam flutschte Herr Badegast durch die Türe in den *Saustall* hinaus, so war sein maulender Kommentar dabei gewesen und er sprang im nun

sandstrahlartigen Regen, wie ein Känguru, in langen Sprüngen, hinüber zu den am Tuche hängenden Paar. Kaum war er fort, kam Herr Badegast schon wieder zurückgehopst und rumpelte in den Wohnwagen hinein. Dabei war ihm die Türe entglitten und vom Wind beinahe aus den Angeln gerissen worden. Entrüstete sich seine Frau:

»Aber warum hast du ihnen denn nicht geholfen, du bist doch unmöglich!«

»Hätte ich mich vielleicht dazu hängen sollen? Das Vordach ist doch nicht zu halten. Wenn sie meinem Rat gefolgt wären, säßen sie längst in ihrem U-Boot.«

»Welcher Rat?«

»Sie sollen's einfach loslassen ...« Da mussten sie beide lachen, und als sie wieder hinausguckten, flog tatsächlich das Gestänge durch die Gegend und die Rentner hievten sich ins U-Boot. Später war doch Zeit genug, die Trümmer einzusammeln und klar Schiff zu machen. Gleich am nächsten Morgen, in aller Frühe, sah man Herrn Badegast beim Abbau des Vordaches. Es hatte gehalten, dank der großartigen Verspannung, über die schon etliche Camper gespottet hatten, weil so viel Schnur für so wenig Stoff Verwendung gefunden hatte. Jetzt wollte der Wohnwagen gedreht werden; die einhundertsiebzig Zugpferde waren fix eingespannt:

»Ha, wie üppig für den kleinen Caravan«, lästerte ein schlauer Zeltnachbar, der untätig herumlungerte, aber zu allem seinen Senf dazugeben musste. Doch Herr Badegast meinte trocken:

»Lieber vierzig PS zu viel, als zwanzig PS zu wenig –

so einfach ist die Rechnung!«
Dann rollte das Gespann Richtung Norden. Gegen Mittag passierte es die Alpen, zog vorbei an einsamen, trostlos gelegenen Bauernhöfen, die ab und zu an den Berghängen dicht neben der lärmenden Autobahn durch die Seitenfenster ihr trauriges Bild hereinwarfen.
»Da wird so mancher Bauer die Faust in der Hosentasche ballen«, vermutete der Fahrer, als er eben einem solchen beim Rechen anvisierte.
»Wieso?, da fragst du noch! Das arme Schwein wird sich denken: >Himmel, Herrgott – diese verdammten Stinker – soll die doch alle miteinander der Teufel holen! <«
»Ja, mag sein – aber die Autos werden schon weniger, wenn der Benzinpreis weiter so kräftig ansteigt!«, kommentierte die Beifahrerin. Als nach einigen Minuten Fahrzeit drüben ein güllespeiender Anhänger ins Blickfeld geriet, war bei Herrn Badegast auf einmal jedes Mitgefühl mit den lärmgeschädigten Anliegern erloschen. Prompt unterstellte er dem Traktorfahrer die Überdüngung des Grasbodens, und er fiel bei seiner Frau umso mehr in Ungnade, je sturer er sich in die Anschuldigung verrannte. Das ging soweit, bis die beiden schließlich über Gott und die Welt heftigst miteinander stritten.
Das ist aber eine andere Geschichte, weshalb wir glücklicherweise am Ende der nervlichen Belastung wären, gäbe es keinen traurigen Nachtrag, der auch Herrn Badegast die Faust ballen ließ.
Auf deutscher Seite sollten unsere Heimkehrer soeben

im Autoradio erfahren, wie ein mittelfränkischer Bauer sich beim bisher größten bayerischen Umweltskandal platzieren konnte. Der Mittdreißiger war als preisgünstiger Abnehmer ins Sondermüllgeschäft eingestiegen und hatte zweieinhalbtausend Tonnen Sondermüll, darunter gefährliche Blutgifte, in seinen Äckern untergepflügt. Der Sender meldete, dass jetzt bereits mehrere Millionen Euro aufgewendet werden mussten, um die Giftäcker zu sanieren, was jedoch immer noch nicht vollständig gelungen sei. Da wetterte Herr Badegast:

»Vor der Sanierung hätte man die profitgierige Bande, den Bauern samt seinen Lieferanten, dem Gift hinterherpflügen sollen!«

»Rege dich nicht auf, Mann. Die erleben ihr Gericht auch ohne dich!«, beruhigte ihn die Ehehälfte,

»denn, was der Mensch am Kerbholz hat, das nimmt ihn niemand anders ab«, fügte sie reimend hinzu. Und darauf kann jeder und jede sich gerne den eigenen Reim machen.

*

Da gibt es auch die drei Gattungen Mensch:

Den Aufbläher, der aus einer Mücke den Elefanten macht.

Den ewigen Reduzierer, der alles auf den Punkt bringt.

Den Seiltänzer, der versucht, die Balance zwischen beiden zu halten; er aber hat es am schwersten!

Alptraum Urlaubsreise

»Amerika kennenlernen!« – so warb neulich ein Reiseveranstalter und förderte prompt bei mir eine Kindheitserinnerung zutage. Damals fragte mich ein Halbwüchsiger, ob ich denn schnell mal Amerika sehen möchte? O ja! Ich sollte mich mit dem Rücken vor den Kraftmeier stellen. Dann ging der in die Hocke, quasselte mir die Ohren voll, drehte mich wichtigtuerisch hin und her, schließlich westwärts in Richtung Atlantik, quetschte mir die Ohrwascheln zwischen seine Handflächen, und ab ging's! Beim Aufrichten verwandelte sich der Kopfdruck in heftigen Schmerz, der sich bis in die Zehen hinunter verirrte. Und schon erfasste der Dreikäsehoch, schmerzhaft eingeklemmt wie in einem Schraubstock, zwischen hochgestreckten Armen hilflos herumbaumelnd, dieses fremde Amerika als ein ungutes Dingsbums. Mit brenzligen Ahnungen belastet, war ich dann heilfroh, wieder auf heimatlichen Boden zu stehen. Noch heute scheint in mir diese Erfahrung unbewusst nachzuwirken, da jedwede Aufforderung, diverse Länder kennenzulernen, bei mir nur wenig Anreiz verspüren lässt, selbst dann nicht, wenn ich den vordergründigen Gedanken ans liebe Geld einmal ausblende. Natürlich wäre es gerade von der Kostenseite her und etwas sarkastisch betrachtet, gar nicht so übel, auch unseren Kleinen einmal auf diese schmerzhafte Art ein fernes Land zu zeigen, doch ich argwöhne, die waren bereits mit dem Flieger dort.

Eine Frage beschäftigt mich jetzt beim Schreiben dieser

Zeilen: Gibt es wirklich Zweibeiner, denen es mittlerweile ebenso ergeht wie mir, die es nicht für möglich gehalten hätten, wie sehr einem das allseits so beliebte Verreisen doch auf den Nerv gehen kann?

Mittlerweile bin ich leider an diesem Punkt angelangt. Das Reisen selbst mag ja noch Vergnügen bereiten, aber wenn ich die Gesamtsituation bedenke, erfährt jede Vorfreude einen gehörigen Dämpfer, denn zur Reise gehört ja stichpunktartig auch das Folgende:

Wie hoch ist das Reisebudget? Diskussionen ums Reiseziel, Terminplanung, Urlaubsantrag, Strecken- und Tourenplanung, Maut? Fähren? Mietwagen? Dazu Kataloge wälzen, Preisvergleiche, Buchung, Formalitäten, Fremdwährung tauschen, Impfungen bei Fernreisen, tagelanges Kofferpacken, Anfahrt zum Flughafen – dort Parken? Die Unterkunft, ein Kapitel für sich! Schlaflose Nächte? Eigenes Kopfkissen! Stechmücken? Chemie oder Rolle Mückengitter! Lärm aus der Bar? Schlaftabletten! Krankheit? Auslandskrankenversicherung! Diebstahl dort – Einbruch zu Hause? Kontaktadressen, alle Telefonnummern! Verständigung? Wörterbuch! Angenehme Nachbarn oder Rüpel? Schönwetter oder Sauwetter? Traumstrand oder Müllhalde? Badewasser oder Dreckbrühe? Gutes Essen oder Fraß? Verdauungsprobleme? Pillen! Hinzu kommt die Versorgung der Zimmerpflanzen, das Gartengießen, die Postentnahme, damit der Briefkasten nicht überquillt und dergleichen. Dafür muss für die Zeit der Abwesenheit eine Vertrauensperson gewonnen werden:

Mitbringsel nicht vergessen! Sehenswürdigkeiten

erkunden! Öffnungszeiten? Wir hatten die mal missachtet und standen vor verschlossenen Türen der Uffizien in Florenz. Ach, jetzt noch diese reizvolle Möglichkeit, vor Ort reichlich Ausflüge ins Blaue zu unternehmen – auch mal etwas weiter – Zwischenübernachtung? Verfluchter Urlaubsstress! Aber wenn man schon einmal da ist! An *alle* Ansichtskarten schreiben!
Hat man endlich sein Nest verlassen – ein Gedankenblitz: Hat man die Terrassentüre verriegelt? Blieb womöglich das Küchenfenster gekippt? Hei jei jei! Vorsichtshalber telefonieren! Unterwegs erwartet den Individualurlauber per Automobil eine strapaziöse Fahrt mit ständigen Tributzahlungen: Vignetten, Autobahngebühren, Straßen-, Brücken-, Tunnelmaut, Fährentaxe, Parkgebühren etc. Gibt es Staus? Blockabfertigung? Eine Panne? Autoschutzbrief und Rechtsschutzversicherung! Hoffentlich kein Unfall! Folgt nach all den Strapazen eine stressige Quartiersuche? Ist bei Touren gar noch häufiger Hotelwechsel mit Kofferpacken angesagt? All dies für acht oder vierzehn Urlaubstage – hm, tatsächlich purer Wahnsinn! Wollte ich das nicht freiwillig tun, wie viel würde ich dafür Entschädigung verlangen, wenn ich es denn täte?, frage ich mich allen Ernstes. Es wäre jedenfalls ein schöner Batzen Geld, den ich zum Ausgleich nehmen müsste!

*

Urlaub ist der hartnäckige Versuch aus Land, Beruf und der käseweißen Haut zu fahren.

Pech-Marie und der arme Wilhelm

Oppala, sage ich mir beim Verfassen der folgenden Begebenheiten, diesmal greifst du aber tief in die Erinnerungskiste! In jenen Zeiten, wovon die Rede sein soll, war das im fränkischen Slang gesprochene *Oppala* mein ziemlich einfallsloser Spitzname unter Gleichaltrigen. In einem Pulk von aufgeregt schnatternden Abc-Schützen hielt ich verkrampft die große Schultüte im Arm und fühlte mich wie hilfloses Treibgut, das nun inmitten der Kinderschar unausweichlich dem geheimnisvollen Schulhaustor zusteuerte. In meinem Märchenbuch hatte ich den sehr ähnlich aussehenden Torbogen immer wieder lange betrachtet, mit seinen sattelförmig geschwungenen Mauerbögen und dem abscheulichen Speikopf über dem Durchgang. Schon damals war ich mir bewusst, durch ein solches Tor eines Tages gehen zu müssen. Ich kannte es gar zu gut, denn immer hieß es, wenn wir dort beim Spaziergang vorbeikamen:
»Schau nur, hier wirst du mal zur Schule gehen!« Nun war es soweit. Es verband sich ein ungutes Gefühl mit diesem Eingangstor, das im Märchen Pech spie und im Leben womöglich auch nichts Gutes bringen könnte. *Goldmarie und Pechmarie*, so heißt doch wohl die Geschichte von *Frau Holle*?

Als Zugänge zu unserem Schulhaus dienten zwei vergleichbare Tore; für mich waren es die Schicksalsportale aus der Fabel. Das mag der unbewusste Grund gewesen sein, so oft es ging, instinktiv das Tor der eingebildeten Belohnung zu passieren, obwohl das für meinen Schulweg immer erforderte, die Straße zu überqueren, um zum gegenüberliegenden Gehsteig zu gelangen. Damals, am ersten Schultag mangelte es mich unter Ellenbogengedränge durch das gefürchtete Portal hindurch, und das Pech ließ nicht lange auf sich warten. Unsere Klasse musste in der *Baracke* untergebracht werden, einem Behelfsbau der Nachkriegszeit. Fräulein Struller, die uns Abc-Schützen freundlich begrüßte, sollte uns gleich noch mehr überraschen; mit *Fräulein* sprach man damals auch ältere ledige Frauen an. Sobald ich aber ihren Namen in der herrschenden Aufgeregtheit aufgeschnappt hatte, war ich eigentümlich beruhigt. Im Klang der Silben fand ich Vertrautes: den Strudel, meine Leibspeise und den Schnuller. Damit konnte ich zufrieden sein.

Total aus der Fassung brachte das nette Fräulein mich, zumal ich sie doch als meine Lehrerin ins Herz geschlossen hatte, wie sie nach der Begrüßung ankündigte, uns nun den Klassenlehrer vorzustellen. Der kam auch gleich hereingestürmt. Ein kleiner Mann, faltige Stirne, dichtes, buschiges, dunkles Haar, kein Sympathieträger. Bekleidet mit khakifarbenem Cordanzug. Wenn er sein ernstes Gesicht auseinanderzog, warfen einige Goldzähne ihren Glanz auf uns und suggerierten Freundlichkeit. Schnellten die Muskeln aber in die Ausgangslage zurück, war der Spuk sofort vorbei und dunkle Augen blickten durchdringend auf uns. Solches Wechselspiel der Mimik beobachtete ich fasziniert in rascher Folge. Sobald er seine ersten Worte an die Klasse gerichtet hatte, kam Unruhe auf. Was war das

denn? In gebrochen Deutsch sagen der uns, was für uns stand davor ...
Liebe Leser, habt Nachsicht mit meiner Schreiberei. Wer zum Schulstart bereits mit solchen Lehrkräften bedient wurde, hat es wahrlich nicht leicht!
Warum die Schulleitung einen Polen auf uns angesetzt hatte, der nur vage Deutsch sprach, wird ihr Geheimnis bleiben. Vielleicht hatte sie sich gedacht, wir würden ihm die Sprachlücken schon auffüllen.

Ich erinnere mich noch gut; es war zur Zeit der Maikäfer, die es in Kindertagen in großer Menge noch gab. Wohl jeder Pimpf sammelte sich damals seine Favoriten zusammen. Den Müller, den Kaiser, einen Schlotfeger oder wie man sie sonst noch wegen ihrer individuellen Merkmale benannte. Ich hielt die begehrten Tierchen zu Hause im Schuhkarton mit reichlichem Futtervorrat frischer Blätter und brachte meine Tauschobjekte in einer Streichholzschachtel zum Unterricht mit, wo dann auch reger Handel hinter dem Rücken der Lehrkraft herrschte.
Unweit der Schule, am Lutherplatz, einer kleinen Parkanlage, umgeben von mächtigen Kastanienbäumen, gab es die meisten Maikäfer. Um an diese zu kommen, warfen wir Hölzer oder Steine ins Blattwerk hinauf. Das bescherte uns an guten Tagen einen wahren Maikäferregen. Der mit Kadavern übersäte Kies bot dann einen unappetitlichen Anblick, weil es neben Sammlern auch passionierte *Zertreter* gab, die einem vermutlich

nicht den Käfer in der Schachtel gönnten. Der Gestank übrigens war ungemein, konnte aber den jugendlichen Eifer nicht ernsthaft gefährden.
Dort, an jenem Platz, hat sich ein frühes Kindheitserlebnis unlöschbar in mein Gedächtnis eingebrannt. Ein enger Ring von Schulkindern hatte sich um das unbekannte Geschehen gebildet und von Weitem war das Geschrei der fränkischen Pennäler zu hören:
»Wilhelm, dai Mudder moch di net! – Wilhelm, dai Mudder moch di net! – Wilhelm, dai Mudder moch di net!« Einmal begonnen, war das Gejohle wohl nicht mehr zu bremsen. Neugierig war ich hinzugetreten und empfand dabei tiefste Empörung, denn was brüllte die Meute?
»Wilhelm, deine Mutter mag dich nicht!« Ich fühlte Schamröte und war erstmals mit gruppendynamischer Niedertracht konfrontiert. Schließlich siegte der Informationshunger. Ich wollte wissen, was sich in der Schülerarena abspielte, musste einfach den Wilhelm sehen! Also zwängte ich mich durch die Fanatiker hindurch und schaute auf diesen Wilhelm, der am Boden lag. Kein Schüler war das, o Gott, es war ein Erwachsener! Ein menschliches Etwas, wie ich es erbarmungswürdiger noch nie gesehen hatte. Wie alt? Keine Ahnung – zeitlos erbärmlich! Zusammengekrümmt, die Knie angezogen, fast bis ans Kinn, auf der Seite liegend, in schäbiger dunkler Bekleidung, lag das Elend auf dem Kies, unter sich die toten Maikäfer quetschend. Sein Gesicht war bläulich angelaufen und sein Mund stand, zur abschreckenden Grimasse verzerrt, weit auf-

gerissen. Schaum trat aus und bellende Kehlkopflaute. Dazu noch das widerwärtige aufpeitschende Geschrei der Schulkinder. Wilhelm streckte sich, bäumte sich auf und kam auf seine Füße, tappte auf die Schreihälse zu, die jetzt wie verrückt tobten. Sie traten mit den Füßen nach ihm, um ihn erneut zu Fall zu bringen. Einige warfen ihm Käferleichen ins Gesicht. Und immer wieder das hysterische:

»Wilhelm, dai Mudder moch di net!«, das wie Peitschenschläge mein Gewissen traf.

»Achtung, jetzt geht's gleich wieder los!«, schrie einer, der das Drama wohl schon öfters verfolgt hatte. Wilhelm begann sich langsam zu verrenken, wobei seine Haltung groteske Züge annahm, was die Bande sofort mit Gelächter honorierte. Die Bewegungen wurden schneller – bizarr, unberechenbar ihr Ablauf. Da sprang der Brustkorb nach vorne und es knickten Wilhelm unwillkürlich die Knie ein, sodass er zu Boden ging. Der Arme lag auf dem Rücken, es wirbelnden die Beine umher und der Rumpf drehte sich mehrmals um die eigene Achse, es wälzte sich eine menschliche Masse minutenlang über den Boden. Bis schließlich, nach langem, elendigen Kampf, wieder eine Beruhigung in der zusammengekauerten Person eingetreten war. Die Anstrengung des epileptischen Anfalls stand wie eingefroren im Gesicht des mitleiderregenden Mannes, der in Seitenlage hilflos vor uns lag.

In diesen Minuten versank in mir eine ganze Welt mit ihrer kindlichen Utopie vom Guten im Menschen. Der Erstklässler fühlte sich so zweitklassig, weil er viel zu feige gewesen wäre, den Rabauken ins Gewissen zu brüllen. Zwar hatte ich dieses fiese – »Wilhelm, dai Mudder moch di net!« – nicht über meine Lippen gebracht, aber einen Protest ebenso wenig.

Der Anfall war vorüber und die Verruchtheit löste sich von den meisten Zuschauern, die wie unschuldige, aber fröhliche Schulkinder wieder ihres Weges zogen.

Wilhelm aber, dem das Pech des Lebens aus großen Kübeln zugedacht war, hatte sich aufgerappelt, klopfte sich den Schmutz vom Gewand. Allmählich glättete sich sein Gesicht, und ebenso scheu wie verwirrt, suchte er das Weite, bis er aus meinen großen, entsetzten Augen entschwunden war.

*

Destruktivität und Gemeinheit fallen nicht aus blauem Himmel, sondern werden von Fleisch und Blut geboren.

Kriegsschwester Wanda

Was macht eigentlich unsere Kindheitserinnerungen so nachdrücklich? Gewiss spielt dabei das aufnahmebereite junge Gehirn eine wichtige Rolle, doch wohl auch jene markanten Figuren, die ein Leben lang im Gedächtnis bleiben, wie Schwester Wanda zum Beispiel. Noch in Vorschulzeiten prägte sie mein enges Stadtbild, wenn sie die Luitpoldstraße abschritt, gefolgt von einer beachtlichen Kinderschar.

Da marschierte eine hagere Person in grauer Schwesterntracht, eine gepflegte Erscheinung, hinunter bis zum polierten schwarzen Schuhwerk. In ihrer Linken schwenkte ein Gebetbuch, und mit der rechten Hand umfasste sie einen schräg gestreiften, weißblauen, weit über den Kopf hinausragenden Stock mit aufgesetzter Kugel. Es war ein kleiner Fahnenmast, welchen sie im Rhythmus ihres Schrittes schwungvoll auf das Pflaster des Gehsteiges aufprallen ließ.

Wir liefen hinterdrein und schrien aus vollem Hals:

»Schwester Wanda – sing! – sing! Ach sing doch bitte! – sing! – Schwester Wanda – sing!«

Und wir waren verzückt, wenn sich in unser Gejohle auf einmal diese altmodisch klingende hohe Silberstimme mischte, die ständig zu kippen drohte:

»Wer nur den lieben Gott lässt walten
und hoffet auf ihn allezeit,
den wird er wunderbar erhalten
in aller Not und Traurigkeit.

Wer Gott den Allerhöchsten traut,
der hat auf keinen Sand gebaut!«

Passanten, die uns dabei begegneten, grinsten verlegen. Andere schüttelten verständnislos ihren Kopf, ohne sich umzuschauen, und einige standen mit offenem Mund da und schauten dem ungewöhnlichen Aufmarsch sprachlos nach.

Unbeirrt, und ohne Notiz von ihrer Gefolgschaft zu nehmen, schritt Schwester Wanda zielstrebig auf ihren Stammplatz zu. Das war die große vielstufige Außentreppe einer Konditorei, die sie energisch erklomm. Den Fahnenstock lehnte sie an die Wand, und jetzt sah ich sie zum ersten Male aus nächster Nähe, von Angesicht zu Angesicht. Unter einer weißen, kastenförmigen Schwesternhaube verbarg sich ergrautes Haar und in die erloschene Mimik hatten sich tiefe Falten eingegraben. Unbeweglicher Ernst hielt ihre Züge gefangen, starr war ihr Blick und ohne Präsenz. Niemals werde ich dieses surreale Bild vergessen, wie sie dort oben stand und in ausgestreckter Hand aus ihrem Gebetbuch vortrug, den freien Arm schräg über die Brust gelegt, an der Schulter eingehängt. Um sich geschart – Kinder, bis hinauf zu den Halbwüchsigen, die zum Teil sitzend die Treppe zu ihren Füßen belagerten oder im Halbkreis herumstanden. Niemand wird tatsächlich aufgenommen haben, was sie mit klarer, lauter Stimme in großer Ernsthaftigkeit vorlas. Zu sehr war man mit Spott und Lachen ausgelastet. Aber nachempfunden, könnte es Ähnliches wie aus Psalm 144 gewesen sein:

»Gelobt sei der Herr, mein Fels, der meine Hände kämpfen lehrt und meine Fäuste, Krieg zu führen, meine Hilfe und meine Burg, mein Schutz und mein Erretter, mein Schild, auf den ich traue, der Völker unter mich zwingt.«

Wo Schwester Wanda wohnte, wusste man nicht. Wohin sie ging, was sie sonst tat, ebenso wenig; es interessierte auch niemanden. Sie war einfach unversehens da, und dann auch wieder lange Zeit verschwunden. Meine gleichgültige Teilnahmslosigkeit war mir erst bei der Niederschrift bewusst geworden und dieser Spiegel, der mir nach so langer Zeit vorgehalten wird, ist mir unangenehm, macht mich betroffen: Habe ich mich seither gewandelt? Schließlich zählt die positive Veränderung zu unseren Lebensaufgaben; Feinfühligkeit zu entwickeln, rechne ich hinzu.

Als ich zum ersten Mal daheim meinen Eltern aufgeregt erzählte, was Schwester Wanda so alles auf der Straße anstellt, da zuckte mein Vater nur die Schultern und bohrte mit dem Zeigefinger das bekannte Loch ins Hirn.

»Warum spinnt die?«, wollte ich wissen.

»Die hat es im Krieg erwischt! Als Lazarettschwester hat sie zu viel Schlimmes erlebt, die arme Haut. Da kann man schon überschnappen, glaube mir!« Von da an sah ich unsere Spaß-Sensation mit anderen Augen. Wie ich mich bisher mit Gleichaltrigen über Schwester Wanda kaputtgelacht hatte, das empfand ich auf einmal peinlich, also unangebracht. Sie spielte doch zwanghaft Theater, versteckte sich hinter etwas, was ihr als Einziges noch geblieben war, jene Fassade einer Kriegsschwester. Wanda war in ihrer Zeit hängengeblieben, hatte sich damals an ihrem Verstand schwer verletzt. So etwas kann geschehen, wenn ein zarter Kopf zu lange in die Brühe von Gewalt und Brutalität eines Krieges getaucht wird. Anfangs hilft vielleicht noch die Selbsttäuschung, es mit innerlicher Distanz zu versuchen oder sich Abhärtung einzureden, doch am Ende siegt im feinfühligen Kopf die Verweigerung; schließlich fliehen die Sinne vor den Gräueln. Unter der harten Schale war sie eben ungeeignet für den Krieg. Ein viel zu empfindsamer Mensch, der jetzt zu unpassender Zeit, an unpassendem Ort genau das Gleiche automatisch weiter macht, was im Kriegsdienst traurige Pflicht zur Tröstung der Schwerverwundeten und Sterbenden gewesen war.

Wer wohl hätte im Kriegslazarett sich über die militärisch getrimmte Schwester lustig gemacht? Derjenige wäre doch auf der Stelle für verrückt erklärt worden.

*

Es fließt im Blute böser Wesen stets auch das Gute zum Genesen.

Schreibgang im Frühjahr

Über den Landwirtschaftsweg hinweg senkt sich der Blick ins frische Grün des jungen Saatgutes, welches im Sonnenlicht durch einen kalten Luftstrom zart gestreichelt wird. Ich sitze auf der Bank, habe den Kragen meines Anoraks hochgestellt, Mitte März. Der Wind bläst ausdauernd, und es ist unangenehm kühl. Hinter der Grünfläche liegen die Äcker flickenartig in ihren Braun- und abgestuften Grüntönen, wie Teppiche im Geschäft, zur gefälligen Ansicht vor dem Betrachter. In Hörweite huschen Autodächer vorbei, Mäusen gleich, welche auf der nicht einsehbaren Bundesstraße hin und her flitzen. Und dort, neben dem Zwiebelturm der Nachbargemeinde, ragt das Massiv der Zugspitze empor. Im dunstigen Fernblick flau erkennbar, die weißen Schneefelder in der ausgedehnten Flanke.
Zur Abwechslung versetzte ich mich dorthin, ins Gebiet des Kramer-Plateauweges, der schräg gegenüber der Zugspitze verläuft. Und gleich vermag ich abwechselnd die beiden Aussichten zwischen fern und nah zu genießen. Erstere in Echtzeit, die andere wird aus meiner Erinnerung gespeist. Allerdings aus einer viel angenehmeren Jahreszeit, jener Wanderung im warmen Sommerwind. Noch immer bin ich beeindruckt vom großartigen Bergpanorama, als ich die Gipfelwelt schier zum Greifen nahe vor mir hatte.
Bevor ich mich wieder auf den Heimweg mache, werde ich noch ein paar Zeilen von den Bachfischen schreiben. Die hatte ich heute auf dem Herweg in unerwar-

teter Anzahl im Starzelbach entdeckt. Bisher dachte ich, der Bach sei fischlos. Bis seinerzeit ein Angler dort stand, der mich befremdend musterte, als ich ihn herausfordernd fragte, ob es im kleinen Bach überhaupt etwas zu fangen gäbe? Er hatte verächtlich den Kopf in Richtung seiner Nylontasche geworfen, und tatsächlich lag ein Sardinchen darin: für den Fischer zum Schämen klein, und für mich eine Gemeinheit wider die Kreatur.
Kurz danach entdeckte ich in diesem Bach erstmals ein zigarrenlanges Fischchen und ich beobachte das seither regelmäßig; es ist inzwischen auf etwa fünfzehn Zentimeter herangewachsen. Immer wenn ich vom Spaziergang komme und über den Holzsteg gehe, schaue hinunter ins munter fließende Bachwasser. Hier hat der kleine Fisch seinen Stammplatz. In der bräunlichen Tarnfarbe, die der des Bachbettes gleicht, ist er kaum zu entdecken. Flosselnd, meist an derselben Stelle neben einem weißen Kieselstein, gegen den Strom schwimmend, wartet er auf anströmendes Futter. Nur dieser eine Fisch kam mir bisher zu Gesicht. Aber heute habe ich zu meinem Erstaunen gut dreißig weitere gesehen: Von der Straße aus, neben dem Bach marschierend, spähte ich ausdauernd hinunter und hielt Ausschau, wohl einen Kilometer dem Flüsschen entlang.
Jetzt aber drängt mein ausgekühlter Rücken zum Aufbruch. Ich gehorche und werde gleich wieder nach den flinken Flitzern fahnden – und, klar doch, vom Bachsteg herunter, meinen Freund *Flossi* grüßen.

Unheimliche Geschenke im freien Fall

In den Nachkriegsjahren hatte es Menschen in unsere Kleinstadt verschlagen, die einem sonst kaum unter die Augen gekommen wären. Da gab es auf einmal Leute, die eine völlig andere Lebensart als unsereins an den Tag legten oder zumindest durch ihre Aussprache auffielen. An die vielen Flüchtlinge, ausgebombten Großstädter und Ausländer musste man sich erst gewöhnen. Allesamt waren das für Ansässige bestaunte Exoten, die der Kriegssturm aus ihrer Heimat gewirbelt und in alle Regionen verstreut hatte. Nun wohnten sie zwangseinquartiert bei Einheimischen, denen irgendwo noch Platz abgezwackt worden war.

Schräg gegenüber von unserem Geschäftshaus, hinter dem Ludwigsbrunnen, wohnte mein neuer Spielfreund Kurti mit seinem jüngeren Bruder Freddy. Kam ich zu denen in die Wohnung, war ich von ungewohnten Eindrücken überwältigt und ziemlich kleinlaut. Obwohl vieles behelfsmäßig und einfach eingerichtet war, spürte ich dennoch das gewisse Etwas. Zweifellos war das eine kultivierte Familie, die ausschließlich Hochdeutsch sprach, auch Umgangsformen pflegte, die mir ziemlich neu vorkamen, sodass ich mich schlicht als Derbling fühlte. Ich lernte Leute kennen, die geistig ungemein beweglich waren, schneller dachten, als sie sprachen, was bei so manchem von uns gerade umgekehrt funktioniert und noch dazu bei langsamerer Sprechweise! Jedes Familienmitglied spielte ein Instrument: Kurti bekam Klavierunterricht von seiner Mutter,

Freddy übte täglich mindestens zwei Stunden Geige, der Vater beherrschte virtuos das Xylofon und kam sogar gelegentlich als Solist über den amerikanischen Rundfunksender zu Gehör.
Ging man zu Tisch, wusch man sich zuvor die Hände, man saß gerade, achtete auf die richtige Fingeranordnung am Besteck, sprach nicht mit vollem Mund. Ach je, war das alles fremd! Auch das Essen selbst fremdelte, obwohl ich es doch kannte: Mohrrüben – Graubrot. Bei uns hieß das anders.
War Kurts Vater anwesend, durfte ich schon mal ins abgedunkelte Schlafzimmer huschen, wo dieser in rotes Licht getaucht, an einem Vergrößerer Fotopapier belichtete und es anschließend in drei kleinen Schalen entwickelte, fixierte und neutralisierte.
Ich hatte innerlich jubiliert, als ich sah, wie ganz langsam aus dem Nichts ein Bild ins Papier kroch. Kurti besaß sogar ein Gerät für bewegte Bilder, einen kleinen Kinoprojektor, mit dem er kurze Mickymaus Filme hervorkurbelte. Dabei sprang das Bildchen an der weißen Zimmerwand hin und her, es passte aber gut zur zittrigen Bildfolge und den Sprüngen einer schwarzen Katze hinter der gejagten Maus. Ich verfiel bei solch gefühlsbetonten Begebenheiten ruckzuck in Begeisterung. Kaum mehr nachvollziehbar, wie sehr mich all dieses so nachdrücklich faszinierte; auch das seltsame Xylofon mit seinen Holzplättchen und den lustigen filzgefassten Klöppeln dazu, mit denen wir uns gegenseitig auf die Köpfe schlugen.
Jetzt ist mir auch klar, wie mein nachhaltiges Interesse

an der Fotografie zu erklären ist, einem Hobby, das mich bis heute fasziniert, auch wenn inzwischen andere Neigungen die Fototechnik überwucherten. Der Keim war gewiss in Kurts Wohnung angelegt worden, was dann zwei Jahrzehnte später zur zwanghafte Vorstellung führte, einen teuren Fotoapparat kaufen zu müssen; es sollte nicht der einzige bleiben.

Unser eigentlicher Spielplatz war jedoch die Straße, ein knapper Bereich um den Ludwigsbrunnen herum, bis hinein in einige schmale Seitengassen dieses Stadtplatzes. Neben dem Brunnen standen damals noch die beiden großen Leiterwagen vom Michel Bauern, auf denen wir ausdauernd herumkraxelten. An heißen Tagen sprangen wir vom Brunnenrand ins klare Wasser und tollten mit wüstem Geschrei herum. Ja, wir kletterten auch in die obere Brunnenschale hinauf, aus der die Säule aufragt, worauf der grünspanige König Ludwig mit Schwert und Schild natürlich auch heute noch steht. Sogar diese verwegene Kletterei wurde von den Erwachsenen ohne Rüge geduldet; nur ein ganz bestimmter Ordnungshüter, der dicke Polizist, jagte uns immer wütend aus dem Brunnen. Sobald wir ihn erblickten, kamen wir ihn zuvor und versteckten uns im nahen Kuhstall des Bauern.
Musste dann gegen Abend noch Blindekuh gespielt werden, dann geschah das nur, weil Astrid es so wollte. Dieses läppische Abzählspiel mit dem nervigen »ene – mene – mei – und du bist frei« – fanden wir *Männer* ja irgendwie blöd, aber die Zeit der verruchten Dämme-

rung, wenn längst die Heimkehr befohlen war, wiegte alles auf.
Astrid, eine kleine Göre aus Düsseldorf, die es ins Provinznest verschlagen hatte, wohnte in Kurts Nachbarhaus im ersten Stock zur Straßenseite hin. Sie war wunderschön, himmlisch, engelhaft, und ich, der Dreikäsehoch, war gewissermaßen platonisch verknallt.
Einmal geschah es, dass ich Astrid zu für mich später Stunde ganz alleine am offenen Fenster antraf. Ihre große Schwester, welche sie erzog, war weggegangen und die Kleine musste brav in der Wohnung bleiben. So alberten wir, wie Romeo und Julia, eine Zeit lang herum; sie am Fenster, ich auf dem Gehsteig unter ihr.
Da raunte sie auf einmal geheimnisvoll, sie würde mir jetzt ein Geschenk machen, ob ich solange warten möchte? Und ob! Also verschwand sie hinter dem Vorhang und ich vertrat mir derweil die Füße. Da erschien sie wieder im Fenster, deutlich errötend im Gesicht, und streckte ein aus Zeitungen zusammengeschlagenes Päckchen heraus. Das ließ sie fallen und schon platschte das Geschenk aufs Pflaster. Jetzt war es wie an Weihnachten, wenn ich voller Erwartung und Spannung in die Hocke ging, um das Präsent zu öffnen. Kann sich jemand mit blühender Fantasie denken, was mir beschert war?
Wau! Mir stockte das Blut in den Adern, und als ich entsetzt nach oben blickte, sah ich sie lachend hinter dem Store verschwinden. Astrid hatte mir frische, dampfende Notdurft zugeworfen!
Ich finde, das ist mal was Ausgefalleneres als der fade

Rosenzweig, den vielleicht ein Romeo seiner Julia zuwirft. Verschämt zog ich vorsichtig die Packung ein paar Meter hinter das grüne Holztor des nachbarlichen Stadtbauern, welches tagsüber immer sperrangelweit offen stand und durch das allabendlich die heimkehrenden Kühe trotteten. Ja, doch!, mitten in der Kleinstadt mit ihren zirka dreizehntausend Einwohnern damals. Unser Spielbereich ist in der gegenwärtigen Zeit gar nicht mehr vorstellbar, denn wo wir herumtollten, parken jetzt überall Autos; auch klettert kein Lauser mehr auf dem Brunnen herum.

Die Kühe also kamen von der entfernten Weide in langer Reihe die Obertorstraße heruntergezockelt, und immer scharten sie sich um den Brunnen, nahmen einen kräftigen Schluck, ehe es zur Nachtruhe in die Stallungen ging. Was ging dem Entdecker wohl durch den Kopf, wenn die duftige Sache beim abendlichen Torschluss ins Blickfeld geraden war?

Da hatten aber die grauen Zellen zu tun, denn so leicht erklärlich ist die papierlose Portion auf einer Zeitung hinter dem schmalen Torspalt ja auch wieder nicht. Weshalb? Und vor allem wie –?, das waren hier die drängenden Fragen.

Damit habe ich bereits eine hervorragende Überleitung zu einer Person namens *Paprikagulasch* gefunden. Wir werden ja bald wissen, wie das zusammenhängt.

Es gibt Menschen, die uns lächerlich vorkommen und solche, die uns ängstigen. Frau *Paprikagulasch* war für mich beides: Ein komisches Monstrum von Weib!

Stammte sie aus Ungarn, wie ihr Spitzname, ihre theatralische Aussprache nahelegt? Man vermutete das. Es ist überhaupt nicht meine Absicht, den geschätzten Ungarn damit Scham zu bereiten; solche Ausreißer der menschlichen Rasse lassen sich überall finden.

Wenn ich dieser *Dame* als Kind folgte, dann immer mit respektvollem Abstand. Wagte es einer von uns, ihr zu nahe zu kommen, gar mit frecher Rede, und sie erwischte den, gab es kein Pardon; sie möchte wohl den Bengel krankenhausreif geschlagen haben.

Paprikagulasch war ein wandelnder Koloss, was sowohl ihre Leibesfülle als auch die Körpergröße betraf. Unter einem riesigen, flatternden und offen getragenen, schwarzen Sommermantel schwabbelte und wabbelte es nur so. Besonders ihr Hinterteil in der Ausformung zweier fantasievoll angeordneter Kotflügel der fünfziger Jahre erregte Aufsehen, da diese Formen bei energischem Schritt muskulös in Bewegung gerieten. Wie ich auf Kotflügel komme? Mir schien das Wort naheliegend. Doch auch zwei rechtwinkelig dekorierte Mühlsteine wären ein brauchbares Gedankenbild. In kindhafter, naiver Methode versuchte ich mich in der Vorstellung, wie viele Male ich wohl in dieses Körpervolumen reingepasst hätte: Je rechte und linke Backe mit Schenkel bis Zehe – macht zwei.

Einmal quer liegend – Schulter, Arme, bis Fingerspitzen. Zusammengerollt zwischen Nabel und Riesenbrust – vielleicht eineinhalb Mal. Also zusammen viereinhalb Mal! Viel einfacher ist natürlich die rechnerische Methode, die ich in der Schule noch kennenlernen

sollte: Zirka 90 kg geteilt durch 20 kg ist gleich 4,5-mal. Hm, das könnte also hinkommen!
Wir sind abgeschweift – also, wie gesagt: Energischer Schritt, ein kantiger, wuchtiger Schädel, der eingesunken im Nacken zwischen hohen Schultern saß. Darauf, über niedriger Stirne, pechschwarzes, glänzendes Haar, das oberhalb der Ohren flach gekämmt in einem Knoten am Hinterkopf endete.
Blickte sie sich unversehens um, sah man in ein strenges, scharf geschnittenes Gesicht mit breiten Kinnladen und schmalen Lippen, in stechende Augen.
Fuhr sie uns aber an, öffnete sich der Mund zu einem verzerrten Rechteck, eingefasst von blitzenden Silberzähnen und hervorströmte massiv der Geruch von Knoblauch, den sie offenbar in großen Mengen verzehrte. Immer schleppte sie zwei pralle Einkaufstaschen durch die Gegend, und zu jeder Jahreszeit schlurfte sie barfuß in ausgetretenen Lederpantoffeln über das Pflaster. Alles an ihr war speckig und schlampig, und zu niemandem in der Stadt schien sie Kontakt zu haben.
Eines Tages verdunkelte sich die Eingangstüre des Ledergeschäfts meiner Eltern. Paprikagulasch nahm mit einem Schritt die beiden Stufen und riss die Ladentüre auf. Ihre Taschen scheuerten sich in der Türzarge und wurden unsanft durchgerissen.
Die Präsenz dieser Person war derartig stark, dass Gespräche sofort erstarben, Münder offen standen, wie die Ladentüre, die sie einfach aufließ. Meine Mutter zuckte sichtlich zusammen, als Paprikagulasch mit

weitausladenden Armbewegungen auf sie zugerudert kam und mit Donnerstimme fragte:
»Kann ik bitteschön auf Klosett geh'n?«
Ob jene das leichte, mehr erzwungene Kopfnicken bemerkt hatte, möchte ich bezweifeln. Jedenfalls ließ sie einfach ihre Taschen vor dem Ladentisch zu Boden fallen und folgte ihrem Instinkt, stapfte durch den Laden nach hinten, durchs Büro und verschwand im Hausgang, wo sich das Klo befand. Zu dieser Zeit war das noch ein Plumpsklo.
Für alle, die so etwas nicht mehr kennen: Es war quasi ein Holzkasten mit Kreisausschnitt und Holzdeckel, der über einer Grube, dem gemauerten Behältnis stand. Dieses musste ein bis zwei Male im Jahr durch Abortmänner geleert werden. Die Arbeiter zogen die kurzen Schlauchstücke in den langen Hausgang hinein, kuppelten sie zusammen und saugten die nasenfeindliche Produktion in ihr Tank-Fahrzeug ab.
Das Klo hatte Paprikagulasch in der Tat gefunden, aber das Wichtigste nicht! Das werden wir aber gleich erfahren. Nach einer Weile wuchtete das furchterregende Weib in den Verkaufsraum, griff sich ihre Taschen und rempelte sich wortlos durch die sprachlose Kundschaft den Weg zur Ladentüre frei. Sie dachte wohl im Traum nicht daran, die auch zu schließen. Meine Mutter eilte augenblicklich an den Tatort, um nach dem rechten zu sehen, gegebenenfalls das Fenster zu öffnen, zur Kontrolle halt; sie folgte ihren sicheren Instinkt. Zurück aber kam eine Wütende mit hochrotem Gesicht, und in heller Aufregung schrie sie zornig:

»Die soll mir noch einmal hereinkommen, diese Sau, dann werfe ich sie raus!«
»Aber was ist denn passiert, um Himmels willen?«, fragte die Kundschaft sichtlich bewegt.
»Die hat einen riesigen Haufen daneben geschissen und ist einfach abgehauen – dieses Schwein!«
Alle Anwesenden heuchelten ihre Empörung, so gut es eben ging, waren betroffen, weil Paprikagulasch nicht ins Ziel getroffen. Innerlich aber, das ist gewiss, werden sie aufgeheult haben wie Werwölfe, vor hämischem Vergnügen.
Einer *Paprikagulasch* sei aber ins Stammbuch geschrieben:
Es genügt nicht, sich etwas Gutes zu tun, man muss es auch gut machen!

*

Wenn ein moderner Aktionskünstler – mit oder ohne Hut – in die Ausstellungsecke kackte, wäre das etwa Kunst? Macht es ein andrer, ist das jedenfalls ein Schwein.

Knotenmacher

Früher gab es ein simples Rezept gegen Vergesslichkeit, nämlich einen Knoten ins Taschentuch zu binden. Der würde uns schon an die Sache erinnern, welche wir damit verknüpften. Nun erweist sich dieser Rat im Zeitalter des Papiertaschentuchs als unbrauchbar. Also bleibt der Merkzettel. Wer aber noch Stofftaschentücher benutzt und herkömmliche Knoten macht, sollte den Nachteil bedenken: In einem Taschentuch steht nichts geschrieben, man sieht beim Aufknüpfen doch nur Schnäuze, und es ist schon Eingebungskraft gefragt, sich bei solcher Ansicht an etwas völlig anderes zu erinnern. Gerade damit hapert es in unserer sprunghaften Zeit ganz besonders. Vergesslich sind wir doch alle geworden, nicht wahr? Mir spült es mit den Jahren immer mehr von dieser Merkfähigkeit weg, und ringsumher finde ich das auch bei anderen bestätigt. Neulich, der Handwerker! Er hatte seine Terminzusage einfach vergessen. Wenn es also wirklich alzheimersches Muster ist, nach dem wir gedanklich stricken, so wird auch künftig mein neuer genialer Trick mit Papiertaschentüchern nicht mehr helfen.

Fällt mir nachts Wichtiges ein, dann werfe ich einfach die Taschentuchpackung vom Nachttisch auf den Boden. Das ging eine Zeit lang gut, aber neuerdings ist darauf kein Verlass mehr:

»An was nur soll mich die Packung auf dem Fußboden erinnern?« Das fragte ich mich schon einige Male beim Aufstehen. Jetzt bin ich wieder beim Notizzettel.

Der Überhund

Für Menschen wurde schon so manches Denkmal errichtet, und wie die Geschichte zeigt, häufig gar zu Unrecht. Auch liegen in Mausoleen nicht nur rechtschaffene Leute herum, nein, ganz im Gegenteil! Wurde aber jemals ein Vierbeiner auf den Sockel gestellt? Etwa ein Hund, wie er menschlicher kaum sein kann, ein wahrer Überhund?

Also werde ich Wastl, unserem ehemaligen Familienmitglied, symbolisch eine Ehrung antun, mich in Schreiblaune bringen und einige erzählenswerte Episoden niederschreiben.

Vor gut fünfzig Jahren sagte Oma in den großen Schulferien zum Elfjährigen, der wieder einmal arg im Tage herumhing: »Gerd, kommst mit zum Hühner-Krebs, ein paar Küken holen?«

Und ob! Auf der Stelle fuhr mir der Tatendrang in die Glieder, ich nahm den dargebotenen Sack für den Hühnertransport entgegen und hängte mich mit langen Schritten an Großmutters Seite. Doch groß war die Enttäuschung, als die Bäuerin am Ortsrand den Kopf schüttelte, weil sie zurzeit keine Küken anbieten konnte. Sie musste bemerkt haben, wie deprimiert ich kehrtmachte, denn sie rief uns mit fragendem Unterton nach: »Aber einen jungen Hund hätte ich!«

Schwupps, das riss mich wieder herum:

»Ja? – Oma, o ja, einen Hund!« Omas sachte Abwehr war natürlich vergeblich, ich ließ nicht mehr locker, bis das kleine graue Hündchen in meinen Handflächen lag und mich mit großen Augen anguckte. Da wurde dann auch Großmutter weich und sie besiegelte zögerlich den kostenlosen Handel:

»In Gottes Namen! Was wird aber Josef sagen?«

Der Josef, Ihr Schwiegersohn, mein Vater, der Lederhändler, der immer für feilgebotene Watschen gut war, wenn ihm an mir etwas nicht passte. Zum Kampf entschlossen und furchtlos schloss ich das Tier ins Herz und hing mir den Hund im Sack über den Rücken. Ich wollte meiner dumpfen Befürchtung nicht Nahrung geben, deshalb zeigte ich mich zuversichtlich und fröhlich. Gleichwohl ahnte ich Vaters Missbilligung. Er hatte mir ja frühzeitig skizziert, dass meine Wünsche grundsätzlich wenig Aussicht auf Erfolg bei ihm haben würden. Sein Lehrspruch dazu bleibt mir unvergesslich:

»Ich, ich, ich – das nervt mich! Lass dir das sagen: Zuerst kommt der Meier, der Müller und der Dingsda. Und dann kommt ein langer Gartenzaun; dann kommt lange Zeit gar nichts, erst jetzt bist du an der Reihe!«

Tja, Erziehung ist eine Kunst, aber nicht jeder Vater beherrscht sie. Der meine bekam zeitgemäß eine weitaus strengere Erziehung verpasst, und auch ihm war wohl eine ganze Menge Selbstbewusstsein erfolgreich ausgetrieben worden. Trotzdem besaß Papa einen sehr weichen Kern, war ein durch und durch musischer Mensch, was ich leider viel zu spät schätzen und lieben lernte.

Der neue Hund war mir die innere Anspannung wert. Zwar war der, wie ich mitbekam, »leider nur ein Russel, nur ein grauer Schnauzer.« Diese Worte prägten

sich eigentümlich in mein Gemüt und ihr emotionaler Gehalt von Benachteiligung ist mir selbst noch heute nachfühlbar. Ein Hund ohne Zertifikat, ohne Rassestammbaum, ein wertloser Hund – ach, ich brauche keinen affigen Züchtling, tröstete ich mich insgeheim. Kaum waren wir zu Hause im elterlichen Ledergeschäft, kaum hatten wir unter mulmiger Vorahnung mutig Erklärungen abgelassen, da rief mein Vater:
»Ein Hund kommt mir nicht ins Haus! Den könnt ihr gleich wieder dorthin tragen, woher ihr ihn geholt habt – aber sofort! Oma, du wirst auch nicht mehr gescheiter!«
»Josef, willst ihn mal sehen?«, versuchte es Oma diplomatisch.
»Ich brauche keinen Hund! Und ich will auch keinen!«, reagierte er störrisch. Oma ignorierte einfach die Abwehr, befahl mir, den Kleinen doch mal herauszunehmen aus dem Sack und als fühlte der Schnauzer die Ablehnung, bellte das Stimmchen seinen Widersacher an und das Köpfchen mit dem wuscheligen Schnauzbart zuckte auf und ab. Das war so neckisch und liebenswert, dass ich sogar Vaters feuchte Augen bemerkte, als er schließlich und endlich den »Netten« in seinen Händen hielt, als wäre es ein rohes Ei.
Aus den paar Tagen, die das Hündchen ausnahmsweise noch bleiben durfte, war ein ganzes Leben geworden und Wastl – den Namen steuerte mein Vater bei – war am Ende seinem Herrchen gewiss näher, als ich es ihm je war. Das scheint für das Tier zu sprechen, mag man denken. So ist es aber, und ich kann gut damit leben.

Auch Wastl hatte sich seinerseits dem Herrchen mit Haut und Haaren verschrieben und ich selbst blieb, dank mancherlei Experiment mit ihm, mehr gefürchtet als geliebt.
Das Lederlager bot für Tierexperimente die besten Voraussetzungen. Einmal befestigte ich eine Holzplatte mit vier Schnüren an einem Deckenhaken, drehte die Platte solange in eine Richtung, bis sich die Schnüre zum Strick gedrillt hatten. Gerade war noch Platz genug, Wastl hindurch auf das Brettchen zu zwängen – dann losgelassen, und das Karussell begann immer schneller zu sausen. Nach der Freifahrt fiel der Arme zu Boden und torkelte umher, bis er schließlich erbrach, just im ungünstigsten Moment, als mein Vater mir in die Quere kam. Schnell hatte der die Sache überblickt und sogleich kam ich selbst ins Trudeln, denn seine heftigen Ohrfeigen raubten mir Sinn und Stand. Und das zu Recht, muss ich heute zugeben.
Wastl wuchs zum gut erzogenen, gehorsamen Familienmitglied heran und war ich einmal vom Internat beurlaubt, wurde er mir sogar gelegentlich zu meinem Verdruss als Vorbild ins Gewissen geredet!
»Der Hund folgt aufs Wort, nimm dir ein Beispiel an ihm«, pflegte dann Papa zu sagen.
Wastls Schnauzer war stattlicher geworden, sein Benehmen aber blieb freundlich und zurückhaltend; er war überhaupt nicht nervig und schon gar kein Kläffer. Hauptsächlich verriet der kupierte Stummelschwanz seine inneren Regungen – ein freudiges Wedeln. Bei gesenktem Stummel: Trauer, Furcht oder Scham.

Letztere war bei ihm angesagt, wenn der böse Mann mit dem Scherapparat einmal im Sommer kam und ihm sein weiß-grau-farbenes Salz-und Pfefferfell knapp bis auf die nackte Haut ablöste. Da stand er in erbarmenswerter Haltung auf dem Tisch im Hof und sein Herrchen lachte ihn gefühllos aus, wegen seiner Angst, die ihn unentwegt erzittern ließ. Wäre ich an Wastls Stelle gewesen und hätte Vater das mit mir gemacht, wir wären getrennte Leute; ist der Hund dumm, weil er einem solches vergibt? War endlich die Prozedur beendet, sah Wastl nach menschlicher Empfindung lustig aus. Nackt, bis auf den riesigen Schnauzer, welcher erhalten blieb, ebenso die langen Ohrhaare. Wir standen um ihn herum und lachten ihn aus, und der Hund sprang vom Tisch und schämte sich tagelang. Er wollte nicht mal mehr *Gassi* mit seinem Herrchen gehen, was für ihn wohl die größte aller Freuden gewesen sein mag, vielleicht abgesehen vom fleischhaltigen Knochen zwischen den Zähnen. War die Schamfrist aber abgelaufen und ihm sein knapp geschnittenes Haarkleid zur Gewohnheit geworden, fühlte sich der Hund zusehends wohl. Seine Plagegeister im Fell waren dann heimatlos und ließen Freude in der Hundeseele aufkommen. Auch wenn Wastl auf den Brunnenrand des Ludwig-Brunnens gegenüber vom Geschäftshaus sprang und hinein ins kühle Nass hechtete, dann trocknete anschließend das Fell sehr rasch auf der warmen Ladentreppe, wo er gerne in der Sonne döste; nichts juckte und kniff – so war's gut!
Ein vertrautes Bild für die Passanten der Luitpoldstraße

– der Wastl auf der Ladentreppe. Mancherlei Anreden bekam der in seinem langen Hundeleben dort ins Ohr. Da steht wieder ein mitfühlendes Frauchen, eine Hundenärrin, vornübergebeugt und erzählt ihm Vertrauliches, und der Hund sitzt aufmerksam da, schaut ihr in die Augen und seine Körpersprache lässt glauben, er verstünde jedes Wort. Wenn er bekräftigend den Schnauzer nach unten wirft und durch ein eigentümliches Niesen bekräftigt: »Ja, genauso ist's!«
»Wiederseh'n Wastl, bis bald – du bist ein braver Hund! – Ade, du Guter ...!« Darauf er leicht schräg den Kopf hochrückt und durch ein verlegen knurriges Wrrrh ausdrückt:
»Schon gut, mach's halblang, Tante – halt die Ohren steif!«
Ich bin mir sicher, Wastl verstand vieles, was man zu ihm sagte. Nicht alles, klar. Menschen kapieren ja auch nicht alles. Aber was ihn interessierte, das konnte er sehr gut verstehen. Ich ahne Ungläubigkeit, deshalb beispielsweise folgende Begebenheit: Die Familie sitzt zu Tisch und man bespricht den Tagesablauf. Vater sagt, er wolle nach dem Essen mit Wastl eine Runde drehen und bei Oma noch dies und jenes besprechen. Der Hund kommt aus seiner Ecke hervor, öffnet mit den Pfoten die Tür und verlässt das Zimmer. Aber gleich schlüpft er durch den Türspalt zurück, mit der Ausgehleine im Maul, setzt sich vors Herrchen, macht Männchen und bietet sich an. Uns hatte es damals die Sprache verschlagen. Oder – hatte der Hund einmal mitbekommen, wohin der Ausflug führen sollte – zum

Seeweiher? – Metzger Winter? – Metzger Assmann? – zur Post? – zu Oma? Dann sprang er eifrig vorneweg das Ladentreppchen hinab, schlug die Richtung ein und eilte wissend voraus zum Ziel. Hatte man aber umdisponiert und wählte eine andere Route, blieb der Hund wie angewurzelt stehen und sein ungläubig herumgedrehter Kopf sagte unmissverständlich:
»He, du irrst – hier geht's lang!« Am einfachsten, man klärte ihn auf und er war zufrieden. Verstehen ist die eine Sache, das Folgen aber eine ganz andere. Wer es versäumt hat, bereits der jungen Kreatur Gehorsam beizubringen, der wird später vergeblich herumbrüllen, es hilft nicht mehr. Wastl war von frühester Jugend an gut trainiert, da er beim sonntäglichen Kirchgang auf der Kirchentreppe von seinem Herrchen, bei erhobenem Zeigefinger, den eindringlichen Befehl bekam, hier zu sitzen und brav zu warten. Ob im Sommer oder Winter, bei Regen oder Schnee und manches Mal bis zu einer Stunde, wenn es ein Hochamt war. Da saß er dann wie versteinert und niemals passierte es, dass er sich aus dem Staub gemacht hätte. Kamen nach der Messe die Besucher zum Vorschein, wedelte der sitzende Hund wie verrückt mit seinem Schwänzchen und ohne zu bellen sog er gierig die Gesichter der Fremden ein, um spontan hochzuschnellen, wenn er ein *Rudelmitglied* erkannte. Auch hier, wie vor seiner Ladentüre, bekam er freundliche Ansprache von Menschen, denen der Schnauzer zum geläufigen Anblick geworden war; er war eben sehr beliebt. Nettigkeiten, wie Pfötchen geben, Männchen machen, solches schenkte Wastl

jedem, der darum bat, ohne Ansehen der Person. Und Schwanzbeißen! Den meisten wird das wohl spanisch vorkommen. Ergriff man sein Stummelschwänzchen und bog es ihm vors Maul, versuchte der verspielte Hund, es zu schnappen, und er drehte sich wohl eine Minute lang mit allerlei Anstalten im Kreis herum. Dabei blieb kein Auge trocken. Meinem Vater war der beachtliche Stolz auf seinen Hundezögling anzumerken, wenn er dessen Gehorsam dem Sohn, also mir, demonstrierte. Wir hatten einmal mit dem Hund das Haus verlassen, und bis zum Rathaus hinunter waren es vielleicht noch zweihundert Meter. Papa befahl dem Hund: »Sitz Wastl! Du bleibst da sitzen!«

Wir befanden uns mitten auf dem Gehsteig und die Leute gingen beiderseits an uns vorüber. Der Hund aber bog den Schwanz ein und saß traurig da. Der Chef klopfte mir auf den Rücken und schob mich an, weiterzugehen, dabei warnte er nochmals mit dem Zeigefinger: »Brav sitzen bleiben, Wastl!«

Von jetzt an schaute Vater nicht ein einziges Mal mehr um, während wir bis auf Höhe des Rathauses angelangt waren. Es lag an mir, den Gehorsam zu überprüfen. Wenn die zahlreichen Passanten auf dem Gehsteig kurzzeitig den Blick freigaben, sah ich den Hund in gespannter Erwartungshaltung dasitzen. Etliche Personen standen in respektablem Abstand um ihn herum und rätselten wohl, was im Tier da vorgeht, welchen Spleen es besitzen mag? Jetzt sollte die Erlösung folgen. Mein Vater legte zwei Finger unter die Zunge und ein schriller Pfiff brachte den Hund in Fahrt, er schoss plötzlich wie ferngesteuert hoch und sauste blitzartig durch die Leute, die verblüfft ihre Hälse drehten, oder schleunigst den Weg freigaben. Hechelnd, mit heraushängender Zunge empfing Wastl höchstes Lob vom Herrn und wir setzten mit einem entspannten und zufriedenen Hund unseren Weg fort.

An eine Episode erinnere ich mich, welche Mutter mir erzählt hatte und die ich absolut glaubwürdig finde, wie ich Wastl kenne. Unter dem elterlichen Schlafzimmer, das im ersten Stock lag und die Fenster zur Straßenseite geöffnet hatte, wurden meine Eltern zu unmenschlicher Zeit durch lautes Gelächter geweckt. Das verstärkte sich zunehmend und schürte auch gleichzeitig Ärger und Neugier meiner Mutter. Also erhob sie sich aus den Federn und schaute hinunter auf eine lustige Ansammlung von Leuten, die sich vor unserem Schaufenster lautstark amüsierten; sie warteten wie sonst auf den Frühbus, aber was war denn heute in der Auslage Lustiges geboten? Sollten gar die Preisschilder lachhaft sein? Mutter zog sich zurück, begab sich nach unten in den Laden, um unbemerkt hinter dem Vorhang ins Schaufenster zu spähen. Das also war des Rätsels Lösung: Wastl hatte sich eiskalt einen Weg durch kniffflig dekorierte Damenhandtaschen gebahnt und stand jetzt hocherhoben mitten im Fenster, tänzelte waghalsig zwischen Glasplatten mit aufgestellten Kleinlederwaren, wie Börsen, Brieftaschen, Schlüsseletuis, vor einer Kofferpyramide – führte Männchen vor! Dabei federten seine Pfoten auf und ab und der Ansporn von draußen ließ ihn immer wieder hochfahren, sobald er

sich aufs Hinterteil setzen wollte. Mama machte nun einen argen Fehler. Als sie sich etwas von der Schau zurückgezogen hatte, rief sie den Hund. Ich denke, der hatte nicht das allerbeste Gewissen und war heftig erschrocken. Er rumpelte sofort durch die einstürzende Dekoration und verdrückte sich mit gesenkten Schultern, dabei aber schräg aufblickend, mit eingebogenem Schwanz und verdrehten Augäpfeln, die viel Weiß zeigten, vorbei an Mutter, in seine Kiste unter der Wendeltreppe. Die Haltung des Hundes hatte mir Mama zwar nicht erklärt, jedoch kannte ich Wastl gut genug, um sie mir ziemlich genau vorstellen zu können.
Eine völlig gegensätzliche Haltung wird er angenommen haben, als er einmal neben einer Kundin durch die klingelnde Ladentüre trabte, sie wahrscheinlich im menschenleeren Laden umtänzelte und der Dame artig und voller Stolz sein Fundstück zu Füßen legte: ein saftig fleischfarbenes Gebiss. Bei solch unerwarteten Geschenken kommt mehr Verlegenheit als Freude auf und die Reaktion der Beschenkten wird wohl gewesen sein, dass sie bei unterdrücktem Lachen aber mit leicht vorwurfsvollem Unterton sagte:
»Ja woher hast du das denn?« – und unwillkürlich ein paar Schrittchen rückwärts nahm. Wastl wird enttäuscht auf Gleichgültigkeit umgeschaltet haben:
»... dann eben nicht.« – sich das Teil geschnappt haben und an der Ladentüre um Auslass gedrängt haben, den er erhielt. Als meine Mutter kurz darauf die Kundschaft begrüßte, war jene etwas durcheinander. Es wäre da mit ihr ein Hund hereingekommen – da konnte sie gar

nichts machen – der ihr ein Gebiss angeboten hätte, haha, aber jetzt sei der Hund aber wieder fort – da, durch die Türe hätte sie ihn rausgelassen ...
»Na da schau her, was es nicht alles gibt!«, wird vielleicht meine Mutter darauf zu entgegnen gehabt haben. Wie schade, dass Hunde nicht reden können, wir hätten sicher höllischen Spaß, zu wissen, wie er an das Gebiss kam und vor allem wie die Geschichte dann weiter ging.
War eben nicht von saftig Fleischfarbenem die Rede? Mir kommt dabei ein älterer Herr in den Sinn, der schon mehrmals im Abstand von ein paar Jahren bei meinem Vater vorstellig wurde und sich nach dem Befinden des Hundes erkundigt hatte. Bis er eines Tages dem baffen Herrchen den Grund seines Interesses unter dem Siegel der Verschwiegenheit verriet. Er sei ein Hundenarr, was Hundefleisch angeht, und Wastl fände er auch von der Größe her ideal, weil der eiserne Kochtopf für einen ganzen Braten noch gerade passen könnte. Aber es wäre ja noch genug Zeit, bis es soweit ist, meinte er lächelnd und er möchte geduldig warten, denn Hundefleisch schmecke, ohne Spaß, himmlisch! Ob er sich denn Hoffnung machen dürfte?
Bisher hatte ich mir ja schon einiges vorgestellt in meiner Fantasie; aber wie Papa nach dieser Eröffnung geguckt hat, das will mir nicht so recht gelingen. Zu unserer Zeit war jeder Kunde noch König. Auch wenn der Herr nur eine spärliche Summe im Laufe der Jahre in die Kasse brachte, so blieb er dennoch König, ohne Wenn und Aber. Was für einen Geschäftsmann eben

bedeutete, Vater musste sich sehr beherrscht haben. Solche Fleischgelüste eines Hundefans wurden vorgetragen, als sich Wastl im besten Mannesalter befand! Welch ein kurzer Schritt ist es doch von hier mitten hinein in eine Episode, bei der für Wastl eine völlig andere Art fleischlicher Gelüste zählten. Mensch!, war mir das peinlich, damals!

Drüben, auf dem freien Platz vor dem Ludwigsbrunnen, hatte unser Schnauzer, entgegen seiner zurückhaltenden Art, eine Sexshow auf einer Hundedame vorgeführt und man hatte wohl empört versucht, die beiden mit Tugendeifer auseinanderzutreiben. Sollte man diesen Leuten Gleiches antun, was würden sie wohl sagen? Vielleicht: »Wir machen es doch nicht auf der Straße!« Ja, damit hätten sie persönlich zweifellos eine Entschuldigung. Aber, wie soll der arme Hundecasanova es denn anstellen, praktisch, tugendvoll? Mit der Dame ins Haus kommen, Herrchen fragen, ob ...? So klappt das nie! Also gut, jetzt hingen die beiden Hunde wegen des eingejagten Schrecks zusammen und das sah noch viel peinlicher aus!

»Papa, komm – schau, was mit Wastl ist!«

»Wastl?«, kam es aus dem Büro zurück. Schneller ist kein Notarzt! Ein paar Sekunden genügten Herrchen für die Strategie. »Bring mir den Putzeimer!«, ging der Befehl an mich. Den griff er sich, eilte damit zum Brunnen, ihn zu füllen, und schüttete das kalte Wasser auf die überraschten Patienten, welche sofort auseinanderflitzten. Wastl bremste jedoch ab, während die Freundin floh, und blieb bei seinem Herrchen, das ihm tröstend auf den Rücken klopfte und seinen Kopf kraulte. Nach so viel Verständnis war der Hund so dicht an Vaters Beinen, dass er aufpassen musste, nicht darüber zu fallen. Ich, der Twen, hatte nur einen roten Kopf abgekommen, wie die junge Verkäuferin, die auch zugeschaut hatte.

Im gesamten Rückblick betrachtet, war unser Hund in jeder Weise pflegeleicht, unproblematisch und gesund an Körper und Geist. Nur einmal blitzte in mir Schrecken auf, als ich zufällig den Hund im Hinterhof durchs Bürofenster beobachtete. Er torkelte im Kreis herum und benahm sich dabei, als wäre er verrückt geworden; es war einfach haarsträubend. Erschrocken rannte ich hinaus, auf ihn zu, und abrupt hielt ich inne; mich überfiel das blanke Grausen. Aus seinem Hinterteil schlingerte ein beachtlicher Bandwurm und auf der Stelle lief und rief ich nach dem Notarzt für solche Fälle, dem Herrchen. Ein ermittelnder Blick genügte ihm; Vater hatte sich im Schnellschritt durch den Laden schon geeignetes Werkzeug gegrapscht, ein kantiges Holzstöckchen, welches er zur Behandlung einzusetzen gedachte. Vermutlich war es ein unlackierter Bleistift, wie sie überall herumlagen. Zuerst ging es darum, den Hund zu beruhigen, was kaum Probleme machte, denn Herrchen war wie Balsam für den Hund.

Wastl stand jetzt mit gegrätschten Beinen da, den flackernden Blick ängstlich und misstrauisch nach hinten gerichtet, auf den glatten Steinplatten des Hofes und verfolgte, so gut es ging, die Prozedur. Vater hatte sich mit sichtlicher Überwindung an das braune Endstück

gemacht und es geschafft, ein paar Wicklungen aufs Stöckchen zu drehen. Das war nicht einfach, weil der Hund immer wieder Ausbruchsversuche unternahm und alles von vorne beginnen musste. Ich selbst stand mit vorsichtigem Abstand hinter den beiden. Als endlich der Bandwurm am Holz griffig war, zog Vater gefühlvoll ein Stück aus dem Hund heraus. Der ging dabei wie ein startender Rennläufer in die Knie und bemühte sich mit den Krallen um Halt auf den Steinplatten, um nicht weggezogen zu werden. Allmählich war ein gutes Stück dieser unappetitlichen Sache aufgewickelt, und Papa, mit weit ausgestreckten Armen in Hocke hinter dem Hund, bot das druckreife Motiv für den Hundefreundkalender. Endlich überwand sich Vater und fixierte mit angehobener Brille die Spule genauer und meinte in ungewohnter Haltung von ganz unten zu mir nach oben – Tonfall leicht vorwurfsvoll:
»Das ist kein Bandwurm, wie du glaubst! Der hat Schnur gefressen; fragt sich nur, wie viel?«
Dann wäre er beinahe nach hinten gekippt, so hatte ihn mein heftiges Gebrüll irritiert. Nach meiner Schätzung hatte der Hund ein haariges Schnurstück von zirka einem Meter fünfzig gefressen, wie es im Lederlager leicht zu finden war. Großer Schrecken – große Gaudi hinterher, auch so was gibt's!
In den vielen Jahren, in denen ich Gelegenheit hatte, meinen Vater und seinen Hund zu beobachten, sind mir nur wenige Vorkommnisse bekannt, wo es zur Bestrafung kam. Einmal war ich mir gewiss, jetzt würde es dazu kommen: Ich verpetzte Wastl und dachte wohl

insgeheim daran, Vaters Ein und Alles wenigstens kurzzeitig vom hohen Sockel herunterziehen zu können, auf dem ich das Tier manchmal zu sehen glaubte, während ich vor Vater immer sockellos blieb.

Damals, noch im dunklen Hinterzimmer, stand in der Ecke über lange Zeit ein richtig großer Zuckersack, vielleicht fünfzig Kilo schwer. Für mich eine vertraute Sache, der Zuckersack. Aber heute frage ich mich doch, warum, in aller Welt, eine solche Menge Zucker im Hause war? Papa war zwar ein *Süßer* – unter vier gehäuften Teelöffeln lief kein Kaffee über seine Zunge – doch wozu der viele Zucker für einen Zweipersonenhaushalt? Ich war ja die meiste Zeit abwesend und mir genügte schwach Zuckriges, alleine der Opposition zuliebe. Also, wie ich Wastl in der dunklen Ecke am Heiligtum meines Vaters genüsslich schlecken sah – der Kluge hatte ein Loch in den Rupfen gebissen und strich mit der langen Zunge in Eile von unten her über den Zucker – war der so im Süßrausch, dass er mich nicht bemerkt hatte. Ich machte sachte kehrt, um ihn anzuschwärzen. Als wir uns gleich darauf angepirscht hatten, hoffte ich, ein Donnerwetter zu erleben, und war ziemlich enttäuscht, weil Herrchen sich nur köstlich amüsierte.

In einem anderen Falle verlief die Geschichte wiederum unerwartet für mich, und mir tut der Hund noch heute leid. Wastl hatte im Laden unter der Wendeltreppe seinen Schlafplatz, er war somit über Nacht eingeschlossen und konnte nicht raus, er hatte auch keine Chance, ein dringendes Bedürfnis zu melden. Eines

Morgens glänzte eine Pfütze auf dem PC-Belag vor der Ladentüre. Niemals hatte ich sein Herrchen so ungehalten gegenüber seinem Wastl gesehen. Er schrie zornig nach ihm und der Hund kam in Demutshaltung aus seiner Kiste angeschlichen und legte den letzten Meter zu Herrchens Füßen voller Angst robbend zurück.

»Was hast du da gemacht!«

Er packte den Hund am Genick und drückte ihn mit der Schnauze ins Vergehen hinein, ein paar Mal, und der Hund winselte wie ein kleines Kind. Seinerzeit zerriss es mir schier das Herz und eingebungsvoll erschien es mir, das brutale Hausmittel könnte auch in meinem Unterbewusstsein schlummern? Kräftig hineingedrückt mit der Nase ins eingenässte Bettlaken? Durch ähnliche frühkindliche Anwendungen lassen sich gewiss etliche Macken erklären, die der Mensch ahnungslos und lebenslang mit sich herumschleppt. Der Seelenkundler würde wohl vermuten, das Syndrom bei inneren Zwängen bedeutet zweierlei:

»Ich kann nicht ...«, oder »ich muss es tun ...«

Womöglich wurde einem frühkindlich irgendwas aus- oder eingetrieben?

Nie wieder hat es meines Wissens solche Bestrafungen gegeben und der Überhund hat alles seinem Herrchen vergeben.

Wastl verließ die Welt im hohen Alter zu einer Zeit, als mein Kontakt zum Elternhaus brüchig geworden war. Nach dem so frühen Tod meiner lieben Mama, sie starb mit zweiundvierzig Jahren, gab es eben eine *neue Mutter* und irgendwann auch einen neuen Wastl. Der

war von der gleichen Rasse, hatte aber einen völlig gegensätzlichen Charakter entwickelt. Es war ein »böser, gefährlicher Hund«, der sogar nach seinem Herrchen schnappte, der bellte wie ein Höllenhund, wenn es an der Haustüre klingelte und der auch mich an der Hand erwischt hatte, als ich ihn zum ersten Male sah und begrüßen wollte.
Da war mir, als müssten Tiere sich so im Verhalten entwickeln, wie ihre kreatürliche Umgebung es vorgibt. Wastl der Zweite war ein armes Tier, es konnte nichts dafür, sein neues unberechenbares Frauchen hatte zu sehr auf ihn abgefärbt.

*

Ob du mit dem Schaukelstuhl sprichst, deinen Zimmerpflanzen oder deinem Hund, das ist eine Frage der Erkenntnisfähigkeit. Nur mit dem Psychiater solltest du darüber nicht reden.

Amseline

Während ich genussvoll auf der schattigen Terrasse in der abschwellenden Hitze des Tages meinen roten Rettich mit Butterbrot nebst ein paar Streifen Emmentaler verzehre, dazu kühles Weizenbier trinke, beobachte ich seit einiger Zeit eine gar nicht scheue Amsel, wie sie vor meinen Augen ihr Abendbrot in der Wiese zusammensucht.

Eben rennt sie ein paar Meter in Sprintermanier auf mich zu, stoppt auf der Stelle, scheint nun aufmerksam in den Boden zu hören – oder späht sie ins Gras hinein? Wer will das wissen – und gleich ein neuer Anlauf, abrupter Halt, ein Horchen oder Spähen – jetzt hat sie zugepackt! Mit der Spannung im Rücken eines Gewichthebers legt sie sich ins Zeug und hievt ruckweise einen Wurm aus dem Erdreich. Dabei wippt ihr Körper immer wieder nach hinten, sodass sich der Schwanz im kurz gemähten Gras durchbiegt. Welch kolossaler Wurm für die kleine Amsel! Mich schaudert beim Gedanken, mit ihr die Mahlzeit tauschen zu müssen. So starre ich bei verhaltenem Bissen auf das Geschehen, bis der Wurm mühsam zerpickt und schließlich hinuntergewürgt ist. Der Vogel steht jetzt wie versteinert da, in sich gekehrt, als gälte es, die letzten Lebenszuckungen seines Mahles noch als zarte innere Bewegung zu fühlen. Ich aber war ja zum Glück beinahe fertig und begann den Tisch abzuräumen: blaues Tellerset zusammengerollt, unter den Arm damit. Die Linke nimmt den leeren Rettichteller auf –

Vorsicht Salzlauge! Am kleinen Finger eingehängt der Salz- und Pfefferstreuer. Unter den rechten Arm klemme ich die leere Bierflasche, mit der freien Hand werde ich mir das Bierglas schnappen. Und gewusst wo, nämlich zwischen die Lippen gepresst, die flache Packung Käse. So aufgepackt schleiche ich mich davon. Einen Seitenblick schenke ich der Amseline, welche noch immer ein paar Schritte weit entfernt von mir in der Wiese steht und mich jetzt völlig fassungslos anstarrt.
Ob man es glauben will oder nicht, sie sagte etwa: »Was seid ihr doch für komische Geschöpfe!« Na, zumindest hat sie so geguckt.

*

Das Gezwitscher der Vögel in der Abendsonne lässt mich vergessen, wie sehr ich die Quietscher beim Mittagsschläfchen verwünscht hatte.

Denke ich an die ersten Jahre meiner Schulzeit zurück, verkrampft sich sogar jetzt noch leicht mein Inneres: Weil ich auf eine Frage des Lehrers keine Antwort wusste, stumm vor der Klasse dastand und dabei den hämischen Spott einer offenbar sadistisch veranlagten Lehrkraft und nicht minder begabter Schüler ertragen musste.
Heulte ich daheim wegen meiner Psychomarter, konnte nur Oma mit so einem Fall etwas anfangen, indem sie versuchte, mir einen Trick beizubringen, der mein Problem ein für alle Mal lösen könne, wie sie mir versicherte.
»Gerd, wenn du beim nächsten Mal wieder aufgerufen wirst und keine Antwort hast, dann sag' doch irgend was, rede drauflos!«
»Aber wenn ich doch nicht weiß, was ich sagen soll«, zerstreute ich ihren gutgemeinten Rat.
»Ach was! Es gibt immer was zu reden – du machst einfach den Mund auf und fängst am besten an ... Herr Lehrer – das ist schon mal eine gute Einleitung. Dann sagst du zum Beispiel, dass du gestern mit deinen Eltern – na wo ward ihr gestern? In Ingolstadt? Also in Ingolstadt, bei der Tante gewesen seid ...« Ich unterbrach Oma und schrie:
»Die sind doch nicht blöd, das merken die doch!«
»Gerd, wichtig ist, dass du einfach redest, egal was, nur stumm dastehen darfst du nicht, denn das wittern sogar die Dümmsten! Klar weißt du, worauf du hinaus willst,

das gibt dir Sicherheit, aber das hat ja noch Zeit, da kannst du also locker daherquasseln.«
»Neeiin! Ich weiß doch nichts, Oma!«, brüllte ich sie an.
»Hör gut zu!, das ist der Trick: Am Schluss kannst du immer noch sagen, dass du deswegen keine Zeit hattest, obwohl du es ja gestern vorhattest, den Stoff zu wiederholen und es dir so leidtut, dass du jetzt keine Antwort geben kannst. Was glaubst du, wird der Lehrer darauf antworten, ha?«
»Hm, wahrscheinlich sagt er – schon gut! Ist ja nicht so schlimm, beruhige dich!« Oma lachte.
»Richtig! Er wird nichts Schlechtes und nichts Schlimmes sagen. In der Klasse aber, in den Döskopfen, da bleibt es hängen, dieses – *schon gut*; das genügt vollkommen!«
Omas Quasseltrick hatte mir seinerzeit zwar gefallen, mich auch getröstet, doch wollte er mir im bärbeißigen Alltag nicht so recht gelingen. Man muss halt auch das Quasseln beherrschen! Wie Politiker beispielsweise, die so etwas anscheinend im Blut haben. Nur wissen die oft nicht, auf was sie eigentlich hinauswollen, aber die können sich ja, dank ihres eingebildeten hohen Ranges, zur Not ganz plötzlich und arrogant auf einen wichtigen Termin berufen und einfach abhauen. Alleine diese Möglichkeit gibt diesen Leuten eine enorme Stabilität, was dann einige von ihnen dummerweise für Überlegenheit halten.
Ich entsinne mich an eine Episode, die mir Großmutter einmal früher schon erzählte, wo ihr Redetrick aber

gehörig daneben gegangen war.
In ihrer Klasse rief der Lehrer den kleinen Johann auf, wollte wissen:
»Johann, hast du eigentlich eben aufgepasst? Was ist die Donau?«
Der stand stramm und antwortete:
»Herr Lehrer, die Donau ... ist ... hm ...« Lange Pause; man hätte die berühmte Stecknadel fallen oder das Gras wachsen gehört.
»Na, sag schon, Johann – was ist denn die Donau?«
»Also, die Donau ist ... die Donau ist ...«
Interessant, sich dabei die Mimik des Buben vorzustellen. Hinter seinem Rücken zischelten die Mädels durcheinander: »ein Fluss – ein Fluss ...«
Endlich hatte der Johann die Botschaft verstanden, und seine Antwort kam wie aus der Pistole geschossen:
»Herr Lehrer, die Donau ist ein Frosch!«
Mag sich die Lehrkraft unwillkürlich an den Kopf gefasst haben, die Kinder aber hatten sich gewiss vor Lachen gebogen.
Mein Opa hatte als Pennäler ganz andere Erfahrungen gemacht, das weiß ich ebenfalls von Oma.
Da ging es richtig brutal zur Sache. Opa war irgendwie auffällig geworden, daraufhin öffnete ein Hüne von Lehrer den Fensterflügel, stürmte hin zum Schüler, schnappte den und schleifte ihn ans offene Fenster. Von dort blickte er bösartig um in die Klasse, und verschaffte sich Luft, indem er lautstark ein für alle Mal »dem verkommenen Schülerhaufen« auf der Stelle zeigen werde, wie er künftig durchgreifen werde. Dabei

packte er sein Opfer an beiden Ohrwascheln und hob den schreienden Schüler aufs Fensterbrett. Nicht genug, die Arme des Wüstlings streckten sich und der Knabe wurde aus dem Fenster im ersten Stock an seinen Ohren hinausgehalten! Der brüllte vor Schmerz und strampelte mit den Beinen. Ich selbst kann mich noch gut daran erinnern, wie Opa, noch als gestandener Mann gelegentlich über das eigentümlich schmerzende Gehörorgan geklagt hatte; kein Arzt konnte da helfen. Inzwischen hat sich die Situation ja glücklicherweise geändert: Solche Brutalität von Lehrerseite ist heute undenkbar und zum Glück auch vorbei. Leider hat die Sache eine bedauerliche Kehrseite, man könnte das auch eine Wendung um einhundertachtzig Grad nennen – vereinfacht gesagt: Früher schlugen die Lehrer ihre Schüler, heute schlagen die Schüler die Lehrer. Traurig, aber wahr, wenn man Medienberichte heutzutage noch glauben darf.

Als ich kürzlich in einem Kunstkatalog moderner Maler lustlos herumblätterte, musste ich unwillkürlich an meinen Großvater denken: Der hatte auch kein Zeichentalent. Ich entsinne mich gut, wie ich ihn als Kritzelzwerg zum Zeichnen aufforderte und er dann schließlich widerstrebend zum Zettelblock griff und mir mit Bleistift ruckzuck einen Kinderwagen notierte, als wäre es ein Schriftzug in fliehender Schrägschrift. Dabei fielen die riesigen Speichenräder wie kippende Ostereier aus, auf denen ein Bumerang förmiges Gebilde mit Henkel thronte, welches das Oberteil des Gefährtes bilden sollte. Deutlich noch fühle ich die Ent-

täuschung, die mir die herübergeschobene Arbeit vor so langer Zeit verursacht hatte. Damals führte ich mich als Besserwisser auf, vor allem, um meiner Oma zu imponieren, indem ich die ovalen Räder mit Rotstift zur Korrektur rund übermalte. Und Oma machte sich prompt über ihren Mann lustig:
»Da schau nur, von ihm kannst das Zeichnen lernen!«
Das hatte ihn vermutlich frustriert. Und wie immer in aussichtslosen Situationen, folgte ein von ihm so vertrautes, raubtierartig aus dem Rachen kommendes, langgedehntes »Aach ...« – ein Wortfragment, welches mutterseelenalleine und irgendwie abwimmelnd im Raume stand, aber durchaus als Einleitung für eine ruppige Aufforderung geeignet gewesen wäre, die noch hätte folgen können. Aber mein Opa war ein zurückhaltender Mensch, sagte so was nicht.
Übrigens, Oma war eine umwerfende Erzählerin, sie vermochte mich stundenlang mit ihren Geschichten zu fesseln. Inhaltliche Engpässe gab es bei ihrem abwechslungsreichen Leben nun wirklich keine.
Als Älteste von elf Geschwistern wuchs sie in ärmlichen Verhältnissen in einem abgelegenen Dorf auf und trug ganz selbstverständlich die Verantwortung für die Kleineren. Viel unbeschwerte Kindheit gab es da nicht.
Als die Zeit gekommen war, ihr häusliches Nest zu verlassen, erzählte sie, wie sie mit Tränen in den Augen ihr Köfferchen hinaustrug und den Zurückbleibenden mit unterfränkischem Tonfall zugerufen hatte:
»Mein lieb's Reundörfla, dich seh ich heut zum letzten

Mal – lebt alle wohl!«

Damals wollte sie im nahen Bamberg Nonne werden, kam jedoch nicht zum Zuge; es gab, ganz anders als heutzutage, zu viele Bewerberinnen. Dafür fand sie einen Arbeitsplatz in einer Kofferfabrik, anschließend – was ging nur in ihr vor? – händelte sie den Kassierapparat in einem Tramwagen, und bald fuhr sie selber eine Straßenbahn durch Offenbach. Dort lernte sie ihren Mann kennen, und so kam meine Mutter als Offenbacherin zur Welt. Bald darauf zogen die Großeltern mit Töchterchen in die Oberpfalz, pachteten eine Bauernwirtschaft mit kleiner Landwirtschaft im Geburtsdorf von Opa. Das bescheidene Anwesen sollte nicht bedeuten, dass es da wenig zu tun gab, ganz im Gegenteil! Gemäht wurde mit der Sense, Holz gehackt mit dem Beil, gewaschen im Bottich, geschlachtet von Opas eigener Hand, die Nächte in der Wirtschaft waren lang, der Schlaf nur kurz.

Man konnte offenbar nicht genug von der harten Arbeit bekommen, also wechselte man die Pacht und führte nacheinander anderen Orts zwei weitere, doch größere Gaststätten. Zuletzt ein Gasthaus mit täglicher Küche, Kegelbahn und Gartenbetrieb. Oma war Köchin, Wirtin und Hausfrau – Opa der Wirt, Metzger und Rauswerfer in einer Person. Letzter war gefragt, wenn zu später Stunde die Räusche überhandgenommen und die Rauflust außer Kontrolle geraten war. Dann griff sich mein Großvater, der sonst ein gutmütiger, friedlicher Mensch gewesen ist, den Ochsenfiesel, das ist ein geriffelter Hartgummistab, packte einen Raufbold nach dem andern am Genick und schleifte sie unter schmerzvoller Schlagbehandlung ins Freie hinaus. Einmal, erzählte Oma, brachte ein hartnäckiger Randalierer Opa so in Rage, dass sie schreiend eingreifen musste, um den Arm ihres Mannes beim Eindreschen einzufangen.

»Josef, hör auf! Du schlägst ihn doch tot!«, rief sie verzweifelt.

Das hört sich brutal an, wird man denken. Aber die Leute waren nicht wehleidig, am nächsten Abend waren alle wieder da, alles schien vergeben und vergessen.

Neben Raufereien führte auch der Übermut sein zweifelhaftes Dasein. Da gab es einen angetrunkenen Stammgast, der sich in der Tischrunde so stark fühlte, dass er anfing, sich als bayerischer Stier aufzuspielen. Als seine Nachbarn uninteressiert abwinkten, sprang der vom Stuhl hoch und hüpfte stelzig in die hinterste Ecke der Gaststube. Dort mimte er das Hörnertier, indem er seine beiden Handrücken mit den gestreckten Zeigefingern an die Schläfen legte und den Bierbrüdern die Zunge entgegenstreckte. Und wie die wiederum nur abfällig reagierten, sauste der Mannsbrocken brüllend quer durch die Wirtsstube und donnerte seitlings gegen eine schmächtige Nebentüre. Dabei krachten die Füllungen mit dem Quersteg heraus, samt dem klapprigen Türgriffkasten, und das Türwrack schlug, wie verrückt geworden, ein paarmal auf und zu. Auf den sprachlosen Stammtisch tappte ein geschlagener Krieger zu, mit eingezogener, schmerzender Schulter, gesenktem aber hochrotem Kopf; Opa kam ihm schon entgegen.

»Josef, das geht in Ordnung, wird morgen erledigt.«, kam ihm der *bayerische Stier* unterwürfig zuvor, er war der Dorfschreiner, also alles paletti.
Gab es geschäftlichen Anlass, radelte Oma mal schnell von Neumarkt nach Nürnberg hin und zurück am selben Tag – ohne Gangschaltung, versteht sich!
Eines Tages hatten die beiden vom Gaststättengewerbe genug und zogen ins mittelfränkische Weißenburg, übrigens mein Geburtsort, um dort einen Kolonialwarenladen, also ein Lebensmittelgeschäft, zu gründen. Später war auch ich daran beteiligt, indem ich die Bonbongläser plünderte und in den vielen Schubladen nach Leckerbissen suchte. In einem Schubkasten fand ich ganz eigentümlich nach Pappe schmeckende, kleine violettfarbene Hütchen, die ich seither nie mehr gesehen habe. Ich frage mich, was für seltsames Zeug ich da immer wieder, zwar widerwillig aber prickelnd heimlich genascht hatte? Woher ich weiß, wie Karton schmeckt? Welches Kind hat noch keinen Pappkarton zwischen seinen Zähnchen gehabt? Den pappig, leimigen Geschmack vergisst man doch nicht.
Sonst bekam ich leider nur Mehl, Zucker, Salz, Grieß und dergleichen zu sehen, alles offen verfügbar in hölzernen Schubkästen. Es war eben noch die bescheidene Zeit der kleinen Einkäufe nach dem Krieg, ohne unnötigen Verpackungsmüll.
Gelegentlich zog ich mit Oma das Leiterwägelchen zum weit abgelegenen Edeka-Lager, wo ich mich als Großeinkäufer fühlen konnte, wenn der Zuckersack, ein Sack Mehl und einige Blecheimer Gurken oder Blau-

kraut aufzuladen waren. Süßigkeiten jedoch kaufte Oma in Kleinstmengen ein, wofür ich mich tatsächlich schämte. Zwei, drei Tafeln Schokolade, ein Viertelpfund Drops. Echte Raritäten! Vielleicht eine 10-er Packung Kaugummis? Ach die kommen nächstes Mal dran.

Wenn ich mir heute klarmache, was Oma in ihrer Zeitspanne erlebte, kann ich nur staunen.

Sie hatte die beiden Weltkriege hinter sich gebracht, mit allem Schrecken, kannte noch eine autofreie Welt ohne Teerstraßen, ebenso Petroleum- und danach das Gaslicht, sie erfuhr von der ersten bemannten Mondlandung und guckte später auch ins Farbfernsehen. Handys und Smartphones gab es noch nicht, dafür aber Telefonzellen und Briefkästen, die inzwischen selten geworden sind.

Was für ein gewaltiger Sprung durch die Zeit! Es ist also kein Wunder, wenn Oma so ausgiebig zu erzählen wusste. Gleich, wie schlimm die Begebenheiten manchmal waren, es fehlte niemals der gewisse Schuss Humor und eine Portion menschliche Güte in dem, was sie mitzuteilen hatte. Dies blieb als kostbare Essenz von Bonbon-Oma bis heute in meinem Herzen.

*

Die Gedanken sind es, die uns Wirklichkeit erleben lassen: Betrachte die Berge, blicke aufs Meer, sieh ins Himmelblau – ohne Gedanken ist da nichts.

Der Zeitgeist und die Spucke

»Wie die Alten sungen, so zwitschern auch die Jungen.« Das ist erst einmal so! Zumindest, bis man sich eigene Gedanken macht.

Wenn bei der heutigen Jugend angeblich so vieles im Argen liegt, sollte man sich zuerst einmal das Gezwitscher der Alten zu Gemüte führen, was im übertragenen Sinne natürlich ihre Vorbildfunktion betrifft. Wenn ich heute im fortgeschrittenen Stadium kein charakterlicher Schweinehund und auch kein bunter Chaot bin, so verdanke ich das zum beträchtlichen Teil meinen Angehörigen. Auch deren Tradition, und vielen Hunderten von Menschen, mit denen ich im Laufe der Zeit zu tun hatte und die eben keinen schlechten Eindruck auf mich hinterlassen haben. Im Leben färbt alles ab. Es ist wie mit der frisch gestrichenen Gartenbank – wohin man dich gedrückt hat, oder du dich selbst gesetzt hast, das hast du dann auch quasi im Rücken.

Nehmen wir ein Beispiel: Meine Großmutter rannte jahrein, jahraus bei jedem Wetter in die Frühmesse, insgesamt gut drei Kilometer Fußmarsch hin und zurück. Selbst im hohen Alter, wo sie kaum noch die Kirchentreppe hochkam, hielt sie eisern daran fest. Meine Eltern waren von dieser Praxis beeinflusst, aber doch schon wesentlich – wie nenne ich es nur? Aufgeschlossener? – toleranter? – nachlässiger? Oder schlicht bequemer? Sie praktizierten nur den sonntäglichen Kirchgang, taten dies aber konsequent und forderten das auch von mir, ihrem Sprössling, der doch lieber daheimgeblieben wäre. Ihnen fiel die selbst auferlegte Pflicht gewiss nicht leicht, gehörten doch meine Eltern zu den Leuten, die sich stets dazu aufrappeln mussten und fast immer zu spät in die kilometerweit entfernte Kirche einliefen.

Das nahm manches Mal gar skurrile Züge an, wenn etwa Vater die riesige Kirchentüre aufzog, alles Volk erstaunt den Kopf nach uns drehte und wir frontal, aus weit ausgebreiteten Armen, den Schlusssegen des Stadtpfarrers empfingen. Meine Güte! Papa war Kirchenrat – oh, war das peinlich! Was für ein schlechtes Vorbild gab er da ab!

So kam die Reihe nun an mich. Ich behielt den sonntäglichen Kirchgang jahrzehntelang bei, stand damit zu Wehrdienstzeiten auf recht einsamen Posten, sozusagen. Ich heiratete eine Frau, der eine Kirche von innen doch ziemlich fremd war. Dennoch gelang es mir, gewaltlos – es darf gelacht werden – alleine durch meinen selbstverständlichen Sonntagskirchgang, sie anzustecken, wie auch unseren Sohn, der bis zu seinem tödlichen Unfall im zwanzigsten Lebensjahr meinem Beispiel folgte. Allerdings ließ ich bereits großzügig Ausnahmen gelten, war aber deswegen nicht toleranter, wie man vielleicht annehmen könnte; ich muss es schließlich wissen: Ich war nur viel bequemer als meine Vorfahren! Zweifellos hatte ich auch gegen einen stärkeren Gegenwind des Zeitgeistes anzukämpfen als jene. Der Kirchgang war mittlerweile breitenmäßig aus der Mode gekommen.

Wie ein überzeugter Kirchgänger nun schließlich im

fortgeschrittenen Alter dazu kam, sich diesbezüglich zu wandeln, hat etwas mit den eigenen Gedanken zu tun und erforderte wohl Dutzende Seiten, dies darzulegen; dieser Umstand soll unser Beispiel aber keinesfalls abschwächen. Nur so viel: Ich bin keineswegs ungläubig geworden, ganz im Gegenteil, doch Christ und Kirche, sind das nicht zwei verschiedene Paar Schuhe? In beide schlüpfen bekanntlich leicht und mühelos Versager aller Art.

Gleichwohl halte ich die Bemerkung für angebracht, kirchliche Tradition nicht leichtfertig aufzugeben, ehe man Halt in starker, eigenverantwortlicher Überzeugung gefunden hat. Jeder gute Bergsteiger wird das für seinen Teil beim Klettern bestätigen: Wer den Halt verliert und keinen neuen findet, der fällt!

Am Beispiel dieser dargestellten Familientradition ist hoffentlich deutlich geworden, wie nötig feste Zügel für den inneren Schweinehund sind, um eine selbst auferlegte Pflicht überhaupt durchzuhalten. Werden die gelockert, läuft es in eine andere Richtung. Wir erleben zurzeit die Auswirkung fallengelassener Zügel und traben gnadenlos ins Chaos. Das geheimnisvolle Pferd gehorcht nämlich dem Ruf unseres Charakters. Es lohnt, darauf zu achten, in welche Richtung es mit einem gehen soll. Bekanntlich gibt es gute und schlechte Wege, und die Lehre Jesu, also das ursprüngliches Christentum – weniger für mich die Institution Kirche – kann uns sehr wohl dabei helfen, den richtigen Kurs zu halten. Womit wir aber noch einmal auf meine *verflossene Liebe*, die Amtskirche, gestoßen sind und

wir uns da ein bisschen mehr mit weltlichen Blicken umsehen wollen.
Neulich stand ich total verwirrt vor der Nordseite unserer alten Stadtpfarrkirche und wollte meiner Frau weismachen, dass ich früher hier, genau an dieser Stelle die Treppen hochgestiegen und da hineingegangen sei. Wir schauten uns diesen Bereich gründlichst an und ich stupste meinen Zeigefinger ausdauernd auf die Mauersteine der fragwürdigen Stelle, doch sie schüttelte nur ungläubig ihren Kopf. Es gab nämlich keine Treppe dort, und von einem früheren Eingang zeigte sich keine Spur. Selbst die Mauerfugen und das Farbbild der Sandsteine, die ich mir genauestens vornahm, verrieten nicht im Mindesten den ehemaligen Kircheneingang.
Das war schon arg für mich, denn nun zweifelte ich leise an meinem Verstand. Als wir schließlich von der gegenüberliegenden Südseite die Kirche betraten – dort war seinerzeit mit Sicherheit kein Eingang! – unterdrückte ich es, meiner Frau mitzuteilen, dass wir soeben das sogenannte *Krippchen* durchquerten, welches doch genau einmal an dieser Stelle in einer Glasvitrine aufgebaut war.
Ein Münzeinwurf ließ ein rotes Lämpchen aufleuchten und setzte für eine Weile eine kleine Maschinerie in Gang. War es jenes Christkind, welches aus dem sich öffnenden Flügeltor auf einem zufuhr, sich dann ruckweise umdrehte und wieder zurückgefahren ist, bis schließlich am Ende die Türchen mit einem Klick zuklappten? Oder hatte ich das irgendwo sonst gesehen? Aber die *Krippenschau* war ganz sicher ein-

mal an diesem Platze! Der Treppenaufgang zur Orgelempore war noch unverändert, so wie in Kindertagen, als ich stolz meinem Vater nach oben folgte. Ein wahrer Abenteuerspielplatz schien mir das anfangs zu sein. Wenn ich dort oben im Halbdunkel bei den dösenden alten Männern herumschlich – ich denke, die pennten tatsächlich! Oder durch die Spalte ins Innere der Orgel spähte, wo die verstaubten Pfeifenstöcke nach oben bis unter die Decke ragten und sich beim Spiel geheimnisvolle Klappen öffneten und schlossen. Schlich ich am Kirchenchor vorbei, gelangte ich zum Spieltisch der Orgel und schaute hinter dem Rücken des Organisten auf dessen flinke Finger. Wenn der *Doktor* spielte, interessierte mich vor allem sein flach gequetschter Daumen, der mir bei jedem Anschlag mitfühlend Unbehagen bereitete, obwohl er dem Doktor bestimmt nicht mehr wehtat. Hätte er sonst gespielt?, dachte ich bei mir.

Auch der alte Lehrer Ley, Leiter des Chores, mit seinen schlohweißen, wuscheligen Haaren ist mir noch gut in Erinnerung. Ich bewunderte seine souveräne Spielweise, die mehr beiläufig geschah und ihm nicht die geringste Konzentration abzuverlangen schien. Noten braucht er auch keine. Seine Spezialität war der lateinische Singsang mit dem Pfarrer – oder, noch schöner: Requiems. Die verstand er so schaurig hochstimmig zu intonieren, als sänge es aus dem Totenreich herüber. Heute möchte man vielleicht sagen, er hatte wohl das rauchig hohle Feeling eines schwarzen Gospelsängers.

Apropos Sänger! Ludwig, ein Verwandter unserer

Familie, war nach solcher Klassifizierung *the King of Song*, also der damalige Stimmstar des Kirchenchors. Ich persönlich schätzte seine dominante *Pressackstimme* nicht besonders; Ludwig möge einem Nichtsänger verzeihen.

Schon als kleines Kerlchen setzten mich meine Eltern auf die Brüstung der Orgelempore, sodass die Füße über den Abgrund baumelten und die Händchen artig gefaltet auf dem Sicherheitsgeländer auflagen. Erst wenn meine Geduld am Ende war und ich ein Solo ins Kirchenschiff schmetterte, holte man mich wieder ein, verließ gar mit mir die Kirche, wenn das Stück länger dauerte.

Hielt ich aber ohne Geschrei durch, konnte ich schon mal Fallstudien anstellen, indem ich ein Gebetbuch nach unten in die Leute fallen ließ. Dann flatterten die Andachtsbildchen, die sich darin befunden hatten, eine ganze Weile hinterdrein. Somit konnte ich mich schon als kleiner Mann in Newtons Entdeckung einfühlen, wonach jeder Gegenstand die gleiche Fallgeschwindigkeit im luftleeren Raum haben mag, nicht aber bei Luftwiderstand! Und der war ja bei meinem Experiment in besonders dicker Luft reichlich vorhanden; die Kirche war meistens proppenvoll.

Ähnliche Klugheit, oder nennen wir es Bauernschläue, besaß offensichtlich auch unser Stadtpfarrer. Er war seiner Zeit weit voraus! Während andere Pfarrei-Chefs noch den rotsamtenen Klingelbeutel am Holzstiel vom Mesner in die Kirchenbänke reichen ließen und sich viel Kupfer und so manchen Hosenknopf einfingen, reichte der sehr geachtete und nicht minder gefürchtete hochwürdige Herr Stadtpfarrer einen großen, flachen Flechtkorb, ausgeschlagen mit weißem Tuch, persönlich in die Bankreihen und blieb als Kontrollposten daneben stehen.

Nun hatten die Knauser einen schweren Stand, denn der Grad ihres Geizes lag für jeden sichtbar im Korb. Vater schubste mich an, wenn der Geldsammler die Treppe hochkam, und drückte mir einen Groschen in die Hand. Einmal gab er mir einen kleinen Schein – spaßhalber, wie er sagte.

»Pass mal auf, wie der Pfarrer strahlt!«, flüsterte Papa. Tatsächlich, so kam es! Bei einem Zehnerle hatte ich das nie beobachten können. Inzwischen hat sich der Korb durchgesetzt. Klingelbeutel sah ich zuletzt Mitte der neunziger Jahre im Kölner Dom. Den Domlakaien hätte ich ein Altbier reinschütten können, so gleichgültig waren die, und duster war es obendrein.

Geht es darum, eine persönliche Peinlichkeit ans Licht zu zerren, fällt das doch umso leichter, je länger die zurückliegt. Und man schämt sich auch weniger, je mehr Jahre jemand auf dem Buckel hat. Nun, was mich betrifft, fliegt mir bestimmt kein Zacken mehr aus der Krone.

Also, der Bengel hing damals vornübergebeugt am Brüstungsrohr der Orgelempore und ließ seinen Blick genüsslich über die vielen Köpfe unter sich schweifen. Die Kirche war gerammelt voll, was bei einem Hochamt mit großem Chor die Regel war.

Erhöht stand auf dem Podest, wie der Dirigent, auch ein

Schiefmaulsolist, den ich kaum ansehen konnte, ohne ins Lachen zu geraten, sobald der zu singen begann.
Der Priester stand damals noch mit dem Rücken zur Kundschaft vor dem Altar. Nur wenn er sich gelegentlich mit erhobenen Armen zum *dominus vobiscum* umdrehte, was aussah, als müsse er sich ergeben, trafen sich unsere Augen. Jedenfalls glaubte ich das, denn er blickte immer nach oben und jedes Mal hatte ich prompt ein schlechtes Gewissen. Ich hatte eigentlich hier nichts verloren, gehörte doch hinunter ins Fußvolk, in die ersten Reihen, zu den Buben! Aber der Mensch ist ein Gewohnheitstier: Schon als Dreikäsehoch war ich auf der Empore – na, also!
Andererseits bin ich kein Dickhäuter; war der Gedanke einmal da, wurde mir immer mehr meine Außenseiterrolle bewusst. Alle anderen Jungen waren in den Bänken unten. Was werden sich die Erwachsenen von mir denken, ging es mir durch den Kopf.
Ich glaubte jetzt immer stärker, ihre Meinung über mich zu hören. Bildete mir ein, sie starrten mich alle an. Sie nannten mich wohl insgeheim Extrawurst, ein eingebildetes Muttersöhnchen, einen Flegel, der sich hier herumlümmelt. Schrecklich, was ich da alles vor das innere Ohr bekam und schon ahnte ich, mich dafür genieren zu müssen. Ich wagte auf einmal nicht mehr, so unartig flegelhaft durch die Gegend zu gucken, sondern nahm verstohlen Haltung an und stierte sinnierend nach vorne zum Altar auf den Buckel des Zelebranten, beneidete dabei die herumalbernden Altersgenossen in den vorderen Bänken. Auf einmal meinte ich zu spüren:

Irgendwas ist in meinem Mund! Ein Haar vielleicht oder ein Fusel? Ich komischer Kerl genierte mich aber, den Mund zu öffnen und das Etwas mit den beiden Fingern herauszufummeln. Die schauen doch alle auf dich, wenn du das machst, oder? Einfacher war es, die Sache etwas zurückzustellen, abzuwarten. Das hole ich nach der Messe heraus, dachte ich mir.

Nur wer am eigenen Leib Ähnliches beobachtet hat, weiß, wovon ich rede. Es setzte nämlich eine enorme Speichelproduktion ein. Das Wasser lief mir buchstäblich im Munde zusammen und ich war plötzlich nicht mehr Herr der Lage, dagegen etwas zu tun. Hinunterschlucken? Unmöglich! Schluckblockade!

Ich war gewissermaßen paralysiert. Meine Mundhöhle war mittlerweile prall gefüllt und die einzige Hoffnung, die im Hirnkasten noch aufflackerte, war jetzt der nahe Schlusssegen und dann nichts wie fort und raus damit!

Mit zunehmender Ausweglosigkeit und einem immer stärker werdenden Druckgefühl im Mund schien das Tor zur Halluzination geöffnet: In einem Schwall zerstäubender Spucke könnte ich jetzt den Chor bedienen, oder den Organisten vorübergehend blind spucken, dass er hängen bleibt in seinen Noten. Solche Euphorie der makabren Fröhlichkeit wird zum Notausgang, wenn es sonst keinen Ausweg mehr gibt. Mein Blick streifte den Schiefmaulsänger bei vollem Einsatz. Blitzartig erkannte ich die Gefahr, riss mich mit aller Gewalt zusammen und versuchte auf todernst zurückzuschalten. Verkrampft betende Hände ragten über die Brüstung. In das starre Gesicht zog es wie Wetterleuchten, blitzte der Schiefmaulsänger auf – entlud sich das Gewitter. Im Furioso einer brausenden Orgel und dem jubilierenden Chor explodierte schlagartig meine Anspannung in den verkrampften Backenmuskeln und der Wolkenbruch war da. Soweit ich das gerade noch sehen konnte, fiel eine gehörige Menge Spucke in geballter Ladung, also unzerstäubt, auf einen Glatzkopf zu, welchen ich im gedanklichen Fadenkreuz ausmachte. In diesen Sekunden stand ich in Flammen der Scham, vermeintlich beobachtet und ausgelesen bis in den innersten Winkel hinein. Dennoch konnte ich die Ungewissheit nicht ertragen, wen es denn dort unten erwischt hatte. Behutsam visierte ich bei gleichzeitigem Vorschieben des Oberkörpers über den Sichtschutz der Brüstung ins Blickfeld hinein, sah das weiße, große Taschentuch, das eine Glatze trocknete. Und ehe der sich nach oben drehende Kopf etwas zu sehen bekam, zog ich mich schleunigst wieder hinter die Nulllinie zurück. Ich ließ den korpulenten älteren Mann alleine mit drängenden Fragen, auf die er niemals eine befriedigende Antwort finden sollte, und verließ die Kirche so schnell, wie sie wohl selten einer verlassen hatte.

*

Wie bedrückend ist die lange Zeit:
»Von nun an bis in Ewigkeit …«

Der Salonlöwe

Anfang der sechziger Jahre erregte die Bastei Bar in der Kleinstadt die Gemüter. Man schielte vom gegenüberliegenden Gehsteig zu jenen Verruchten hinüber, welche so frei waren, einen flüchtigen Blick auf ein paar ausgestellte schwarzweiße Programmfotos der spärlich bekleideten Nackttänzerinnen zu werfen, die von Zeit zu Zeit wechselten. So wurde augenfällig, wie wenige Passanten sich getrauten, den anzüglich gewordenen Gehsteig zu benützen und lieber auf der anderen Straßenseite ihren Weg nahmen. Damals war eben ein Nacktfoto etwas unerhört Frivoles, gar wenn es öffentlich vor gierigen Augen hinter einer Schaufensterscheibe hing. Ansonsten blieb dieser Betrieb unauffällig, zumal er tagsüber geschlossen war und erst ab 22 Uhr öffnete. Nur einen Steinwurf entfernt vom Polizeigebäude gelegen, schien alles seine beste Ordnung zu haben. Auch Rausschmisse, öffentliche Skandale, wie man sie von anderen zwielichtigen Lokalen zu kennen glaubte, waren hier niemals ein Thema. Etwa wenn die fürchterliche *Rote Mühle* im nahen Nürnberg zur Sprache kam, wo gleich drei Rauswerfer einen renitenten Kerl packten, ihn mit Schwung und Wucht durch die offne Türe bäuchlings hinaus aufs alte Kopfsteinpflaster geschmissen hatten. Beinahe respektvoll redete man über diese Spelunke, die angeblich nur gestampften Lehmboden und dürftigstes Mobiliar bot und in die man sich als biederer Halbstarker nun wirklich nicht verirrt haben wollte – oder genauer formuliert

– sich erst gar nicht hineingetraut hätte. Kein Vergleich zur Bastei Bar! Die war nämlich ein sogenannter Edelschuppen für Leute mit Geld. Trotzdem hatten auch dominante Halbstarke der Szene Zutritt, sofern sie sich zum Outfit ihrer nietenreichen schwarzledernen Bekleidung einen Schlips umhingen, proforma sozusagen. Mit dieser Entscheidung wollte der Barbesitzer vermutlich die Demolierung seiner Einrichtung verhindern, was bei Ausschluss solcher Leute durchaus zu befürchten war. Die stadtbekannten Großtuer ließen es gerne darauf ankommen. Sonnabends flanierten drei von ihnen nebeneinander eingehängt und weitausladenden Schrittes in der Altstadt auf und ab, sodass Passanten, welche entgegenkamen, entweder an die Hauswände flüchteten oder auf die Straße treten mussten, um den Weg freizugeben.

»Allerhand – diese unverschämten Rotzlöffel!«, Ähnliches vernahm man zwar gedämpft, aber erst, als die Gruppe außer Hörweite war. Den Burschen bereitete das Provozieren gewiss Vergnügen, warum sonst hätten sie es getan? Natürlich war niemand wirklich interessiert, diese »ungehobelte Sorte« in seinem Lokal zu sehen. Allerdings nahm ein betuchter Halbstarker die Zutrittserlaubnis des Nachclubs gerne wahr, hing sich lässig einen Binder übers offene weiße Hemd. Bert, ein allseits bekannter, schwarzhaariger Typ mit geölter Elvis-Frisur, musste zwangsläufig den Stenzen spielen, er konnte den Hart-Rocker nicht bieten, infolge seiner Behinderung. In Kindertagen hatte er Kinderlähmung bekommen und schleppte ein geschientes, verkümmertes Bein mit sich herum. Als ausbezahlter Brauereierbe besaß er aber den nötigen Zaster und brauchte sich in der kostspieligen Nachtbar keineswegs lumpen zu lassen. Der Bert war mindestens so erfolgreich dabei, sein Geld loszuwerden, wie eine Figur, von der sogleich die Rede sein soll. In der Bastei verkehrte als Stammgast Bauer Jorden. Dank seines unermüdlichen Einsatzes erlangte der im Laufe der Zeit einen legendären Ruf.

»Den letzten Rock'n Roll hätte ich besser sein lassen«, dachte Jorden vermutlich bei sich und schwang sich zittrig und bleichgesichtig aufs Fahrrad. In seiner Magengrube musste es heftig rumort haben, weil Schampus und Rock'n Roll ähnlichen Druck erzeugen wie eine geschüttelte Sektflasche. In der Nachtbar hielten sich zu so später Stunde nur noch Hartgesottene auf, und denen schien es, als habe Jorden die übermütige Stimmung mit zur Tür hinaus genommen. Jedenfalls gab es unter den Besuchern niemanden, der Ignatz, das war Jordens Vorname, als Stimmungskanone das Wasser reichen konnte. Böse Zungen sagten ihm nach, er würde leichtsinnig Haus und Hof versaufen. Zutreffend war, dass der Bauer ein Feld nach dem anderen verkaufte, um seine allnächtliche Mission im Nachtclub zu finanzieren. Von seinen Äckern, Feldern und Wiesen hatte er schon etliche buchstäblich flüssig gemacht, und es gab keinerlei Anhaltspunkte, weshalb er diesem Prinzip der Umwandlung untreu werden sollte.

In unzähligen Nächten hatte Jorden anwesende Nachtschwärmer davon überzeugen können, wie zuverlässig sie doch in seiner Gegenwart tolle Stunden erleben konnten, und das schätzten die auch. Besonders das Sektbad für Stripp-Susi, welches Ignatz neulich sogar vorgekostet und vorsorglich mit einem freigiebigen Schuss Cognac aus der Flasche verfeinert hatte, fand natürlich immer den Beifall der Clubgäste. Übrigens konnte der Landwirt ein Privileg für sich in Anspruch nehmen, das jeden Salonlöwen die Kinnlade herunterklappen lässt, wenn er sich den Sonderstatus dieses Unikums klarmacht. In der exklusiven Nachtbar galt strikter Krawattenzwang! Es gab nur eine Ausnahme: Bauer Jorden trug niemals eine Krawatte, und ein weißes Hemd besaß der auch nicht, geschweige dass er es angezogen hätte. Das sei er seinem Stande schlicht schuldig, pflegte der sich bei gelegentlichen Vorwürfen zu rechtfertigen. Er bevorzugte bunte Karohemden, welche er auch im Stall trug und dazu einen muffigen blauen Arbeitsdrillich, mit dem man ihn auch auf dem Hof antreffen konnte. Wie oft mag er wohl auch darin geschlafen haben? Schließlich lohnte sich kaum das Umziehen, wenn er hin und wieder erst gegen morgen nach Hause kam. Und wann kam der Blaumann in die Wäsche? Das wusste nur der schlaue Mief, der durchs Gemäuer zog. Im Stall gab es allerdings nur noch wenig für den Aussteiger zu tun, ein paar Hasen und ein Grüppchen Hühner zur Eierproduktion verlangten Betreuung, das war es schon. Seine bescheidene Wohnung befand sich in einem Teil des ungenutzten Anwesens. Ansonsten schlief der Mann tagsüber, um für die Nachtschicht fit zu sein. Anfangs schockte Ignatz die untadelig gekleideten Barbesucher, die noch nicht die Ehre mit ihm hatten. Erstaunt nahmen sie nach solch vermeintlichen Affront die zwinkernden Blicke wahr, welche der Bauer dann listig mit dem Barbesitzer wechselte. Doch allmählich hatte sich der groteske Mensch im Milieu herumgesprochen und war zur weithin bekannten Attraktion geworden. Das genoss der auch und fühlte sich umso mehr seiner Fangemeinde verpflichtet – nicht zuletzt durch hochgradige Spendierfreudigkeit! Sekt, vorzugsweise Champagner war sein Metier. Damit schuf er sich Freunde, veranstaltete er wilde Spritzereien und ließ gar mal zu vorgerückter Stunde im engen Kreise die gläserne Badewanne füllen, in die Kätzchen Susi zum Nacktbad einsteigen durfte. Das machte sie so neckisch und verführerisch, dass sogar Jorden die Fassung verlor, sie kurzerhand aus der Wanne aufs kleine Tanzparkett zog und mit ihr herumtanzte, während andere sich gratis aus der Sektwanne bedienten. Wohlgemerkt, es tanzten Susi im Evakostüm, er mit schmuddeligem Blaumann. Was für ein Bild, die beiden! Auch verwöhnteste Geschmäcker hatten in solchen Stunden ein Ah-Erlebnis. War Jorden auf der Tanzfläche, gab's Rock'n Roll, Twist oder Tango. Bei Letzterem sorgte die beliebte Tangowiege für Aufsehen; vor allem wenn das Paar dabei regelmäßig zu Boden kippte und das Unikum auf den Knien seine Faxen trieb. Ja, so war er oft zugange, doch heute hatte er sein Pensum erfüllt, reichlich Sekt geladen und so verschwand er unter Beifallssturm hinter dem dunkelroten samtenen Türvorhang, schwankte hinaus in eine kühle Herbstnacht. Der Himmel mondlos, wolkenverhangen, es war stockfinster. Gegen drei Uhr strampelte Ignatz auf seinem Stahlross stadtauswärts, erreichte fast noch die Abzweigung zum Gehöft. Man sagte tags darauf, er sei vorschriftsmäßig auf der rechten Fahrbahnseite gefahren und auch die Radbeleuchtung war eingeschaltet gewesen. Was mag dem Bauern Jorden in seinen letzten Sekunden durch den Kopf geschossen sein, als ihn ein betrunkener Autofahrer in den Straßengraben katapultierte? Gewiss nicht Weib und Kind – er hatte weder das eine noch das andere. Soweit die Geschichte, die der Vorstellungswelt eines Twens der sechziger Jahre entspringt. Sie schildert, was dieser vom Hörensagen gut kannte und zeigt, wie sehr ihn besagter Gehsteig angezogen haben musste, wo im unauffälligen Hause so Verpöntes hinter verhangenen Glasscheiben geschehen sein soll. Bruchstückhaft hat sich in seiner männlichen Fantasie eine Geschichte aus allerlei Gehörtem geformt, für deren tatsächlichen Wahrheitsgehalt er bestimmt nicht ausdauernd die Hand ins Feuer legen möchte. Dennoch ist er überzeugt, zumindest so ähnlich wird es schon gewesen sein.

*

Über den Erdkreis erschallen fortwährend die Rufe nach Vernünftigen und Narren. Es hängt nur davon ab, wer welchem Ruf folgt.

Wien, Stadt meiner geraubten Träume

Es soll überhaupt keine Rede sein von den Prachtbauten, Denkmälern, den Sehenswürdigkeiten dieser Stadt und folglich auch nicht von Attraktionen wie Stephansdom, Prater oder Wienerwald. Das alles ist ja schon beeindruckend aber nicht unser Thema. Auch der Wiener Schmäh ist es nicht. Ein verlottertes »küss' die Hand, gnädige Frau« – oder jenes schmalzige »habe die Ehre, Herr Baron!« – So etwas gehört auch nicht hier her. Ach ja, die unsterbliche Wiener Musik? Auch die nicht! Weder Kaiserwalzer noch der alte Kaiser Franz mit seiner Sissi. Und Schönbrunn? – die Oper? – das Burgtheater? Nichts von alledem! Oder vielleicht doch was? – als einzige Ausnahme – wir werden ja sehen.

Es war sehr heiß an diesem Tage. Heiß wie in der Wüste Gobi. Und bei den Tieren, die ausgestopft zu zig Hunderten herumstanden, teils vor mir, zum untersagten Anfassen, teils in den Vitrinen, roch es unaussprechlich unangenehm. Nach Formaldehyd? Chemiker müsste man sein.

Erst bei den Sauriern atmete ich wieder kräftig durch. Bei denen war außer Knochen nichts mehr übrig geblieben, und alte Knochen stinken nicht. Ein haushohes Gerippe ragte mit elendiglangen Halswirbeln hinauf bis zur Decke dieses überdimensionalen Raumes im *Naturhistorischen Museum*. Sein noch längerer Schwanz zog sich, gut verdrahtet, durch die Weite des Saales. Auf den Hinterbeinen hockend, die Ärmchen artig emporgehoben mit ihren gefährlichen Greifern, könnte dieser Dino Panik erzeugen, säße der jetzt lebend da, sinnierte ich. Ach wo, das war bestimmt nur ein Pflanzenfresser, der mochte kein Fleisch! Und so kleine Portionen wie mich schon gar nicht.

Alle ganz Großen sind doch harmlos: Wale – sie schlucken tonnenweise winziges Plankton.

Was ist das übrigens für ein Zeug? Und wo gibt es das zu kaufen? Längst müsste derart Nahrhaftes, womit Wale so stramm wachsen, in Dosen abgefüllt sein; es sollte in keinem Supermarkt fehlen, eben für Leute mit Wachstumsbedarf.

Elefanten gehören auch zu den Großen. Solche sind bekanntlich in Indien zu harmlosen Reittieren verkommen, und auch sie fressen nur Pflanzen. Lästig sind die Winzlinge! Stechmücken, Wanzen, Zecken – die saufen Blut.

Gewiss am gefährlichsten sind kleine Menschen, die sich für große Führer halten. Es sind Allesfresser, welche sich keineswegs schämen, blutige Kriege gegen Artgenossen zu befehlen. Ohne Skrupel auch Massenvernichtungswaffen einsetzen. Doch nicht, um die toten Opfer haufenweise aufzufressen, so groß ist ja der Magen dieser Ungeheuer nicht. Nein, eben nur mal so. Klammer auf – wirtschaftliche und machtpolitische Interessen – Klammer zu. Das hat jetzt aber mit Wien gar nichts zu tun, oder umschweifiger gesagt: Es hat mit Wien so viel zu tun, wie mit jeder beliebigen anderen Stadt, in der größenwahnsinnige Menschen leben, lebten und noch leben werden.

Abgefüllt bis zum Rand mit leicht flüchtiger tiergeschichtlicher Information, und benebelt von widerwärtiger Geruchsempfindung stapfe ich treppab ins hitzeflimmernde Freie hinaus.
Schwitzend – in der Tram, an der Halteschlaufe hängend, werde ich in einen Randbezirk Wiens gerüttelt. Vorbei an einer halben Stadt, die sich entzweigeschnitten zeigt, da sie vom Fensterrahmen nach oben hin abgeschottet ist. Einem wilden Fahrer schaue ich über den Kopf, hinab auf die hin und herspringenden gleißenden Schienen. Lächle, wenn er wütend aufmault und seine Bimmel erbarmungslos in die lahmen Autos auf den Kreuzungen hineinfährt. Es ist das saure Lächeln eines Autofahrers, der momentan fremd fährt.
Während des langen Fußmarsches ins Quartier haben sich bereits viele Gedanken und Empfindungen des Tages ätherisch verflüchtigt oder sind ins Unbewusste abgetaucht. Stattdessen füllt sich der Hirnkasten stetig mit nebulösem Gerümpel. Aufgelesen von Werbeplakaten, Straßenschildern, Schlagzeilen, und weiß der Himmel, was sonst noch alles. Sogar die Bildnisse auffälliger Passanten werden im Vorbeigehen eingesackt, samt ihrer vergrämten oder abgefahrenen Mimik.
Bis heute unvergesslich ist mir das total betrunkene Weib vor dem Springbrunnen, das mit Obst nach verdatterten Fußgängern warf und ihnen unflätigst hinterherschrie. Gilt es als Entschuldigung, weil sie eine ältere Zigeunerin war? Was hat sie wohl erleben müssen, dass es soweit mit ihr kam? Diese Frage stellte ich mir, unterwegs zum Quartier, zum Glück schließ-

lich doch. Die schwüle Hitze verdrängt jede Mühe einer wohlüberlegten Zuordnung, und so senkt sich alles Wahrgenommene als unappetitlicher Bodensatz auf den Grund des inneren Schweinehundes, der ja davon lebt.
Ziemlich giftig geworden, betrete ich die Stufen, die zur Wohnung im mehrstöckigen Gebäude führen. Ums Haus herum, erstarrter Schrecken im Karree. Entworfen von schwindeligen Karussellarchitekten. Nach der Fertigstellung war das Bauprojekt gewiss ruckzuck entzaubert, durch seinen grauenvollen Widerhall des Innenhofes und den grauen, eintönigen, ja böswillig wirkenden Fassaden.
Nach stundenlangem Fernsehstress mit beiläufiger Verköstigung stellte sich eine Verschlimmerung der Stimmung ein und elendig übelgelaunt, als wäre ich persönlich von den Flimmermännern betrogen und massakriert worden, ebenso wie die halbseidenen Akteure – jetzt aber Punkt! Ja, schon gut – doch genau mit einem solchen Nervenkostüm lege ich mich unters offene Fenster ins fremde Bett.
Irgendwann stehe ich in sattgrünen Farnen auf einer Lichtung, beäugt aus reizvollem Auge. Über den Riesenfarnen und Schachtelhalmen fliegen sperrige Tuchsegler, die mit jedem Flügelschlag dumpf aufknallen. Mein Gegenüber erhebt ihr Köpfchen und kommt mir sehr, sehr nahe. Ihre attraktiven Beine ragen wie zwei Brückenpfeiler auf und tänzeln im Halbkreis um mich herum. Mir ist wabbelig zumute: Saurus, was begehrst du mehr? Doch plötzlich durchströmt mein Wohlsein eine abgrundtiefe Pein: Nervtötendes

Geschrei hatte sich in meine Behaglichkeit gezwängt, entwickelte sich immer mehr zu einem Geplärre, das mich unsanft aus der Urzeit roh in die Gegenwart zwang und aus tiefem Schlafe hochfahren lässt. Um null Uhr dreißig greint das Kind widerhallend aus dem Innenhof herein zu mir, an mein Bett, in mein Ohr, raubt meinen Urzeittraum – in einem Wiener Bezirk!
Was schreit denn da und greint zugleich in charmantem Wiener Dialekt das kleine Mädchen?
»I bin so allane!« Was ist's? Heftiger geht es kaum, selten so etwas gehört! Immer lauter wird das Gebrüll und ringsum herrscht Wut, die grausig aus den Fenstern strömt, und Totenstille. Was soll man dazu auch sagen, nach einer Stunde zornigem, hysterischem Geschrei? Böse Augen werden jetzt die Runde in der Lärmzone machen und giftige Zungen werden flüstern:
»Eine solche Unverschämtheit! So ein Fratz!« Oder so Ähnliches jedenfalls. Längst habe ich es kapiert:
»Ich bin so alleine ...«, schreit der Balg! Bin ich es etwa nicht? Alle sind »allane«, wenn sie schlafen wollen. Nach weiteren dreißig Minuten Nervenqual passiert es dann. Mir reißt der Geduldsfaden.
Ich trete aus mir heraus, steige aus dem Bett, knipse das Licht an, gehe ans Fenster, und während ich in die Nacht rufe, erschrecke ich an meiner eigenen kleinen Stimme, die hier so mächtig zur Wirkung kommt:
»Mäderl, komm doch ans Fenster«, locke ich mit erzwungener Freundlichkeit den Schreihals an. Vereinzelt werden Fensterhöhlen erhellt. Endlich einer, der sich was zu sagen traut, hier. Ich habe stille Zuschauer,

die sich neugierig auf die Brüstungen stützen, andere, die man im Dunkel stehend ahnen kann. Das Geschrei ist augenblicklich verstummt, und ein fragendes, unsicheres »Ja?«, wimmert vom dritten Stockwerk des Seitenflügels herüber. Ich sehe den Kopf mit etwas Schulter über dem Sims.

Es ist der Feind, ein Feindbild, wie es der Soldat im Schützengraben vor sich hat. Der ist bereit, darauf zu schießen, ich auch. Also rufe ich so freundlich, wie ich es kann hinüber:

»Lass dich doch sehen – steig aufs Fensterbrett!« Kurz war die Kleine ins Dunkel getaucht, hatte wohl einen Stuhl herangezogen und steigt auf die Brüstung. Da steht sie im hellen Nachthemd aufrecht im Fenster.

»Jetzt spring hinaus – dann bis bei den Engerln und nimmer allane!«

Wilder Beifall aus den öden Fensterhöhlen begleitete den Sturz in die Tiefe meiner grauenvollen Fantasie.

Was mag wohl aus dem Wiener Maderl geworden sein – nach vielen Jahren? Wird die junge Frau nun ihre Einsamkeit überwunden haben? Oder nimmt sie Pharmakon? Hat sie jetzt selbst ein kleines Kind? Lässt sie es unbewusst an ihrer erlittenen Verlorenheit teilhaben, indem sie vielleicht abends ausgeht, während das Kleine alleine zu Hause bleibt? So wie es ihr damals in der eigenen Kindheit widerfuhr, wo sie selbst in drei aufeinanderfolgenden Nächten aus Furcht und Panik in die Nacht gebrüllt hatte und kein Mensch sich getraute, in den Innenhof zu rufen:

»Lass dich sehen – komm ans Fenster!«

Die Nachbarn stellten sich alle wie tot und waren also Grund genug zum Fürchten! Mit giftigen Gedanken aber wälzten sie sich in den Betten und warfen böse Blicke auf die Zifferblätter Ihrer Bewährungszeitmesser. Wie werde ich damit fertig? Wie kann jemand anders damit fertigwerden?
Viele Fragen und wenige Antworten sind das schwere Los der Menschheit. Und natürlich hat auch all dieses mit Wien so gut wie nichts zu tun, solange Menschen auch in anderen Orten auf der Welt leben, lebten und noch leben werden.

*

Unsere Erde ist wunderschön, aber das ist nur die eine Seite, denn viele Bewohner benehmen sich ausgesprochen gemeingefährlich, und das ist die dunkle Seite, die uns das Fürchten lehrt.

Der Richtungsstreit

Das Paar war sich uneins, ob man runter zum Bahnhof geht oder hinauf. Sie meinte, dass in diese Richtung auch der Starzelbach fließe, es folglich hinunter heißen müsse! Er fragte sie daraufhin, wie es denn mit Hamburg stünde: Fährt sie von München nach Hamburg hinauf oder hinunter? Er versuchte, ihr eine Falle zu stellen, da sowohl Hamburg und der Bahnhof in nördlicher Richtung liegen. Spontan war ihre Meinung, es hieße nach Hamburg hinauf, weil Hamburg doch oben sei. Und was Italien betrifft, fand sie, seine Frage beantwortend, ginge es hinunter; man fahre schließlich nach Italien hinunter und nicht hinauf!

Da triumphierte der Partner, die Falle war zugeschnappt, denn das war genau seine Rede: also doch hinauf zum Bahnhof, hinauf nach Hamburg, hinunter nach Italien – genauso ist es, er habe eben recht behalten, auch wenn der Starzelbach zugegebenermaßen hinunter zum Bahnhof flösse. Der Bahnhof liege nördlich, und das sei eben oben, so einfach wäre das, meinte der Hausherr abschließend.

»So ein Quatsch!, wenn sogar der Bach neben der Straße runter fließt«, bekam er da zu hören.

»Natürlich geht man zum Bahnhof hinunter! Gehst du eine Treppe etwa hinauf, wenn du sie herunterkommst?« Als schematisch denkender Mensch wollte er das so nicht gelten lassen, schließlich ging ihm das auf die Örtlichkeit bezogene *Gefälledenken* gegen den Strich.

»Für mich zählt die Landkarte und sonst nichts«, entgegnete er hitzig, rannte zum Bücherregal, griff sich eine Karte, schlug sie auf, warf sie auf den Tisch und fragte spöttisch:

»Wo ist denn da oben – wo ist unten, ha?« Als sie sich weigerte, darauf zu antworten, ja nicht einmal sein Beweisstück ansehen wollte, dem sogar den Rücken kehrte, hatte er genug. Sie summte obendrein aufsässig, und deshalb war jetzt seine Stimme unbeherrscht laut, als er schrie: »So etwas Stures wie du ...«

»Bist du selbst!«, lachte sie ihn aus. Nun schnappte gewissermaßen sein innerliches Klappmesser auf; er hätte sie erdolchen können! Und schwupp, wirbelte sie herum und trat ganz dicht an ihn heran. Ihr Siegerlächeln trieb ihm eine leichte Blässe ins gut durchblutete Gesicht.

»Und wie ist es denn beispielsweise mit Ellingen, du Schlaumeier, wenn du von Weißenburg kommst?« Der gebürtige Weißenburger zuckte zusammen, schwieg eisern und war geschlagen. Dennoch haute sie ihm noch ihre Begründung um die Ohren:

»Da geht es doch recht schön den Hang hinunter, und nach Norden geht es auch; kennst du jemanden, der hinauf nach Ellingen marschiert? Der wäre doch irre!«

»Ich gehe jetzt *hinüber* zum Allinger Wirt«, sagte kleinlaut der Mensch und verließ das Zimmer.

War es Überschwang?

Was der Twen am Telefon gehört hatte, machte ihm Beine. Sein Antrieb war so unbändig, dass er aus seiner Bude stürmte, als wäre ein Löwenrudel hinter ihm her. Doch an der Türschwelle musste er gestolpert sein. Und da die Bewegungsdynamik damit keineswegs gebremst war, sondern im Gegenteil sich vollends entlud, indem der Oberkörper in stürzende Vorlage geriet, also die Schritte mächtig beschleunigte, flog der Mensch der Stiege entgegen und gleich schon kopfüber mit heillosem Gepolter treppab.
Unten im Flur läge er wohl noch heute, hätte man ihn damals nicht weggetragen und Tage drauf beerdigt.
Wie gesagt, anders konnten sich die Eltern den Hergang kaum erklären, als sie den toten Körper im Hausflur nach ihrer Heimkehr auffanden. Oben, im Zimmer lag das Handy des Jungen auf dem Fußboden. Die anrufende Nummer gehörte seiner ersten Liebe. Ein Kind – man weiß es nicht – kam jedenfalls keines zur Welt.

*

Ach, ihr tanzenden Mücken in der Abendsonne, wie seid ihr hektisch; eine jede von euch ist närrisch, und genauso quirlig ist es um sie her! Bei den Menschen ist das oft nicht anders.

Das Zeitkarussell

Gelegentlich fliegt man mit seinen Erinnerungen wie in einem großen, bunten Kettenkarussell, Runde um Runde, unbeschwert durch die Zeit, kehrt dann mit Wonne im Bauch und wohl leichter Schwindeligkeit im Kopf glücklicherweise wieder in die Gegenwart zurück. Neulich war ich auf einem solchen Abstecher in meine Kindheit. Gerade fing es an, als ich vom Heizraum kam, wo ich nach Beruhigung des Heizöls, eine Stunde nach der Lieferung, die abgestellte Heizung wieder eingeschaltet hatte. Während ich die Cottotreppe hochstieg, besah ich unwillkürlich meine Umgebung mit Kinderaugen der Erinnerung. Ich hatte guten Grund zu schmunzeln, weil alles um mich her unvergleichlich besser geworden ist: aufwendiger, komfortabler, kurzum ansehnlicher. Im Vergleich dazu war das damalige elterliche Stadthaus geradezu lachhaft primitiv. Dabei bin ich, weiß der Himmel, kein Krösus, nur ein kleiner Fisch im Wohlstandsgewässer. Und sieht sich das Fischlein neugierig woanders um, bekommt es gar Minderwertigkeitsgefühle, angesichts der lächerlich aufgeblasenen Kreaturen oder gar der mittelgroßen Brocken, die an ihm vorüberschwimmen. Abgesehen von den großen Fischen, welche in einem Wasser leben, mit dem sich unsereiner nicht einmal waschen möchte, so undurchsichtig ist das, vorsichtig ausgedrückt. Es sei auch wenig ratsam, diese Reviere anzuschwimmen, gefährlich wär's, denn es wimmele dort von Raubfischen, hört man sagen.

Im Elternhaus, kurz nach dem Kriege, war unser hauptsächlicher Wohnraum nicht einmal fünfzehn Quadratmeter groß. Was sehe ich? Zimmerwand Süd, in der rechten Ecke: Küchenherd mit Ofenrohr. Ums Eck, Westseite: der eiserne Ausguss inklusive Kaltwasserhahn, die Türe mit ihrer stufenhohen Schwelle hin zum hallenden, zugigen Hausgang. Kalte Nordwand: der Topf- und Geschirrschrank, daneben das große mehrteilige Fenster zum Hinterhof, eingerahmt von bunten Vorhängen und ein schnörkelloses Sofa mit bespanntem Wandbrett als Wand- und Kälteschutz. Endlich schließt sich – nein, nicht der Kreis – sondern das Zimmerrechteck und Wandseite Süd: Standard-Küchenbuffet mit meiner viel zu flachen Spielzeugschublade, etwas für den Minimalisten. Ferner eine weitere Türe mit einer Stufe in den Laden hinunter – fertig?

Nun ja, es gibt noch eine ganze Menge: In der Mitte des Raumes steht der einfache Küchentisch samt Wachstuchtischdecke und drumherum, und das ist cool, der drei Bewohner eigner Stuhl. Das ganze Ensemble wohnlich unterlegt von einem altgedienten, grün-graugestreiften Kokosläufer, der schamvoll den abgetretenen Linoleumbelag verdeckt. Und schließlich gibt es noch eierschalfarbiges Interieur: Einmal hängt die Glasschirmlampe mit Zugmechanismus über dem Küchentisch und zum anderen ist es die übliche Keramikwanduhr, welche über dem Sofa hängt. Jetzt ist aber endgültig Schluss, wenn ich den Reservestuhl zwischen Sofa und Buffet an der Ostseite noch erwähnen darf. Ob dazwischen womöglich noch die alte Singer Nähmaschine Platz hatte? Ich weiß es nicht mehr. Dies alles für nur drei Personen – das sollte doch reichen! Das tat es auch. Und ging es zu Bett, verließen wir den Raum in gleicher Weise, als wollten wir das Haus verlassen, nämlich in den ungemütlich kalten Hausgang hinaus. Nach einigen Umdrehungen des plumpen Eisenschlüssels war für Sicherheit gesorgt, und man stieg übers Treppenhaus hinauf in den ersten Stock, ebenso, als wäre man der Fremde von der Straße. Sperrten wir dort die Wohnungstüre auf, fühlten wir uns als Eindringlinge, denn wir befanden uns im Revier von zwangseinquartierten Bombenopfern, die ihre Wohnung verloren hatten. Am Ende eines Flures erwartete uns endlich ein letzter Schließvorgang. Hinter jener Tür befand sich also wieder unser Reich, zwei garantiert ofenfreie Schlafräume und ein provisorisches Badezimmer, welches mein Vater in einem Winkel des Vorraumes eingebaut hatte, fensterlos, versteht sich. Wir sehen, auch damals gab es Fortschritte, was den Komfort betrifft, denn bevor das Bad existierte, badete die Familie zwangsläufig in einer Blechsitzwanne in der winzigen Wohnküche, und zwar einmal in der Woche.

War jedoch der monatliche große Waschtag an der Reihe, durfte ich zu meiner Freude ins Seifenwasser zur Wäsche hinein, in den holzbefeuerten Waschkessel. Im Winter war das ein besonderes Erlebnis, weil die zugige Waschküche im Hinterhof durch das Temperaturgefälle von undurchdringlichem Nebeldampf erfüllt war und die Stimmen im alten Gemäuer schallten und hallten. Da konnte ich mich mit dem hölzernen

Wäschepaddel in beiden Händen in der treibenden Wäsche herumwuchten und dabei nach Herzenslust schreien, was der Hals hergab. Doch begeben wir uns lieber wieder ins kuschelige Haus, nach oben – ach, Spaß muss mal erlaubt sein! Ich erinnere mich noch gut, wie in eisigen Winternächten mein Nachttopf wegen der kalten Außenwände, bis auf seinen Grund gefroren war, und deswegen habe ich heute ein so inniges, freundschaftliches Verhältnis zu unserer Fußbodenheizung.

Übrigens – Nachttopf! Bei diesem Stichwort werde ich schamvoll an eine besonders delikate Peinlichkeit erinnert, die mit einem Nachttopf nur indirekt was zu tun hat. Denn so einen brauchte logischerweise jener Bengel nicht, der eine völlig andere Praktik wählte. Da ich selbst dieser Bengel war, fällt es keineswegs leicht, die folgende peinliche Geschichte zu erzählen. Erleichternd wirkt aber der Umstand, dass der Wicht gar nicht wusste, welch irrigen Weg er damals gegangen ist. Wie kann man das verstehen?

Der Schlaf, ein müder Hüter unseres Verstandes, gab anscheinend meinem Unterbewusstsein Narrenfreiheit. So stieg der Mondsüchtige aus seinem Bettchen, ging durch zwei Türen hinüber ins elterliche Schlafzimmer und brachte sich vor Mamas Bett in Positur. Dann musste wohl der innere Spaßvogel gesagt haben:

»Okay, jetzt kannst du dir die Erleichterung gönnen!« Und schon richtete sich Mutter schlaftrunken an ihren Gatten:

»Hör nur Josef, es fängt zu regnen an ...«

Doch als der Regen ihr auch körperlich nahekam, da musste sie den Spritzer gewittert und energisch verscheucht haben. Der fand ruckzuck sein Bett wieder und schlief ahnungslos weiter. Als ich dann am nächsten Morgen in der Küche vor dem Herd das auf Stühlen zum Trocknen aufgebaute Bettzeug erblickte, kam ich auf die närrische Idee, mitfühlend zu fragen, »wer denn auch Bett nassmachen tut?, wie ich es auch schon ...«
Da war ich mundtot gemacht und Mamas hochrotes Gesicht befand sich plötzlich ganz nahe vor dem meinen. Als sie aber merkte, dass ich ahnungslos wie ein frisches Betttuch war, lachte sie sich beinahe kaputt und ich stand eine beträchtliche Zeit auf dem berühmten Schlauch, wusste nicht, woher das Wasser denn gekommen war.
Die Mondsüchtelei ist schon eine merkwürdige Sache: Du meinst, tief und fest zu schlafen – ja, das tust du auch – und dennoch bist du auf einer Spritztour unterwegs!
Wie viele Monde über mich hinweggestiegen sind nach jener Episode, ich weiß es nicht. Aber weil das Nachtgespenst beim nächsten Einsatz ein rosa Nachthemd trug, muss ich noch ein ziemlich kleiner Bengel gewesen sein. Meine Fingerspitzen können sich noch gut an den flauschigen, warmen Stoff erinnern. Vorkommnis Numero zwei liegt also nicht weit entfernt vom ersten. Jetzt, da ich dies niederschreibe, frage ich mich leicht irritiert, weshalb ich eigentlich kein hellblaues Nachthemd trug? Hätte ich lieber ein Mädchen werden sollen? Doch gleich dämmert die erleichternde

Erkenntnis: Der Stoff dafür war doch im Hause – ja, tatsächlich – ballenweise rosa Stoffe! Und davon schneiderte Mutter mein Nachthemd. Wir werden uns später noch erinnern, woher diese rosa Bescherung kam. Seltsam fand ich es schon, wenn Papa mir erzählen musste, was das Nachtgespenst sich wieder geleistet hatte, denn selbst hatte ich nicht die leiseste Ahnung.

Alleine sei er an jenem Abend in der kleinen Wohnküche noch spät hinter seiner Zeitung gesessen. Still war es im Haus und da knarrte es im Stiegenhaus. Klar, das war die zweite Treppenstufe, dieser Wachhund im Parterre. Speziell vom künftigen, spät heimkehrenden Halbstarken, war immer ein großer Schritt über ihn hinweg gefordert, um nicht in Diskussionen mit den Eltern verwickelt zu werden. Woher man kommt? Warum so spät? Mit wem man sich herumtreibt? All das wollte man doch für sich behalten.

Papa hatte also vernommen, dass jemand die Stiege herunterkommt und als er, versunken in Zeitungsmeldungen, allmählich dem Knarren Bedeutung zumisst und sich fragt, wer denn mitten in der Nacht sich auf die Socken machen will?, da schaut er nach dem Rechten. Er sieht gerade noch sein Söhnchen im rosa Nachthemd: In der einen Hand den Nachttopf haltend, mit der anderen just die Haustüre öffnend, wie es hinaus will auf die nächtliche Straße. Da schreit er dem Nestflüchter etwas in den Rücken, der daraufhin abrupt kehrtmacht, sofort den langen Hausgang zurückkehrt, seinen baffen, sprachlosen Papa achtlos, schier wie Luft schneidet, wendig die Treppe emporsteigt und durch etliche Türen zurück in sein Federbett findet. Das Söhnchen schlief in dieser Nacht besonders gut und es machte große Augen, als Vater am nächsten Morgen spöttisch sondierte, was der Herr Sohn, denn nachts mit dem Nachttopf eigentlich beabsichtigte, in der dunklen Stadt.

Damit sind meine Schlafwandeleien vollständig aufgezählt; jedenfalls bin ich seitdem nie wieder dabei ertappt worden. Höre ich ähnliche Geschichten aus neuerer Zeit über Bekannte, so kann ich, obwohl einst selbst talentiert, das so schwer glauben, wie jeder andere auch. Balancieren bei Vollmond auf dem Dachfirst – gibt's das? Gar den alten, mächtigen Apfelbaum mit dem Kopfkissen besteigen, um dort in der Astgabel ein kurzes Schläfchen im Schlafe einzulegen, und dann doch lieber wieder ins bequemere Bett zurückgekehrt – kann das wahr sein? Oder wenn ein harmloser Zeitgenosse, der zum nächtlichen Wüstling wird, herumtobt und gar dermaßen mit dem Kopf gegen die Wand rennt, dass der Putz abspringt. Mehrmals im Jahr! Und der es selbst nicht glauben will, weil er dabei nicht mal aufwacht, gleichwohl aber tagelang hernach über heftige Kopfschmerzen klagt. All dies habe ich von durchaus glaubwürdigen Zeugen aufgeschnappt. Selbst Zerberus, der mystische dreiköpfige Höllenhund, könnte mich bei solcher Sachlage nicht stärker verwundern, käme er jetzt zur Tür hereingetrampelt!

Aber da fehlt doch etwas ...

Beinahe hätte ich jenen düsteren, mystischen Wohnraum übergangen, welcher überwiegend als Durchgang zwischen Wohnküche und der damaligen Lederhandlung diente. Doch einmal im Jahr, während der Weihnachtszeit, kam er zu Ehren, wenn die sonst unbeachtete und ungenutzte Räumlichkeit mein Kinderherz mit geheimnisvollem Glanz erfüllte: das sogenannte *Wohnzimmer*. Dann war aus dem dunklen, unheimlichen Schattenreich, dessen hinterste Winkel mir Furcht und Schrecken einjagen konnten, ein festlich strahlendes Paradies geworden. Sein raumhoher Mittelpunkt war ein plötzlich herbeigezauberter Tannenbaum mit sorgfältig ausgerichteten echten Kerzen und den leuchtend bunten Kugeln, welche zwischen funkelnden Lametta Strähnen in betörenden Farben spiegelten. Tagelang hatte der Baum unbeachtet im Hinterhof an der Hauswand gelehnt und auf einmal war das Wunder der Verwandlung mit ihm geschehen. Alleine sein Erstrahlen machten die dämonisch dunklen Winkel und Nischen für mich erforschbar. Diese sonst von mir gemiedenen Regionen empfingen nun sanftes Kerzenlicht, und mir war es im Laufe des Abends gar kuschelig und wohlig zumute, wenn ich mit meinem knallroten Tretauto dorthin fuhr und herumkurvte. Dieses Blechauto war mir ein wahrhaft himmlisches Spielzeug, das mir das Christkind beschert hatte.

Ein Erwachsener, der heute ein neues Blechauto für eine Menge Geld kauft, verspürt nicht ansatzweise solche Gefühlsgewalt, wie sie mich damals als Kind erfasst hatte. Sogar heute noch kann ich mir den Geruch des frischen Lackes dieses Traumwagens aus längst vergangener Zeit vergegenwärtigen, auch wenn mein Geruchssinn inzwischen von HNO-Spezialisten rabiat beseitigt worden ist. Dieser Geruch hatte sich in die grauen Zellen eingenistet und da wird er wohl hängen bleiben bis zum Jüngsten Tage, wie eben vieles andere auch, was sich darin festsetzt. So hat sich dort die Erkenntnis fixiert, dass mir letztlich nichts gehört. Schon nach einer Handvoll Tagen nach der wunderbaren Bescherung, war das rote Tretauto, so überraschend es erschien, auch wieder verschwunden. Es war nur ein Leihwagen! Auch uns allen wird mit absoluter Sicherheit am Ende gar nichts Materielles bleiben, weil sich herausstellen wird, dass wir ausschließlich Leihgüter besitzen. Es lohnt auch nicht, darüber zu grübeln. Niemand will etwa einen Kometen festhalten, es genügt völlig, ihn gesehen zu haben. Auch empfundenes Glück oder Unglück entschwindet, und wir können lediglich von aufwühlender Erinnerung zehren, daran zerbrechen, oder in genügsamer Gelassenheit die Vergangenheit friedlich in sich ruhen lassen. Sonst nichts!

Schon dreht das Kettenkarussell eine nächste Runde und ich tauche wieder ein, ins festlich geschmückte Wohnzimmer, sehe mich dort eingenickt in meinem neuen Blechauto sitzen und werde allmählich der Unruhe gewahr, die sich um mich herum ausbreitet.
»Komm! Gerd steig aus deiner Kiste! Wir gehen jetzt zur Christmette«, so ähnlich wird Mama mich entzaubert haben. Schlaftrunken lasse ich das Anziehen warmer Kleidung samt Schuhwerk an mir geschehen. Schließlich bin ich eingemummt mit Wollmütze, Schal

und wärmenden Fäustlingen. Papa hat meinen Schlitten geholt! Ich höre, wie die eisenbelegten Kufen auf dem Steinboden des hallenden Hausganges aufschlagen – Freude! – und ich taumle hinaus, folge Papa in die eisige Nacht und hocke mich auf meinen winterlichen Freund. Unter den Schritten knirscht der Schnee und vom Rathaus her, am Ende der Luitpoldstraße, strahlt uns festlich der riesige Lichterbaum entgegen. Zauberhaft, wie in seinem Gegenlichte Schneeflocken sachte auf uns niederschweben.

Diese besinnlichen Runden im Zeitkarussell lassen mich Jahr auf Jahr in meiner Kindheit jene mitternächtliche Trance zu Heiligabend spüren. Tief hat sich diese Stimmung in mein Inwendiges eingegraben, wie eben – wo ich auf dem Schlitten sitze, den der Papa zieht. Ein andermal – neben meinen Eltern stapfend, durch weichen Schnee, lustvoll Verwehungen durchpflügend. Oder aber – auf hart gefrorenem, glattem Boden schlitternd. Ja, wahrscheinlich auch auf trockenem, schneefreiem Pflaster, mürrisch daherschlurfend. An Letzteres, oder gar eine Regennacht, kann ich mich nicht mehr erinnern, Reizloses liegt achtlos im Gedächtnis begraben.

Nach der langen Wegstrecke zur Christmette stehe ich jetzt für eine empfundene Ewigkeit im Talgrund eines dunklen Menschengebirges, dessen teils bizarre Gipfel ich bei verkrampfender Nackenmuskulatur hartnäckig studiere. Musik und Stimmen dringen nur abgeschwächt nach unten, sie werden vom mich dicht umgebenden Wollstoff und Pelzwerk gedämpft. Nur die aufragenden Menschengipfel, die Köpfe der Erwachsenen, tragen Lichterschein, der mich, den Zwerg in der Tiefe, den Glanz erahnen lässt, den sie vor Augen haben. Schlaftrunken, erschöpft und müde bin ich, werde schließlich von einer trägen, aber unaufhaltbaren Menschenlawine angeschoben. Sie drängt zum Ausgang, schiebt mich mit hinaus in die sternenklare Nacht. Die Lichter der Straßenlampen hüpfen vor meinen schweren Lidern, ich reite diesmal auf Papas Rücken nach Hause. Schnell fliegen die Gedanken zur nächsten Begebenheit und ich fühle mein Versagen von einst – Papa wollte mich mit der Uhr bekanntmachen.

Wir kennen ja inzwischen die Küche. Da sehen wir den Papa flapsig auf dem Sofa liegen und wie er raffiniert versucht, mich bei guter Laune zu halten, indem er sein einziges Erzeugnis mit beiden Händen immer wieder zur Küchenuhr hochwuchtet, die bekanntlich über dem Sofa tickt. Ich hatte sein Vorhaben noch nicht durchschaut, sondern quiekte noch bei Hebe- und Sinkflug vor Vergnügen. Aber Papa meinte es ernst:

»Du möchtest doch sicher wissen, wie spät es da auf der Uhr ist?«, fragte er schnaufend, abrupt in der Fliegerei innehaltend.

»Nein! – weiter Flieger machen, Papa!«, entgegnete ich trotzig im Reitersitz auf seinem Bauch.

»Pass auf, das ist gar nicht schwer. Der Loni, dein Spielfreund, kennt die Uhr schon. Das möchtest du doch auch, oder?«

Jetzt war der Reiter sauer und legte seinen Kopf brummelig auf den sturen Gaul.

»Also, wenn du nichts lernen willst, bist du um drei viertel sieben heute im Bett!«
Dabei bäumte sich das Reittier auf und ich drohte nach hinten zu kippen. Das klang mir ja nach einer Drohung! Und grantig fragte ich zurück:
»Wie lange darf ich dann noch aufbleiben?«
»Ha, jetzt siehst selbst, wie dumm einer ist, der die Uhr nicht kennt.« Da ließ ich verzweifelt die Zügel fallen, und der Gaul hatte sich aufgerichtet und war zum Lehrmeister geworden, dem ich nun auf den Beinen hockte. Papa griff sich den Kleiderbügel von der Stuhllehne, riss kurzerhand den Hosensteg heraus und stupste ihn mir lustig in den Bauch, während Mama über die Zerlegung ihres Hausrats schimpfte. Seinen Zeigestock hielt er nun immer wieder an die Uhr, redete dabei, und wenn ich nicht hinschauen wollte, klopfte er mir kurz aufs Hinterteil, aber nur ganz leicht. Der Unterricht scheiterte kläglich, weil ich am Ende nur Tränen für die verzwickte bayerische Uhrzeit übrig hatte. Papa musste sich gedulden; ich war schlicht noch zu klein für so was. Preußen tun sich übrigens mit der Uhrzeit prinzipiell leichter. In der Nachbarschaft wohnten welche, die schienen mir nach einer anderen Zeit zu leben, wie mir später aufgefallen ist. Bei uns war mit der Zahl Zwölf Schluss, aber bei denen ging es weiter bis vierundzwanzig. Dafür verwendeten sie aber keine komplizierte bayerische Bruchrechnung, die einem beinahe um den Verstand bringen kann.
Der Stundenkreis eines Tages, der nur die ersten zwölf Zahlen verwendet, macht notwendigerweise knifflige

Zusätze erforderlich, die man kennen sollte: abends und nachts – spät, mitten in der Nacht oder in aller Früh. Untertags braucht's keine Beifügungen, obwohl sie durchaus gerne verwendet werden: etwa *Vormidog*, *Midog* oder *Nammedog*.

Soll beispielsweise 19.15 Uhr in den bayrischen Sprachgebrauch übersetzt werden, heißt das: viertel achte, am *Obmd*. Oder alternativ auch: *viertel nach siebene, obms*. Wer sieben Uhr fünfzehn sagt, macht halbe Sachen, denn es fehlt ja der Zusatz – abends. Wird ein Urbayer nach der Uhrzeit gefragt, geht dem bei ungünstiger Zeigerstellung eher die unkorrekte Zeit über die Lippen, als möchte er die simple Angabe von Stunde und Minute machen, die der Rest der Welt verwendet. Wer will schon zugeben, es sei für ihn *drei Minuten nach dreiviertel elfe auf'd Nocht*? Wo es doch einfach nur 22.48 Uhr ist. Wahrscheinlich wird er einräumen:

»Grad› war's ...«, oder »glei is ...«, – und großzügig auf- beziehungsweise abrunden. Der Bayer ist im Grunde das Komplizierte in Person.

Kompliziert wird nun auch eine weitere Runde im Fluge der Erinnerung. Soeben vom Gehsteig vorm Haus quer über die Straße gelaufen, eine Handvoll Stufen hinauf, schon stehe ich im Feinkostladen alter Schule, wo es nach frisch gemahlenem Kaffee und dem runzeligen Brathering hinter der Glastheke gleichzeitig duftet und stinkt. Von der noblen Besitzerin, einer älteren, grauhaarigen Dame bedient zu werden, die immer mit tadelloser Frisur und im gebügelten weißen Kittel erscheint, war Ehre, aber auch Herausforderung für mich: eben die aufgetragenen Lebensmittelwünsche meiner Mama routiniert über den Ladentisch hinüberzubringen. Das war für den Dreikäsehoch immer von der Angst begleitet, einen Filmriss zu bekommen, dumm dazustehen, herumzustottern, womöglich zum Nachfragen wieder umkehren zu müssen und es dann nochmals zu versuchen. Kurz, die Befürchtung, dann als Tölpel dazustehen – einfach unerträglich, dieser Gedanke. Wir sehen sie schon wieder, die komplizierte geistige Mechanik eines Bajuwaren. Oder finden sich solche verschrobenen Gefühle auch in selbstbewussten Landsleuten anderer Provenienz?

Schon viel einfacher war Papas Auftrag, einen Brief drüben einzuwerfen. Der gelbe Briefkasten befand sich gleich über der Straße am Hauseck des Feinkostgeschäfts neben der Ladentreppe. Und ging ich daran vorbei und stieg die Stufen zur Haustüre hoch, war ich auf abenteuerlichem Wege zu einem gleichaltrigen Flüchtlingsjungen, der hier neuerdings mit Eltern und Großeltern auf engstem Raum hauste.

Im Hausflur umfingen mich funzeliges Licht und penetranter Fischgeruch, der sich beim Anstieg im dunklen Treppenhaus zwar abschwächte aber immer mehr einem modrigen Eindruck weichen sollte. Es war so unheimlich dort und es war so wenig zu erkennen, dass mir auch jetzt die Bilder zur Beschreibung fehlen. Bis endlich oben im ersten Stock das abtrennende Gatter aus Dachlatten im zwielichtigen Schein aus dem Dunkel auftauchte, welches in meiner Fantasie augenblicklich den Platz des Hexengatters aus dem Märchen

Hänsel und Gretel einnahm. Dagegen war einfach nichts zu machen. Und als schließlich die vom Alter gekrümmte dürre Oma dahinter auftauchte, die mich mit überhöhter Stimme in so eigentümlicher Sprache nach meinem Begehr fragte, war sie es einfach: die Märchen-Hexe! Einlass bekam ich nicht, sie rief nur den Jungen herbei. Verängstigt schnappte ich etwas von Dotschn und Botschn auf – wohl ging es um Hausschuhe, vielleicht auch um Socken, die der Kleine an oder ausziehen sollte? Aber dann trieb es mich schier mit Hexengewalt nach unten, hinaus auf die Straße zu Spiel und Blödelei, anfangs dorthin, zwischen Treppenstufen und Briefkasten.
Genau der Ort ist es, den mir eine weit entfernte Erinnerung unvermittelt ins Gedächtnis spült. Es ist früher Samstagnachmittag, ein sonniger, warmer Tag. Ich stehe vor unserem Haus auf dem Gehsteig, wo in meiner kindlichen Fantasie die Luitpoldstraße wie ein Strom an mir vorüberfließt, vom Gefälle der Obertorstraße kommend. Am Ufer drüben starre ich auf den gelben Briefkasten.
Eigentümliche Ruhe liegt über dieser gesponnenen Flusslandschaft, der sonst geschäftigen Geschäftsstraße – kein Fahrzeug, kein Mensch ist unterwegs. Wie ausgestorben scheint die Stadt, nur leise plätschert das Wasser vom Ludwigsbrunnen zu mir herüber. Das ist gefühlte Trostlosigkeit in einer Kinderseele. Ich bin alleine und weiß nichts mit mir anzufangen. Aber das Krokodil ist bereits unterwegs, schwimmt unbemerkt den Fluss herunter.

Aus der Durchfahrt unseres Nachbarhauses höre ich ein fröhliches Pfeifen. Der etwas ältere Junge kommt mit einem Briefumschlag dahergelaufen, den er drüben auf der anderen Seite einwerfen will. An der Uferkante stoppt er kurz, dreht mir den grinsenden Kopf zu und springt vergnügt in sein Unglück. Das Krokodil war da, hat einfach zugeschnappt.

Lautlos war die alte schwarze Limousine als Vollstreckerin des Schicksals herangerollt. Ein elegantes herrschaftliches Vorkriegsmodell mit Holzspeichenrädern, wie man es heute nur im Museum bestaunen kann. Just im geheimnisvollen Moment, der genau bemessen schien, da weder geraume Zeit vorher und auch gefühlte Ewigkeiten nach dem Unfall, kein weiteres Fahrzeug vorüberfuhr. Ich sehe den Jungen gewissermaßen in Einzelbildern, wie er vom Gehsteig aus zum Briefkasten losspurtet, erschrocken vor dem großen Kotflügelblech reflexartig den Oberkörper nach hinten reißt. Der Hartgummireifen erfasst das Bein, sein Körper schlägt längsseits aufs Pflaster. Ich sehe, wie sich der Rücken zusammenkrümmt, sich seine Hände an die Holzspeichen klammern und der kleine Körper durch das weite Radgehäuse gemangelt wird, wie er verkrallt in den Speichen, einige Umdrehungen herumwirbelt, bis das Fahrzeug zum Stillstand kommt. Alles geschah so unsäglich langsam, in einer Zeitlupe, dessen Bilder bis heute andauern. Nein, das Unglücksauto ist gar nicht schnell gefahren, das Opfer rannte zu überraschend in den Wagen, dessen geschockter Fahrer leichenblass ausstieg. In mir herrschte totale Panik. Elend

schlecht war mir auf einmal und ich erbrach mich am Fuße der Dachrinne, im Spalt zwischen den beiden Häusern. Alles Weitere tritt weit zurück in ein nebeliges Vergessenwollen: die Blutlache, der leblose Körper, die heraneilenden Sanitäter und die Ansammlung von Leuten aus den Häusern.
Nach diesem Schockerlebnis stand eine Weile später mein Lieblingskuchen auf dem Kaffeetisch, doch ich konnte keinen Bissen Kirschkuchen hinunterbekommen, aber Mama verstand mich allzu gut, nach dem, was vor meinen Augen geschehen war.
Eine lange Zeit schien mir nach dem Unfall vergangen zu sein. Erst mit einem erneuten Vorstoß ins Gedächtnis, einer weiteren Runde im Karussell der Erinnerungen, gelingt es mir, das verdrängte Menetekel, diesen Vergessenen zurückholen. Eines Tages sah ich ihn aus einiger Entfernung wieder. Sein Anblick versetzte mir erneut einen Schock, der so nachdrücklich war, dass ich Furcht empfand und nicht wagte, zu dem Jungen aus dem Nachbarhaus hinzugehen, um ihn anzusprechen – ich erblickte ein Gespenst! Er war regelrecht zusammengeflickt worden. Sein Gesicht erinnerte mich an eine mit Fäden umwickelte Roulade und seine Haut war überall von Jodfarbe entstellt. Er sah furchterregend aus. Wie eigentümlich! Ich habe diesen Menschen nie wieder gesehen, noch etwas von ihm gehört. Wie ein Gespenst war er verschwunden und auch in meinem Bewusstsein hatte er sich aufgelöst, doch nun ist er wieder da.
Ansetzend am Ort des Geschehens, derselben Stelle vor

unserem Haus, fährt mir urplötzlich jenes klapprige Dreirad mit der winzigen Ladefläche in den Sinn. Dessen sparsamer Fahrer hatte wohl in der abfallenden Obertorstraße sein Motorchen abgestellt und ließ das kleine Vehikel im Leerlauf gemächlich übers Kopfsteinpflaster herunterhoppeln. Eben fährt es an der besagten Stelle vorüber und hier setzt der Fahrer vorschriftsmäßig den Winker – richtig gelesen! Diese Fahrtrichtungsanzeige blinkte nicht, sie winkte. Ein Zeiger war das, der nach oben und unten ausschlug und hinter rotem Glas erleuchtet war. Wollte er zur Schranne hin abbiegen? Nein! Er fuhr diagonal über die Straße, genau auf den Ludwigsbrunnen zu. Gleichzeitig riss er seine nicht mehr TÜV-gerechte Fahrertüre auf, die im leichten Fahrtwind kräftig aufsprang. Was soll das werden? Fragte sich der Kinderverstand. Ach, der will anhalten! Denn kaum war die Türe auf, kam schon der derbe Fahrerfuß zum Vorschein. Sein eisenbeschlagener Arbeitsstiefel setzte mit der Ferse aufs Pflaster, dass die Funken nur so stoben. Und tatsächlich, noch kurz vor der Brunnenwand gelang die urtümliche Abbremsung, und der Mann parkte vorschriftsmäßig, zog unappetitlich seinen Verdruss aus den Rachen, spuckte den im weiten Bogen aus und strebte der Michel Wirtschaft zu. Ihr Bierdunst liegt mir noch erinnerungsmäßig frisch in der Nase, obwohl die Beize längst verschwunden ist, und sicher die meisten Stadtbewohner gar nicht mehr wissen, dass es die einmal gab. Übrigens, Kirschkuchen ... Mir war ja einige Passagen zuvor der Gusto danach vergangen, und erneut klingelt es im Hirnstübchen, weil ich an eine ähnliche appetitlose Situation erinnert werde. Nur war die Ursache meiner Abstinenz bei jenem Nachmittagskaffee mein überforderter Riechnerv und dazu einige unverdauliche Bilder im Kopf. Wir wollen doch mal sehen, wie das zusammenhängt.

Im Osten der Kleinstadt erhebt sich der Jura auf über sechshundert Höhenmeter, und an seiner stadtseitigen Flanke thront die Wülzburg, eine mächtige Festungsanlage, deren Attraktion ein einhundertsechzig Meter tiefer Felsbrunnen ist. Seine Erbauer waren Gefangene und Zwangsarbeiter, die sich in rauen Zeiten mit Hammer und Meißel im abgeseilten Korb durch den Kalkfelsen bis zum Grundwasser hinunterschuften mussten.

Nach dem Untergang des Hitlerreiches waren auf der Festung für eine Übergangszeit Flüchtlinge aus aller Herren Länder einquartiert. Darunter auch ein alter Schuster, den Papa, der Lederhändler, mit dem nötigen Material belieferte, damit dieser das schäbige Schuhwerk der Bewohner einigermaßen instand halten konnte. Es war eine Zeit des Mangels und der somit erklärbaren allüblichen Improvisation. Da Gummiplatten als Besohlungsmaterial und erst recht auch Sohlenleder rar waren, kaufte Vater eine Fuhre abgefahrener Motorradreifen ein, die zerschnitten und vom Felgenstahl befreit, zu Rollen gewickelt, als Ersatz dienten. Aus einem Reifen ließ sich dann der Belag für etliche Paare Haus- und Straßenschuhe schneiden.

Schwarze und braune Schuhcreme kochte Papa unter

meiner Aufsicht in Opas Garten in einem riesigen gusseisernen Topf über offenem Feuer. Abgefüllt wurde dann die zähflüssige Masse in Blecheimer, wo sie sich nach Abkühlung zur Creme verfestigte. Im Laden schließlich ging das Verkaufen nach Gewicht. Mittels einer Holzspachtel kam solange Schuhcreme in den Pappbecher, bis die Kundschaft abwinkte. Einige Knauser brachten eigene Behältnisse mit, um die Differenz des Pappbechers herunterzuhandeln. Das Kind indessen empfand weder Einschränkung noch Mangel. Es fand all dies spannend, interessant und hielt es für das Natürlichste der Welt, gleich, wie es war und was geschah. Durch die ständige Verbesserung der Lebensumstände in den folgenden Jahrzehnten war es dann wirklich kein Problem, sich den komfortableren, bequemeren Lebensbedingungen anzupassen.

Was aber, wenn nach der Bergfahrt des Wohlstands der Gipfel erreicht ist und die Talfahrt beginnt, vielleicht auch für Jahrzehnte? Das wird schwieriger werden, für eine Generation, die aus guten Zeiten kommt, das ist gewiss! Ob auch sie eine Sammlerzeit erleben wird, wie sie mir in Kindertagen Alltag war? Alles wurde damals gesammelt, was einem in die Finger kam. Ob Brennholz oder Tannenzapfen, die sackweise im Leiterwägelchen aufgetürmt, aus den Wäldern für den eigenen Ofen eingefahren wurden. Ob Fallobst, Wildfrüchte, Beeren, oder zum Verkauf an Sammelstellen: Glasflaschen, Alufolien, Altpapier, Lumpen, Altfett und nicht zuletzt, Metalle jeder Art.

Ach, ja – der Kirschkuchen, dieser köstliche Leckerbissen, verlangt noch immer eine Erklärung, weshalb ich ihn, in drei Teufels Namen, nicht anrühren mag. Wir kommen jetzt langsam aber sicher in die Nähe einer Erklärung ... Papa hatte unseren roten *Standard* mit etwas Ware für den Schuster beladen und wir tuckerten gemeinsam zur Wülzburg hinauf, was eine echte Herausforderung für das Automobilchen war. Schließlich werkelte nur ein PS-schwacher Motor unter der Rücksitzbank. Darauf konnten nur Kinder sitzen, denn für einen Erwachsenen krümmte sich die Karosserie zu stark, das Raumangebot war äußerst beengend. Solch ein Fahrzeug hat gewiss noch kein Mensch gesehen, der die Zeilen liest. Es war der Eigenbau eines Bastlers, der aus der Not eine Tugend machte und sein Motorrad darin verbaute. So jedenfalls war ich damals falsch informiert worden, denn neulich sah ich unseren »Standard« im Fernsehen und erfuhr seine wahre, spannende Geschichte. Der Entwickler dieses Fahrzeugs war der Autoingenieur Josef (Seppel) Ganz, der Urvater des VW-Käfers. Seiner jüdischen Herkunft wegen wurde er quasi totgeschwiegen, und den Ruhm erntete ein anderer: Porsche. Schade, dass wir das einmalige Fahrzeug nicht behielten, es wäre heute eine unschätzbare Rarität. Dieses Vehikel hatte also mein Vater seinerzeit gekauft. Die Karosserie bestand aus Sperrholz und war mit rotem Plastikmaterial bezogen. Auf dem Heckbuckel saß der kleine Tank mit silbrigem Verschluss. Seinerzeit blieben selbst unverwöhnte Leute stehen, denen sogar Holzvergaserautos nichts Ungewöhnliches waren, und drehten die Köpfe nach dem seltsamen Gefährt. Ich komplizierter Kauz reagierte darauf dummerweise mit Scham, anstatt mit Genugtuung. Nur wenige Leute hatten in der Nachkriegszeit einen fahrbaren Untersatz, sodass auch das unmöglichste Fahrzeug doch besser war, als gar keins, meinte Papa dagegen. Ach, und war man in Nürnberg beim Einkauf gewesen, und Papa hatte das Auto mit Ware überladen, da musste ich eben am berüchtigten Kilians-Berg mit Oma raus zum Anschieben, damit der Kleine es schaffte. Das war durchaus zeitgemäß und niemand hatte sich darüber gewundert. Für heutige Fahrzeuge ist dieser Kilians-Berg nur eine unmerkliche Steigung. Vater hatte mit dem Nachfolger, einem elegant aussehenden DKW aus der Vorkriegs-Industrieproduktion, weit mehr Ärger als mit dem Erzeugnis des Seppel Ganz. War er damit unterwegs, gab es fast immer Grund zu berichten, wie die abenteuerliche Heimkehr schließlich doch noch möglich war, wer angepackt, repariert, angeschoben, abgeschleppt hatte.

Kann mir die Leserin, der Leser all diese Gedankenfetzen nachsehen, die an meinem Zeitkarussell wirr zerstreut vorüberflattern?

Jetzt fahren wir über die Brücke des mächtigen Burggrabens und durch eine mehrere Meter dicke Umwehrung des Burgtores, hinein auf den Burghof der Wülzburg. Papa macht sich auf den Weg zu seiner Kundschaft und ich tripple hinterdrein und darf einen kleinen Karton mit Ware tragen. Der Schuster arbeitet wie ein Gnom aus dem Märchen auf engstem Raum unter dem Treppenaufgang, hinter einem schmuddeligen, früher

mal durchsichtigen Plastikvorhang. Über seinem Kopf ist der Spielraum so gering wie in unserem Auto, wenn ich auf der Rückbank sitze. Und um ihn herum ist es auch sehr eng, betrachtet sogar im Maßstab des Kindes. Ich hätte gut hineingehen können zum Schuster, der auf seinem Dreibeinhocker sitzt und eben mit Pechfaden eine klaffende Schuhsohle annäht – zum Handgeben. Aber Papa hätte in die Knie gehen und sich in Kosakenart anpirschen müssen, da bleibt er lieber stehen und ich halte es ebenso. Der Schuster aber hält vom Händchengeben auch nichts, sonst wäre er ja hervorgekrochen. Also findet der verbale Handel in Richtung des verlaufenden Treppenschwunges statt. Von oben nach unten – von unten nach oben, und ich bin der wichtige Zubringer, der sich hineintraut in die Höhle des Löwen, ihm das Futter bringt und schnelle Schritte wieder rückwärts hin zum Papa macht. Der Schuster ist mir unheimlich. Er redet auch so seltsam, dass ich es kaum verstehen kann, und schrecklich sieht er aus, zum Fürchten! Als hätte er meine Gedanken gelesen, packt er mich plötzlich am Arm, als ich wieder in seiner Reichweite bin, und drückt so gewalttätig zu, dass ich aufschreien möchte. Entsetzt starre ich in sein grinsendes Gesicht, sein Knoblauchatem lähmt mich und seine dunklen, fauligen Zähne sind so nahe, dass ich ängstlich meine Augen zusammenpresse.
Mit dem Gefühl des Widerwillens angereichert, verlasse ich die Märchenfigur, und Papa, wohl unersättlich neugierig, will mir noch was anderes zeigen.
Nach kurzem Marsch durch kalte, wuchtige Festungs-

flure biegt Papa ab, und ich folge ihm unter eine herabhängende Wolldecke, die er für mich anhebt. Dahinter raubt es mir beinahe den Atem, so ekelig ist dieser Gestank. »Bäh!« Erschrocken gucke ich zu Papa hoch.
»Riecht wirklich nicht gut. Das ist ein Desinfektionsmittel gegen Ungeziefer«, könnte er etwa erklärend gesagt haben. Vor meinen Augen breitet sich eine völlig neue, mir unbekannte Welt aus. Eine unansehnliche, übelriechende Welt. Der riesige Raum mit seinen Deckenwölbungen ist kreuz und quer mit dünnen Seilen ausgespannt, an denen diese braunen Militärwolldecken befestigt sind und als Raumteiler herunterhängen. Unübersehbar ist die Masse von Quartieren. Viele der Decken sind etwas aufgezogen und bieten Einblick ins Elend. Erbärmlich hausen darin ausgemergelte Menschen, es hustet und keucht aus den Stockbetten. Ringsum schreiende, flennende Kinder, Gezänke, dazwischen apathische Gestalten. Einige sitzen in sich versunken mit hängenden Köpfen auf Hockern, andere liegen regungslos wie Tote auf ihren Pritschen. Einem schlafenden Alten sehe ich neugierig in den zahnlosen weit aufgerissenen Mund hinein, bis Papa mich energisch von meinem Studienobjekt zurückzieht. Und es stinkt zum Himmel – ich will fort, bin richtig fertig heute.
Daheim wartet Mamas guter Kirschkuchen und der Kaffee auf uns. Als sie mir ein Stück zuschiebt – ich könnte mich jetzt noch dafür ohrfeigen – rieche ich mit hochgezogener Nase und langen Zähnen daran, und mit gestrecktem Arm, zurückgebogener Schulter, also in

allerbester Ekelmanier, schiebe ich den Teller zurück, beanstandend:
»Der stinkt ...« Bevor ich sagen kann, nach was, fliegt mein Kopf Richtung Tischplatte, wie immer, wenn Papa auf nette Bemerkungen von mir blitzschnell reagierte. Tatsächlich war der über alles geliebte Kirschkuchen für mich ungenießbar geworden. Er roch einfach nach Asyl, nach Karbol, oder was das für ein grausiges Zeug war. Aber nicht nur der Kuchen, alles stank widerwärtig, stellvertretend und in heller Auflehnung in die empfindsame Kinderseele hinein. Es miefte nach Hoffnungslosigkeit, Armut, Krankheit, Elend und ich war dumm genug und undiplomatisch dazu, mir Papas Zorn einzuhandeln. Dagegen gibt's doch ein Rezept: »Schnell ins Hirnle reingelauscht und horchen, was Verständle plauscht!«
Papas Querschlag auf meinen Hinterkopf bringt mich buchstäblich schlagartig eine Runde weiter, zu teilweise verschütteten Erlebnissen im Elternhaus.
Mama war eine ausgezeichnete Köchin, dennoch gab es Gründe für mich, allerlei Nahrung abzulehnen, die mir vorgesetzt worden war. Freundliche Empfehlungen, dies oder jenes doch bittschön aufzuessen, halfen nicht und der Befehl dazu schon gar nicht, denn ich hatte einen Dickkopf. Ob Fisch, ob fettes Fleisch, ob Innereien, vielerlei Gemüse – fast immer war etwas dabei, was ich wie ein störrischer Esel mied. Rückblickend kann ich jetzt meinen Vater sehr gut verstehen, denn wäre ich an seiner Stelle, möchte ich mir selber gehörig eine scheuern, ebenso, wie er das häufig zu tun pflegte.

Aber – da taucht nun eine Rechtfertigung aus der Tiefe eines malträtierten Gefühls empor, die komplizierten bayerischen Gedankengängen doch alle Ehre macht – mal sehen, ob sich das vernünftig erklären lässt?
War es denn nicht die liebe *Gustele*, welche in Omas Garten herumwatschelte und mich mit langem Hals zischend auf Distanz gehalten hatte? Ich habe gesehen, wie Opa sie auf dem Hackstock geköpft hat und sie ihm auskam und kopflos, mit blutspritzendem Hals eine Runde noch im Garten flog. O Zeus! Das schockt mich ja noch heute! Halt! Das war doch – ich bringe etwas durcheinander – die Geköpfte war die liebe *Bettelfrau*, Omas weiße Lieblingshenne mit dem schiefen, krummen Kamm! Wollte Oma in den Garten hinunter, schon stand die Henne im Wege und bettelte solange, bis es Körner gab. Lockte Oma jedoch das betagte Huhn gelegentlich an, flatterte es zutraulich in die aufgehaltene Schürze hinein, um sich streicheln zu lassen. Ja, genau! Als die Bettelfrau geschlachtet war, hatte Oma feuchte Augen und ich hörte sie sagen, dass sie keinen Bissen runterbrächte. Die Gans *Gustele* aber, die hatte Opa als Leiche zu uns gebracht, den Rußflügel dazu, er hing noch weiß und unbenutzt in der Holzlege. Der sollte als Bürstenersatz bei der Herdreinigung dienen.
Das »Gansjung« – oje! – kennt man eigentlich dieses Wort? – das Gansjung war für mich immer die schlimme Überraschung, bevor es kurz darauf, etwa zu Weihnachten, einen Gänsebraten gab. Aus der braunen Mehlsoße ragte dann – so war's recht! – der Gansfuß mit seinen Schwimmhäuten hervor, und als Mama mit

dem Schöpfer nach Soße für meinen Knödel herumfuhr, tauchte auch der Kopf samt Zähnchen und dem erstarrten Auge auf, das gab mir den Rest. Übrigens, auch Herz und Magen schwimmen in einem leckeren Gansjung umher. Natürlich knallte es wieder! Ob zu Recht oder Unrecht, darüber lässt sich lange diskutieren. Das Fleisch bräuchte ich doch gar nicht essen, aber meine Leibspeise, Knödel mit Soße – nun, das könne er schon erwarten, dass ich das aufesse, meinte der wütende Papa. Meine Fantasie aber riet mir nachdrücklichst, die versaute Mahlzeit – Verzeihung – nicht in den Mund zu nehmen, wo doch die zerstückelte Tierleiche in der Soße schwamm.
Für jedes abgelehnte Gericht ließe sich so oder so eine Erklärung vorbringen. Nun aber bewirkte Zwang nur größere Abneigung, führte verstärkter Zwang zur Eskalation, wie das übrigens auf alles zutrifft, was erzwungen werden soll.
Als die Watschen zu Tisch nichts halfen, packte mich der verzweifelte Vater am Kragen und schleppte mich in seiner Hilflosigkeit in den Hinterhof hinaus – den Kellerabgang ging es hinunter. Im Keller schupste mich Papa hinters Holzgatter, dann versperrte er die Gattertüre mit dem Vorhängeschloss und sagte:
»So, jetzt kannst du dir's ja überlegen, wann du's essen willst!« Pah! Beim ersten Mal dieser Strafaktion gefror mir das Blut in den Adern. Der Keller ist nur mit einer schwachen Deckenfunzel beleuchtet und war die ausgeknipst, ist es stockfinster, bis sich allmählich die Augen an die Dunkelheit gewöhnt haben. Nur über die verwin-

kelte Außentreppe und den beiden Kellerschächten vor den Schaufenstern gelangt etwas Licht nach unten. Es ist kühl, feucht und modrig. Der wellige harte Lehmboden strahlt Kälte ab und darüber spannt sich ein bruchsteinernes Tonnengewölbe, das von Spinnweben überzogen ist. Ich bin nicht Kaspar Hauser, trage keine Fesseln und Ketten, kann mich frei bewegen und streife, nach dem anfänglichen Schock, neugierig im abenteuerlichen Gefängnis umher. Meine Augen haben sich erstaunlich gut angepasst, sodass es Interessantes im spärlichen Dämmerlicht zu sehen gibt. Vorne, unter den Schaufenstern des Ladens, sind auf einer Stellage Äpfel ausgelegt. Einen Solchen verspeise ich gierig in der Freude, wenigstens hier nicht verhungern zu müssen, wenn es doch oben nichts für mich gibt. Unter den Äpfeln lagert ein Berg zum Teil schon ausgetriebener Kartoffeln. Dort am Rande des Kartoffelbergs – natürlich war ich auf seinen Gipfel gestiegen, bin auf den sandigen Rollern abgefahren – dort steht ein Blecheimer mit geheimnisvoller Flüssigkeit. Nach gründlicher Überprüfung finden sich darin, versteckt in zahncremeartigem Schlick – Eier! Genauer: Kalkeier. Mich werden gleich die Finger davon brennen. Viel lohnender wäre es allerdings, an das Kühlfach heranzukommen. Ich starre durch den Fliegendraht auf Käse, Butter, Wurst und Restspeisen. Dieses Fach im kühlen Keller ersetzt den Kühlschrank. Seine Holzklappe ist leider nur von außen zu öffnen. Papa hatte dieses, wie auch das Kellerabteil, mit ungehobelten Dachlatten zusammengenagelt. Er war ein geschickter Bastler,

hatte er doch auch vorne im Keller, neben dem Apfelregal, einen Luftschutzraum eingebaut, ganz aus Holz. Mit Tisch und Sitzbank, sowie ein Regalbrett, auf dem eine Reihe dick eingestaubte Einmachgläser stehen. Vorsichtig trage ich eines davon unter den Lichtschacht, um nach dem Inhalt zu sehen, – eingemachtes Gansjung! Das reißt eine frische Wunde auf! Schnell bringe ich es zurück. Der enge dunkle Schutzraum mit seiner stark gekrümmten Decke fasziniert mich, vor allem die unheimlichen, schemenhaft herunterhängenden Gasmasken mit den Filtertöpfen daran, erregen meine Aufmerksamkeit. Schließlich sitze ich mit einer solchen in der Finsternis auf der Bank, streiche mit der Hand über die staubige Tischplatte, genieße das schaurige Schnorcheln der Maske, habe unendlich viel Zeit, sinniere. Die Zeit steht still, also ertaste ich die Konstruktion dieser Sitzbank unter mir, irgendetwas muss ich doch tun! Ich male mir aus, wie es damals im Krieg hier war. Mit den Augen der Fantasie sehe ich im Lichtschein der Kerze die Gesichter meiner Angehörigen – doch ich sehe eng nebeneinander noch andere Personen sitzen, die jedoch kenne ich nicht.
Mich trägt es viele Runden weiter zurück, in eine Zeit, wo eigenes Erleben sich mit der Erinnerung an Erzähltes vermengt. Hörte ich den Einschlag der Granaten wirklich? Das Wummern der Geschosse? Ist es die erlebte Angst der Menschen um mich herum, die ich fühlen kann, oder spielt mir mein Einfühlungsvermögen einen Streich? Und sehe ich tatsächlich gebückte Gestalten durch das aufgebrochene Kellerloch

aus dem Keller des Nachbarhauses hervorschlüpfen? Die Maueröffnung ist inzwischen mit roten Ziegelsteinen wieder zugemauert. Höre ich Stimmen von der Kellertreppe? Sehe ich die Hausbewohner in Decken gehüllt heruntersteigen, in die vermeintliche Sicherheit beim Fliegerangriff? Alt genug wäre ich ja gewesen, dies bewusst erlebt zu haben, damals. Doch wie Nebelschwaden schnell die Sicht behindern, ebenso ergeht es mir nun beim Nachsinnen darüber. Nur eine einzige und früheste Erinnerung steht wie in einem Lichtkegel vor meinem geistigen Auge. Mitten im Keller sitze ich auf weicher, warmer Unterlage und fummle an einer alten Aufziehlock herum. Mit den verbogenen Schienen weiß ich nichts anzufangen. Umso mehr mit dem Sanitätsauto, durch dessen Flügeltürchen ich eine Bahre raus und reinschieben kann. Sogar abschließen kann ich mit dem Drehgriff. Aus dem großen geflochtenen Bastkorb neben mir leuchten alle erfüllten Kinderwünsche dieser Welt zu mir herüber. Er ist nämlich randvoll mit Spielzeug gefüllt und ich bin glücklich und zufrieden. Auch finde ich es angenehm, dass Menschen anwesend sind, nur beachte ich sie kaum und bin froh, von ihnen nicht in meiner Zeitlosigkeit gestört zu werden. Ein Hauch von Ewigkeit muss mich ergriffen haben, denn Tod und Angst existierten noch nicht für den Zweijährigen während des Luftangriffs.

Das wundervolle Spielzeug gehörte gar nicht mir, ich habe es nie wieder gesehen und redete ich später darüber, hatten meine Eltern keine Ahnung davon. Schließlich war Krieg und sie hatten andere Sorgen, als sich um eine Tasche Spielsachen zu kümmern, die, wer weiß, wo herkam und die, wer weiß, wohin verschwand? Jedenfalls reagierten die Eltern so ähnlich, wenn ich sie mit meiner hartnäckigen Nachfragerei in späteren Jahren nervte. Denn die Sorgen waren ja nach dem Krieg nicht vorbei, sie blieben ihnen noch lange Zeit. Aber die Angst um Leib und Leben war natürlich während der Bombardierungen ungleich wuchtiger.

Besonders deutlich wird dies, wenn wir auf der Zeitachse noch ein paar Runden zurückdrehen. Mir wurde ausführlich erzählt, welche Hektik ausbrach, als unser Haus ein Phosphorkanister der Amis traf. Im vorderen Teil des Ladens brannte es lichterloh und alle Hausbewohner und die Nachbarn waren beschäftigt, Wassereimer anzuschleppen, um zu löschen. Feuerlöscher – Fehlanzeige! Auf die Feuerwehr, obwohl sie nur den berühmten Steinwurf weit entfernt, war bei Angriffen ja nicht zu zählen. Anschließend mussten die zerstörten Schaufenster verbrettert werden, um einer Plünderung vorzubeugen. Weitgehend blieb die Kleinstadt verschont, bis auf einige zerbombte Häuser, welche unter ihren Trümmern auch Menschen begraben hatten. In solch einer Ruine spielten wir noch später als Schulkinder Verstecken und fanden diesen Platz äußerst reizvoll. Wir können damit erfahren, welch ein Luder doch die unbekümmerte Sichtweise ist.

Als eines Tages herauskam, im *Ellinger Schloss* sei *Tag der offenen Türen*, zogen Karawanen von Bürgersfrauen ihre Handwägelchen dorthin, um im vier Kilometer entfernten Schloss nachzusehen, was denn noch zu holen sei. Massen von Stoffballen wurden angeblich abtransportiert, und auch unser Vorrat an rosa Stoffballen würde leicht ins nächste Jahrtausend gereicht haben, hätten wir den nicht im Laufe der Zeit für alles Mögliche zweckentfremdet.

An der Quelle saß der Knabe – wenn ihr ahnt, was ich da sage. Über die Leute mit kürzerer Anfahrt sprach man mit gedämpfter Stimme, hinter vorgehaltener Hand, denn die hatten längst vorher gründlichst jene Sachen heimgekarrt, die man üblicherweise in einem Schloss erwartet. Wer denkt dabei an Stoffballen? Das richtige Wort für diese Vorgänge ist Plündern, doch das Wort nahm niemand in den Mund. Man sprach, da selbst beteiligt, nur von *Holen* – vom glücklichen Umstand, dort noch etwas geholt zu haben. Ist's da ein Wunder, wenn das Kinderhirn sich denkt: Selber schuld, wer da zu faul war, nichts zu holen!

Bei meinen Großeltern steht um diese Zeit ein Panzer in der Einfahrt. Ein Schwarzer mit »Buttermilchaugen«, erzählte uns Oma, hatte ihr geraten, bis siebzehn Uhr, also binnen zwei Stunden ihr Haus zu verlassen. Er spielt mit den Fingern an seinem Revolver herum, das war Rede genug. Das Haus war ruckzuck beschlagnahmt und gleich fährt ein Jeep daher, mit weiteren Schwarzen, die sich büromäßig einquartieren wollen und Kartons mit Ordnern anschleppen, während die Großeltern eiligst einige Habseligkeiten zusammenpacken. Zum Schluss greift Oma nach dem Stubentiger, um ihn mitzunehmen.

»Katze bleibt da!«, kommt der Befehl von Buttermilch-

augen.
»Katze gut gehen, nix Angst haben, Katze alles bekommen!« Na, dann ...
Oma und Opa ziehen das nützliche Leiterwägelchen zu ihrer Tochter, zu uns, ins Exil.
Folgendes beginnt, zeitlich betrachtet, noch eine Runde früher, nämlich ehe die Amis eingerückt waren und die Städte noch fleißig aus der Luft bombardiert wurden. Hallo! – als damaligen Freundschaftsdienst wollen die Feinde von einst, unsere heutigen Freunde, das verstanden wissen! Man möchte sich am liebsten in den Allerwertesten beißen, weil sie bei dieser Frechheit gar nicht so leicht zu widerlegen sind. Indem sie doch die guten Deutschen von ihrer dämonischen Führung befreiten, mussten sie leider, leider alles in Schutt und Asche legen. Da gab es keinen gnädigeren Weg? Wir haben noch Glück gehabt: Es gab wohl auch Pläne zur totalen Vernichtung der Bevölkerung. Gegen den einen Teufel ist der andere schnell ausgespielt und ebenso leicht ausgetauscht. Eines aber sollte schon bedacht werden: Eine Führung unter Hitler und Konsorten ist ohne breite Unterstützung der Volksmasse nicht denkbar. Selbst in unserer unverdächtigen, völlig unpolitischen Familie konnte ich keinen ernsthaften verbalen Widerstand ausmachen, soweit ich das damals mitbekommen und verstanden habe. Bereits damit darf man sich getrost eine gewisse Mitschuld eingestehen! Als hinterher die bestialischen Verbrechen ans Licht kamen, sind natürlich vielen Gleichgültigen, den untätigen Zuguckern und Sympathisanten auch die Scheuklappen abgefallen.

Wohl in einem Maße, einer Geschwindigkeit, die sich an der Zweckmäßigkeit orientierte. Immer noch aber soll es Vorgestrige geben, die solche Scheuklappen tragen und was viel schlimmer ist, sie haben die sich neu aufgesetzt und stellen sich stolz zur Schau damit.
Wie kläglich sich Rechtfertigungen anhören können, wenn auch was Gutes beim Schlechten gelassen werden soll, zeigt neben dem vielstrapazierten Verdienst des Autobahnbaues durch den Führer, eine eher ungeläufige Ansicht meines Vaters. In Zeiten, wo Diebstahl beinahe salonfähig geworden ist, erinnerte er daran, dass eben im Dritten Reich das Fahrrad vor dem Haus sicher gewesen sei, niemand hätte gewagt, es zu stehlen. Klar, wenn einer dafür ins KZ gesteckt worden wäre. Und was den Bau der Autobahnen betrifft und die damit gepriesene Verringerung der Arbeitslosigkeit, da ließe sich fragen, ob es nicht letztlich eher Betrug war, wenn man die Leute mit frisch gedruckten Scheinen entlohnte? Von meiner Großmutter ist mir die negative Einstellung zur Hitler-Partei in mancher Episode gut in Erinnerung. Über das *Tausendjährige Reich* machte sie sich lustig und sie gab ihren Mann, der ehrfürchtig davon sprach reichlich Zunder:
»O Josef!, was du denkst – warte ein paar Jährchen, dann ist der Schreihals weg mitsamt seinen Spießgesellen, das erleben wir beide noch!«
Als der Schreihals am Ellinger Tor im offenen Wagen an jubelnden Bürgern vorüberfuhr, ließ es sich auch Opa nicht nehmen, den Führer zu sehen.
Als er seine Frau dazu bringen wollte, die dreihundert

Meter dorthin mitzugehen, sagte sie nur:
»Für den schaue ich nicht mal aus dem Fenster, wenn er vorbei geht!«
Mit ihrer Prognose übrigens hat sie recht behalten. Mein anderer Opa väterlicherseits, vormals auch Lederhändler, den ich nur noch vom Hörensagen kenne, hatte wenig Sympathie für den damaligen Parteiapparat übrig. Das kann ich rückschließend aus wohlvertrauten Erzählungen erkennen, wenn im Kreise der Familie daran erinnert wurde, wie der selige Leder-Opa mich als Wickelkind unbeholfen in seinen starren Armen hielt und mir sorgenvoll ins Ohr geredet hatte:
»O Bubala – das ist das mittelfränkische Bübchen – o Bubala, du wirst mir doch kein Nazi werden!« Darüber musste man zwar lachen, aber gedurft hätte man das ganz sicher nicht! Der richtige Zuhörer konnte hiermit ohne großen Aufwand einen Neuzugang ins KZ Dachau bewirken. Leder-Opa konnte sich damals ja nicht vorstellen, wie unnötig seine Befürchtung war. Das *Tausendjährige Reich* verschwand bei Kriegsende und ich war quasi schon entnazifiziert, als ich *Bonbon-Opa*, waghalsig vom Rad gesprungen bin, als er mich in den Kindergarten bringen wollte. Die Namensgebung stammt vom Lebensmittelgeschäft und den leckeren Bonbons. Mich hatte damals die schwarze Tracht der Schwestern mit ihren großen Kastenhauben geschockt, und da musste ich einfach den Reißaus nehmen.
Doch begeben wir uns wieder ins Schlamassel, in das uns dieser Führer gebracht hatte. Halt! Hier ist ein

Nachtrag angebracht: Wer die Mühe nicht scheut und sich eingehend mit der Schuldfrage an den beiden Weltkriegen befasst, wird ungläubig erstaunt sein! Es ist nämlich gar nicht so sicher, dass unser Land die Alleinschuld trifft, wie es die eingetrichterte Lehrmeinung vorgibt. In beiden Weltkriegen I und II waren Hintergründige eifrig dabei, diese Katastrophen geschickt einzufädeln, in der brutalen Absicht, dem erfolgreichen Rivalen ein für alle Mal den Garaus zu machen. Mehr wage ich nicht zu sagen, um nicht mit der Nazikeule erschlagen zu werden, welche der Michel mehr fürchtet als den Leibhaftigen.
Wenn die Sirenen mitten in der Nacht heulten und Fliegeralarm gaben, war Mutter nicht mehr zu halten. Sie packte mich wie einen Eskimo mollig ein, setzte mich in den geflochtenen Fahrradkorb und hängte den am Lenker ein. Nichts für den TÜV unserer Tage! Dann radelte sie mit mir alleine durch die abgedunkelte Stadt hinaus in die Nacht. Schob das Rad den steilen Weg zur Ludwigshöhe hinauf und schnaufte erschöpft den schützenden Wald zu, an dessen Saum sie oft Stunde um Stunde, bis zur Entwarnung wartete. Von oben konnte sie die vorüberziehenden Flugzeugstaffeln und das Feuer einschlagender Bomben und Geschosse sehen. Mehrmals seien wir so nachts ausgerissen, hatte Mama mir später erzählt. Sie war aber längst kein Feigling, nur eine kluge Frau und treu sorgende Mutter.

Mein Flug im Zeitkarussell hat mich leicht schwindelig gemacht. Dennoch gebietet mir mein Pflichtbewusst-

sein, noch eine ausstehende Runde zu drehen, ehe ich vom bunten Kettenkarussell abspringe und meine Tagträume in seltener Gefühlsschwebe und quasi auf wackeligen Beinen nach solcherart Rückblick beende:
Einige Stunden verbrachte ich im dunklen Keller, weil ich den Knödel mit Gruselsoße nicht essen wollte. Jetzt durfte ich meinen Kerker verlassen, kam mit angetrockneten Tränen ans Tageslicht, und ehe ich mich versah, hockte ich wieder vor dem aufgewärmten Angstteller. Großartig! Nur ein heftiger Disput zwischen Mama und Papa brachte mir endlich die Erlösung. Ich bekam statt der Mahlzeit eine Scheibe Brot bewilligt und durfte abrücken. So glimpflich ging es nicht immer aus. Ein weiterer Kerkerbesuch war in anderen Fällen eher die Regel als die Ausnahme. Aber wir wollen doch zum Ende kommen und so lässt auch der Autor Milde walten und bringt buchstäblich mit abschließenden Worten das Kind zu Bett. Darin liegt es nun. Sein Körper erscheint ihm so klein, zart, beinahe zerbrechlich, wo es doch sonst ein rechter Lausbub ist. Aber heute ist des Kindes Zuversicht erloschen und sein Seelenschmerz krümmt es unter der Zudecke. Seine Augen sind leer geweint und das Gefühl im Innern liegt danieder, apathisch, wie ein erschlagenes Tier. Nur im Nacken sitzt noch der Druck dieser mächtigen Hand, die gleichzeitig auch eisern die Kehle schnürt, kein befreiendes Wimmern kann entweichen. Das »WARUM« brennt als grelle Fackel in seinen Gedanken. Doch weil unbeantwortbar, geschieht die Verwandlung zum Feuer speienden Ungeheuer, welches

das Kind nicht bezwingen kann. Es hat nichts entgegenzusetzen und erschöpft fällt es in den Schlaf. Gütige Feen und Nebelwesen aber hüllen es ein, schmiegen sich an seine Seite und wundersam löst sich jede Verspannung. Sein inwendiges Wesen wabert, wird weich, zerrinnt. Alles fließt ineinander. Der Schmerz des Lebens vermengt sich mit dem Wissen der Seele, keines ist mehr voneinander zu trennen. So wird Glückseligkeit geboren, die nun zerfließt, wie Honig, aber von unvergleichlicher Süße und besser ist als dieser. Wie recht hat doch der Montagsdichter:
»Das Glück kennt seinen Weg, es macht sich aus dem Unglück fort, entfliehet einfach solchem Ort.«
Und sobald es der unglücklichen Behausung entronnen ist, fließt es vorgegebener Neigung nach. Anfangs noch mühsam kriechend in der Ebene des Flures, dann gleitet es Stufe für Stufe nach unten. Aber in freudiger Erwartung überlässt es sich dem Gefälle des Hausganges und am Ende genügt der Spalt unter der Haustüre, um frei zu sein.
Das Kind schläft tief und fest. Dank der gütigen Feen und Nebelwesen erscheint ihm morgens beim Erwachen sein Gemüt rasch wieder im sonnigen Lichte, und es hat rein gar nichts mit fließendem, klebrigen Honig im Sinne und solchen schon gar nicht am Hut.

*

Als Kind fragte man: »Warum?« Im Alter antwortet man darauf: »Ich weiß es nicht!«

Der neue Computer

Der Zeitpunkt rückt heran, wo es nahezu zwingend erforderlich wird, von *Windows XP* auf ein neues PC-Betriebssystem umzusatteln. Und damit wird gleichzeitig Tribut an allerlei Geräte- und Softwarefirmen fällig. Für Tage packt mich das blanke Entsetzen beim Gedanken an die ungewisse Zukunft meiner bescheidenen *Computerei.*

Ein neues schweres Windows-7-Buch mit seinen 800 Seiten will mir den Umstieg erleichtern. Wirklich? Ich befürchte, es wird mich noch mehr verwirren, da ich nun über unendlich viele Dinge lese, von deren Existenz ich gar keine Ahnung hatte; und dennoch kam ich bisher einigermaßen zurecht. Unangenehme Fragen bedrängen mich: Was wird noch Bestand haben, wenn ich an die bisherige Ausstattung denke? Wird es Ersatz geben und funktioniert die Sache dann auch wieder? Die größte Sorge: Welche Software wird hinterher noch ihren Dienst tun? Text-, Grafik-, Foto-, Video-, Website-, Internet-, Druck-, Scan-, Viren-, E-Mail-Programm – und ein weiteres Dutzend Anwendungen sind zum Überleben herausgefordert. Als Realist ahne ich: Viele Programme werden streiken.

Es genügt mir nicht, dass sich im neuen PC lediglich die technischen Versionsbezeichnungen der Innereien geändert haben, er soll halt auch zuverlässiger und besser werkeln, sonst gar nichts. Aber bringt letztlich dieser Quad-Core-Prozessor nun wirklich mehr, wenn gleichzeitig alles rings um ihn herum nach wesentlich höherer Leistung giert, als beim alten Rechner? Der Umstieg von 32-Bit auf 64-Bit, was ist das für ein großer Sprung? Wahrscheinlich ist hernach auch nicht viel mehr vom gescheiten Kasten zu erwarten als bisher. Ganz sicher aber muss enorm viel Zeit geopfert werden und sind jede Menge Ärger über unartiges Verhalten und allerlei tückische Kinderkrankheiten zu erwarten. Der neue PC verlangt auch neue Sicherheitssoftware, und dieses Antivirusprogramm gönnt einem nur ein Jahr Ruhe. Und dann wird wieder upgedatet, deinstalliert und installiert, umgelernt und natürlich bezahlt – damit kein virtueller Virus ins Getriebe kommt, ein Halunke nicht das Konto abräumt, Gauner mit einem per Mail nicht Schindluder treiben, und so fort. Gestern war ich ratlos, weil mir die neue Antivirus-Installation nur noch kryptische Zeichen bescherte; das könnte ausarten! Allein in dieser Sache bin ich jetzt gefordert und schwer am Überlegen!

Und die alten Geräte – jawohl, auch die streiken nun unter dem neuen Joch des Alleinherrschers *Windows 7 64-Bit* und müssen ausrangiert werden! Teilweise sind sie noch voll tauglich und einwandfrei, aber das spielt jetzt, da der neue PC auf dem Tisch steht, keine Rolle mehr. Übrigens, Geld sollte auch keine Rolle spielen, wenn man zur Umrüstung Ja gesagt hat. Alles, was der PC aus seinem Machtzentrum fordert, ist Gebot! Also, es ist ein Gebot der Stunde, ausgiebig in Elektronikmärkten Verkäufer mit Fragen zu löchern und zu nerven und am Ende schließlich zu kaufen, kaufen, kaufen. Oh ja, die neuen Kabel nicht vergessen! Die

Geräteanschlüsse sind jetzt so verändert, dass alte Kabel keinesfalls mehr passen. Ein gutes Geschäft für Hersteller von allerlei Adapterkram. Da gibt es kein Entrinnen, es muss halt sein.

So betrachtet erlebe ich meine PC-Umstellung als Schwerstarbeit, allein der Schweiß trügt: Es ist kein körperlicher Arbeitsschweiß, es ist Angstschweiß! Hat man endlich die neuen Errungenschaften aus den Kartons geholt, hält die miserablen Handbücher in Händen, die so gut wie gar nichts preisgeben, steigt der Blutdruck, und schaut man sich die Geräte dann genauer an, sickert Enttäuschung ins Gemüt.

Alles mutet kostenminimiert an, wirkt billiger und ist es auch, erscheint windiger, klappriger als das, was man vorher besaß. Dagegen war der alte, biedere Drucker grundsolide, schließlich arbeitet er nach zehn Jahren immer noch bestens. Nur auffallend anders ist der technische Ansatz, uns Kunden, vor allem den trendigen PC-Dödeln, aberwitzigen Schnickschnack zu bieten. Der aber strapaziert in seiner Kompliziertheit arg die Nerven, bis man endlich erkannt hat, um was es eigentlich geht. Zum Teil wird die Sache derartig genial, dass man den *All-in-One-WiFi- und Ethernet-Drucker, dieses Multifunktionsgerät mit Full-lithography Inkjet Nozzle Engineering*, samt seinen beiden kiloschweren Handbüchern, am liebsten gleich aus dem Fenster werfen möchte. Drucken war vorher einfach, nun soll Drucken zum Erlebnis werden! Vermutlich erregend im Gebrauch des Gerätes und teuer dazu, wenn ich mir die neun Milliliter kleinen Tintenpatrön-

chen mit dieser ungeheuer kostbaren Füllung genauer betrachte. Ah, daher läuft der Hase!, so also gedenkt der Hersteller sich am günstigen Gerätepreis zu rächen. Verdammt! Den neuen DSL-Anschluss hatte ich doch glatt vergessen ...
Also, welcher Provider? Welchen Router?, was ist eigentlich ein Router? Einen solchen gibt es doch gratis vom Provider, hört man sagen. Unglaublich – wer hat schon was zu verschenken? Braut sich da ein Netzwerk zusammen? *Netzwerkerei* brachte früher Leute dazu, sich aus dem Fenster zu stürzen. Man ahnt es schon, das wird eine Geschichte für sich.
Vielleicht wäre die beste Lösung, sich für einen virtuellen PC zu entscheiden, der gar nicht mehr real zu existieren braucht, an dem nur noch gelegentlich mal in schmerzlicher Erinnerung gedacht wird, je seltener, umso besser.

*

Ist das richtig? Wir brauchen mehr Technik, mehr Computer, mehr Flugzeuge, Handys, mehr Komfort, mehr Urlaub, mehr Geld – dann werden wir glücklicher werden.
Oder brauchen wir davon weniger und stattdessen mehr Anspruchslosigkeit, um weniger unglücklich zu sein?

Reingetappt

Wir waren in Eile, meine Frau und ich, als ich auf den Parkplatz des Krankenhauses fuhr, da ihr Termin beim Arzt schon etwas überzogen war. Deshalb ließ ich sie aussteigen und suchte alleine weiter nach einer Parklücke, während sie derweil ins Gebäude hastete. Endlich drückte ich die Fahrertüre in eine Hecke und zwängte mich nach draußen. Rücklings der Karosserie entlang, pirschte ich mich an der stacheligen Bepflanzung vorbei, fand am Kofferraumdeckel etwas Halt, um mehr schlecht als recht den Durchstieg durch die Hecke über eine niedere, aber klitschige Erdböschung zu finden. Die bestand aus weichem Lehm, doch darauf achtete ich nicht, war nur bedacht, meiner Frau schnell in die Praxis zu folgen. So schnaubte ich die Treppe hoch, folgte den Hinweistafeln, und der automatische Türöffner ließ mich beim Klingeln hinein.
Ich eilte auf himmelblauem Teppichvelours Richtung Anmeldung, quer durch die offensichtlich neu renovierte elegante Räumlichkeit, drehte mich dort um meine Achse, um Ausschau zu halten: Kein Mensch war zu sehen – verdammt! – mein erschrockener Blick folgte grausigen, gelblichbrauen, patzigen Tappern, und er stoppte ruckartig an meinem Schuhwerk. Kräftige lehmige Wülste hatten sich über die Schuhsohlen gebogen und den makellosen Velours regelrecht versaut und abgestempelt. Einige Augenblicke dauerte es, bis ich begriffen hatte, dass dies kein Hundekot ist, in den ich getreten war, sondern nur vom lehmigen Ausrut-

scher am Parkplatz stammen konnte. Was heißt hier *nur lehmig*? Ein jeder, der diese Sauerei sieht, wird beschwören, das sei tierischer Dreck und so viel Einbildungskraft aufbringen, es obendrein zu riechen. Wie ich feststellte, war mein jetziger Standort besonders arg betroffen, weil er kreisförmig betrampelt war, zum anderen – wer hätte mich hier *auf frischem Kot* noch sympathisch finden können? Damit macht man keinen guten Eindruck auf die Leute. Was für ein Glück, dass mich niemand gesehen hat!, dachte ich langsamer, als ich mich verdrückte. Bei meiner Flucht treppab hörte ich ahnungsvoll schon eine Auswahl an Sprüchen, welche die Entdecker wohl feilhalten würden:

»Was für ein Saumensch war denn da unterwegs?«

»Ein solches Wildschwein gehört erschossen!« Oder etwa von der Reinigungskraft:

»Diese unverschämte Person könnte ich erwürgen ...«

Welch ein Reigen erregter Ausrufe wird oben folgen? Gemeinerweise wollte sich beim Davonlaufen keinerlei Reue einstellen; vielmehr prusteten unterdrückte Lacher nach oben. Schadenfreude? Keine Ahnung, wieso einem bei derartigem Malheur der Schalk zwickt. »Du bist ja ein Riesenferkel«, nannte mich spöttisch meine Gattin, die ihre Entdeckung mit Arzthelferin und Doktor teilen durfte. Man mag mich für einen Feigling halten, aber den Namen der Kleinstadt verrate ich nicht! Die Leute der Praxis haben den *Dreckbären* gewiss nicht vergessen, und ich käme leicht in Lebensgefahr, falls von denen jemand zufällig das hier liest. Denkfehler! Himmel!, die kennen mich ja dann ...

Kabinengrausen

Der Geschichte sei eine grelle Warnung vorangestellt: »Nichts für zarte Gemüter!«
Es ist verständlich, wenn es der Toilettenfrau die Stimme verschlägt, weil wieder einmal der geheimnisvolle Unbekannte in ihrem Kachelrevier tätig war. Der ist männlichen Geschlechts, so viel lässt sich vorweg schon sagen, denn seine Spur zieht sich wie der rote Faden durch Herrentoiletten. Ob es ein ähnlich aktives weibliches Wesen gibt, entzog sich bis vor Kurzem meiner Kenntnis, da ich die Anstalten des anderen Geschlechts respektiere und selbst in einer Notlage meide. Also habe ich für diese geschlechtsspezifische Beurteilung überhaupt keine fachliche Qualifikation. Für zweckdienliche Hinweise bin ich aber durchaus empfänglich. Normalerweise ist man sprachlos, wenn es um Unerhörtes geht. Gerade deshalb ist es nötig, trotz allen Widerwillens, den ich verspüre, endlich das Toiletten-Tabu zu brechen und Klartext zu reden. Die Menschheit muss doch die Chance bekommen, diesen Täter dingfest zu machen, ehe er womöglich sein sittliches Unwesen weitervererben kann. Dass es sich bislang um einen Einzeltäter handelt, wage ich nicht zu bezweifeln; allein die Vorstellung, es könnte mehrere Exemplare von dieser Sorte geben, ließen mich am Menschengeschlecht insgesamt verzweifeln. Meine jahrzehntelangen Beobachtungen auf diesem unappetitlichen Spezialgebiet lassen nun schon einige interessante Schlüsse zu, die vielleicht einmal zur Ergreifung

der Person führen könnten. Bereits das handfeste Wort ergreifen beschert mir eine Gänsehaut, beim Gedanken, den schweinischen Typ auch noch anfassen zu müssen. Jedenfalls braucht es eine große Portion Glück zur Festnahme, weil dieser Mensch durchtrieben ist und sich sehr geschickt anstellt. Wie sieht er aus? Keine Ahnung. Alter, mindestens fünfzig, denn so lange schon verfolge ich die grausliche Spur.

Gewiss, er ist ein Global Player, ein weltweit operierender Kerl, der seine schmutzige Handschrift uneingeschränkt auch beim internationalen Geschäft hinterlässt. Übrigens, Handschrift: Wir haben es mit keinem Analphabeten zu tun! Unser Mann beherrscht die Schrift; ja, das grafologische Schriftbild schließt nicht einmal Intelligenz aus, und er ist mehrsprachig, wie die vielen Wand- und Türnotizen bezeugen. Auch ein gewisses Zeichentalent ist offenkundig, wenngleich die Arbeiten thematisch doch sehr eingeengt sind. Ganz eindeutig liebt er, wie jeder Kunstmaler, die große helle Fläche; aber vorzugsweise eine WC-Türe. Hier kommen seine Werke eindringlich zur Geltung, die er mit Bleistift, Kuli oder Filzstift, sogar mal in Ockerbraun vor dem sitzenden Betrachter angelegt hat. Besonders Neubauten oder renovierte Toilettenanlagen scheinen attraktiv für diesen flinken Kritzeler zu sein. Doch zurück zur Personenbeschreibung. Relativ sichere Indizien sprechen für eine stattliche Körpergröße, einen ungehörigen Appetit und eine ausgezeichnete Verdauung der gesuchten Person. Weshalb man dies annehmen kann? Nichts ist einfacher, als den Schluss

von nackten Tatsachen abzuleiten – bitte sehr:
Der Mann will uns eigentlich etwas durch die Blume mitteilen. Er fühlt sich bärenstark und ist sehr von sich eingenommen. Eben auf seine Ausscheidung, wie sie größer kaum sein könnte und welche er wohl zur wirkungsvolleren Darbietung hin und wieder sogar papierlos präsentiert. Und klein ist dieser Mensch nun wirklich nicht, das verrät schon die Reichweite beim Hinschmieren von Skizzen in die obere Region einer Klowand etwa. Kurzum, da liegt es nun und stinkt im kühlen Raume – und wer es nicht erträgt, der spült es endlich weg und fröstle, staune.

Neulich, in Rom, in einem Keller-WC, erreichbar über eine gusseiserne Wendeltreppe, die hinab in die Unterwelt führt, tappe ich im Finstern zuerst ins Wasser, dann ziemlich erschrocken nach einem Lichtschalter. Was wird denn jetzt beschert? Mein erster Gedanke: Hier muss unser Mann vor Kurzem gewesen sein! Ja, richtig! Aber für den Ausfall der Hebepumpe, wodurch das Klosett überlief und für eine flächendeckende Überschwemmung sorgte, kann der Verdächtigte nichts. Jedenfalls wäre es Sache der dickfelligen coolen Cafébetreiber gewesen, für die Behebung der Panne zu sorgen. Denkste! Unser Mann aber – na, wahrscheinlich hatte ihn diese von fremder Hand herbeigeführte Sauerei so frustriert, dass er gleich eins draufsetzte, beziehungsweise danebensetzte. Wer lässt sich schon gerne übertreffen? Kaum hatte das Licht ins grässliche Stübchen geguckt, flackerte es kurz und die einzige

Glühbirne gab auf. Meinen geschockten Sinnen hatte es dennoch zur Erkenntnis gereicht: Er war da! Die Konsistenz allerdings war, *o mama mia*, dank Olivenöl Italia, spritziger als bisher von ihm gewohnt. Nun ging alles rasch; angetrieben vom Ekel und der Befürchtung vom Saubären persönlich aus dem Dunkel heraus angepackt zu werden, hastete ich, gleich mehrere Stufen auf einmal nehmend, die dröhnende schmale Eisentreppe nach oben, dem Lichte zu. Es spielte aber auch die fixe Vorstellung hinein, in letzter Sekunde ein eisernes U-Boot zu verlassen, das gerade in Fäkalien versinkt. Nun stehe ich mit pochender Pumpe unverrichteter Dinge vor dem hübschen Café, werfe einige Male waagerecht den Kopf hin und her, als wollte ich das eben Geschaute aus meinem Kopf schleudern. Aber sofort plane ich, aus zwingendem Antrieb heraus, anderswo einen neuen Anlauf zu nehmen.

Vor vielen Jahren – Zwischenlandung Ceylon, Colombo, Flughafentoilette: Wo man auch hinkommt, der Bursche war schon vor dir da! Dieses Mal machte er auf sein handwerkliches Talent aufmerksam. Wie schafft er das nur? Um eine stabile, hölzerne Kabinenwand fingerdick bei regem Parteiverkehr zu durchbohren, benötigte ich Hilfsmittel. Etwa einen zehner Holzbohrer, zumindest einen Drillbohrer und eine Portion Glück bei der Arbeit, um nicht erwischt zu werden. Bohrt der mit seinem Fingernagel oder hat er Werkzeug bei sich?, frage ich mich irritiert. Und wozu, weshalb? Will er sehen, wie sich der Nachbar den Allerwertesten putzt? Lohnt der Aufwand, wo der Mann doch offenbar unter ständigem Zeitdruck steht, und gar keine Zeit dafür hat, gemütlich durch sein Guckloch zu schielen?

Auch beim Weiterflug nach Male, der kleinsten Hauptstadt der Welt, auf den Malediven, wo ich notgedrungen das Bord-WC aufsuchte und wieder einmal voll ins Wasser tappte, war mein Blitzgedanke: Er ist unter den Passagieren!, man wird ihn fassen können, den Schweinigel! Jetzt aber erst mal auf die Fersen gestellt, damit kein Wasser durch die gelöcherten Sommerschuhe kommt und schnell die Notwendigkeit erledigt. Beim Spülvorgang entkräftete sich mein Verdacht. Weil das Licht hier noch nicht schlappgemacht hatte, konnte ich klar die Problematik studieren: Spülwasser war anscheinend noch genügend vorhanden, die Spülung funktionierte. Aber der Abwassertank hatte wegen der vollen Maschine endgültig genug und spie nach einem gefährlich zischenden Ansauggeräusch das Ganze einfach zurück, bis die Soße wie über einen Brunnenrand zu Boden plätscherte. Ein typischer Rechenfehler der Flugzeugbauer, die bei der Volumenberechnung der Tanks voll daneben lagen. Zum Glück blieb das Abwasser innerhalb der kleinen Kabinenschwelle gefangen und hielt sich vorläufig noch artig vom Passagierraum fern. Während ich durch den langen Gang zurück zu meinem Sitzplatz schlenderte, schaute ich mich verlegen um, ob ich wohl verräterische Spuren auf dem Teppich hinterließe? Warf auch einen prüfenden Blick auf meine Schuhsohlen. Alles ok! Dann aber scannte ich misstrauisch die Gesichter der Leute vor mir in ihren Sitzen, vielleicht ließe sich das Phantom durch irgendeine Auffälligkeit entlarven. Vermutlich war der Unbekannte ja doch unter den Passagieren, schließlich war er mir in Colombo zuvorgekommen, warum sollte er in Male das Handtuch werfen? Leider fand sich kein eindeutiges Verdachtsmoment, wenngleich – von der Statur her, da kamen eine Menge Leute in Betracht; alle aber schauten brav um sich, als könnten sie kein Wässerchen trüben.

Was nun folgt, ob man es nun glauben will oder nicht, es ist die Realität von anno 1981 und nicht übertrieben! Beim Anflug auf den kleinen Flughafen Male bekam ich ein sehr mulmiges Gefühl. Die Landebahn, unmittelbar entlang der flachen Meeresküste, erschien von oben unheimlich schmal, vor allem zu kurz. Man sah bei der Landung nur noch Wasser auf der Seite wie auch vorneweg und bekam tatsächlich Angst, der Pilot könnte es nicht mehr schaffen und die Maschine ins Meer setzen. Die Sorge war unbegründet, der Flieger kam rechtzeitig zum Stehen, und alle Passagiere klatschten vor Erleichterung wie verrückt Beifall.
Im damaligen *Flughafengebäude* drängten sich die Fluggäste in einer viel zu kleinen, schäbigen Wellblechbaracke zusammen. Dort könnte dieser Kerl im Sanitärbereich wieselflink und kräftig angepackt haben, denn kaum waren wir dort angelangt, fehlten bereits die Türen an den beiden Toilettenkabinen in bester Lauflage! Wohin mag er sie verschleppt haben? Zum Glück

verspürte ich kein größeres Bedürfnis und gleich gar keins, eine Darbietung zur allgemeinen Belustigung zu geben. Eine ungewöhnliche, aber sehenswerte Vorführung war im Kontrollbereich geboten. Auf einer Art Tapeziertisch lagen einige großkalibrige Spritzen, die keinen sterilen, eher einen leicht angerosteten Eindruck machten. Hinter dem Angebot stand eine mürrisch dreinschauende, grobschlächtige Person im einst weißen Kittel, die nur wenig Feingefühl ausstrahlte, aber knallhart bereit schien, fällige Opfer auf unkonventionelle Art amtlich nachzuspritzen. Wer nämlich bei der Passkontrolle nicht alle vorgeschriebenen Schutzimpfungen nachweisen konnte, wurde hinter den Tapeziertisch beordert, durfte die Hose herunterlassen, und bekam vor allen Augen eine dieser furchterregenden Spritzen in den Allerwertesten verpasst. Ob man fällig ist, erfuhr man aber erst am Kontrollschalter. Noch interessanter als die Beobachtung der brutalen Verabreichung war das Studium der Gesichter der einerseits heftig verunsicherten Zuschauer, weil sie ja befürchten mussten, selbst Opfer zu werden, andererseits aber höchst amüsiert von dem waren, was hier auf dem Programm stand. Wie gesagt, wir schreiben das Jahr 1981.

Vermutlich werden sich Leser fragen, wie es eigentlich zu dieser Reise kam? Damals gab es auf großflächigen Plakaten, ich denke, es war die Werbung einer Zigarettenfirma, eine winzige der zweitausend Maledlive-inseln zu gewinnen, oder fünfzigtausend Mark auf die

Hand. Die fotografierte Palmeninsel lag wie ein Spiegelei im türkisfarbenen Meer, darunter sprang mich in großen Lettern das Nonplusultra an: *Malediven.*
Dieses Inselreich war mir bisher völlig fremd und absolut utopisch als Reiseziel.
Demnächst sitzt man im Reisebüro und hat nur warmes Meerwasser und viel Sonne im Kopf. Auf die Frage: »Wohin soll's denn gehen?«, fällt mir das Plakat ein und ich sage scherzhaft:
»Bitte Malediven – hin und zurück!« Noch während ich lache, hebt die Dame hinter dem Tresen den Kopf, guckt überhaupt nicht lustig und meint:
»Da habe ich etwas für Sie!« So lief das wirklich ab, meine Frau kann das bestätigen.
Auf der Insel, die in fünfzehn Minuten leicht zu umlaufen war, befanden sich etwa vierzig einfache Hütten und ein Freiluft-Restaurant. Bei den meisten Gästen handelte es sich um Gerätetaucher, die in aller Früh schon in entferntere Tauchreviere fuhren, sodass die Insel tagsüber beinahe menschenleer war, abgesehen vom Inselpersonal.
Selber tippelt man, vielleicht ab neun Uhr, ein paar Schritte durch den weißen, staubfeinen Korallensand zum Schnorcheln im unmittelbar beginnenden Korallengürtel. Zum Hausriff, also an den Rand des *Spiegeleies*, sind es zirka hundert Meter. Problemlos lässt es sich da draußen die Insel umrunden, mit Blick ins Tiefblau hinab, wo auch mal größere Brocken zu sehen sind: Rochen, Zwei-Meter-Haie, Napoleonfische oder etwa Meeresschildkröten. Gegen Mittag steigt man aus-

gelaugt aus dem 30 Grad warmen Badewasser, schlendert im Sand zum Essen. Begnügt sich mit trockenem Reis und Fisch. Ein Glas Wasser oder ein Dosenbier dazu – macht je zwei Dollar, damals eine Menge Geld! Zwei Dollar waren immerhin 4,50 DM. Nachmittags gleitet man ein zweites Mal ins Türkis hinein, bleibt bis zum dramatisch flammenden Abendrot. Danach sucht man das *Bad* auf, ein an die Hütte angebautes grob verputztes Gemäuer aus Korallen, mit Waschtrog, Spiegel und Kloschüssel, aber ohne Dach. Aus Hahn und Dusche kommt schwach entsalztes Meerwasser, oder verdünntes mit Regenwasser aus einer gruseligen Zisterne. Etwa um achtzehn Uhr, es ist bereits dunkel, lockt das Abendessen – wieder Fisch und trockener Reis. Für einen Fisch-Abstinenzler wie mich, eine Katastrophe! Mit kostspieligem Bier spülte ich die tägliche trockene Reisportion hinunter! Im Reisekoffer fand sich zu Glück Naschkram, der mich vor dem Hungertod bewahrte.

Trotz aller Einschränkungen ist es ein unvergessliches Erlebnis gewesen! Dieser Fischreichtum in seiner Farbenpracht, zum Greifen nahe! Die wundervollen Korallenstöcke, nur knapp unter der Taucherbrille. Selber schwerelos treibend, im warmen, kristallklaren Wasser – einzigartig!

Inzwischen ist auch dort Massentourismus angesagt, sind sterbende Korallen ein Dauerthema, ist milchig eingetrübtes Wasser weniger reizvoll, liegen zu viele Touristen im Sand und lassen sich regelrecht in der Sonne braten. Man wohnt luxusgerecht, steht an fünf

Meter langen Nachtisch-Tafeln an, welche kunstvoll dekorierte Leckereien aufbieten, Schwarzwälder Torte beispielsweise, oder Puddings jeder Art. Dennoch, für mich nicht annähernd vergleichbar mit der einst genügsamen Robinsonade – adieu, schönes Paradies!

Wir sind vom Thema abgekommen; kehren wir also zu dieser entsetzlichen Erzählung zurück und lassen uns deswegen bitte nicht den Tag vermiesen. Es handelt sich ja bisher glücklicherweise nur um einen sogenannten *Einzelfall*! Und Einzelfälle sind doch gar nicht so schlimm, man kann sie vernachlässigen – oder? Das wissen auch die Medien und Politiker, wenn sie beispielsweise aus geschehenen Untaten nur eine spezifische Untat machen, einen mildernden Einzelfall eben. So gehen die Jahre ins Land und keines ist wohl vorübergegangen, ohne dass ich Grund bekommen hätte, diesen schrecklichen Menschen einfach zu vergessen. Weder eine längere Krankheit noch Reisemüdigkeit scheinen ihn zu bremsen. Nein, eher befürchte ich, seine Kreativität und Aktivität haben sogar kräftig zugelegt. Man könnte ja taktvoll eine unterlassene Klospülung noch hinnehmen, schließlich sind Menschen vergesslich, so etwas kann schon mal passieren – Kopflosigkeit kommt bei jedem Geschäft vor. Aber schockierend wird die Sache spätestens dann, wenn man als Betrachter von irren Istzuständen beinahe den Verstand verlieren könnte und dabei auch an die arme Reinigungskraft denken muss, die alles auszubaden hat. Die absolute Vollsau – Pardon, für den treffenden Ausdruck – sie pinkelt nämlich kreuz und quer durch den Raum, die Wände hoch, über Klobrille und Spülarmatur, und zwar reichlich! Spult laufende Meter Klopapier auf den nassen Fliesenboden und wirft die Rolle hinterher; einige Kotstriche als schweinische Signatur – vielleicht dazu den Haufen daneben gesetzt – fertig! Ach, man bezweifelt das, hat es selbst noch nicht erlebt? Glück gehabt! Es müssen aber keineswegs die schlechtesten Häuser sein, wo solches geschieht. Es darf durchaus nach außen fein aussehen – eben nach dem Motto, wie man es in der Operette singt:

»... doch, wie's da drin aussieht, geht niemand was an.«

In bierseligen Lokalitäten ist man ja, was diese Thematik angeht, weniger zimperlich. Starker Durst hat spezielle Tücken; es steigt der Alkoholgehalt im Blut und der macht vorm Hirn keinen Halt. Deshalb vermute ich, dass es nicht immer der Unbekannte sein muss, der dort quer schießt, sondern jene, die nicht mehr recht wissen, was sie tun. Beispielsweise Klosettbrillen aus den Halterungen reißen und durch die Gegend werfen und was sonst noch für spaßige Nettigkeiten. So mancher Kampftrinker hat aber gar nichts Großes vor, muss aber trotzdem brandeilig. Ihm ist nur schlecht vom Saufen, und er übergibt schlagartig seinen teuren Inhalt druckvoll ins nächste Handwaschbecken – oder, wenn's zeitlich knapp wird, freihändig ungefähr in Richtung Klosettschüssel. Ein solcher unbezwingbarer Drang kann auch anderen Orts auftreten, wie wir gleich sehen werden.

Als Halbwüchsiger stand ich Anfang der sechziger

Jahre mit zwei Schulfreunden in einem Stehimbiss nahe der Münchner Wiesn am Rundtischchen, das um eine Säule gebaut war. Gewiss nur, um eine Unterlage in unsere nüchternen Mägen zu füllen, wegen der anstehenden Bierzelttour auf dem Oktoberfest. Denke, es war Gulaschsuppe mit Semmel, billig jedenfalls. Am Rundtisch daneben lehnte einer wackelig bei seiner Nudelsuppe – das weiß ich dafür noch ganz genau. Bei ihm kam aber die Unterlage zu spät; er hatte die Reihenfolge verwechselt, das ist gefährlich! Erst die Unterlage, dann das Saufen – keinesfalls umgekehrt! Also, um die Sache nicht spannender zu machen, als sie war, kurz der Ablauf:
Alles ging ganz schnell und kam völlig unerwartet am frühen Abend. Der wackelige Typ übergab sich mit einem kräftigen Schwall in seinen Suppenteller, dass es nur so spritzte. Wie elektrisiert, federten wir aus der Gefahrenzone, und weil wir unsicher waren, ob Spritzer auch in unsere Teller gerieten, beendeten wir sofort die Mahlzeit, zahlten widerwillig und verließen eiligst die Lokalität. Durch einige enge Seitenstraßen gelangten wir schließlich zur Wiesn hinunter und dann, nach ein paar mächtigen, versöhnenden Schlucken aus dem Maßkrug, war im Trubel des Festzeltes die ekelige Angelegenheit bald schon zügig abgearbeitet. Eines jedenfalls steht fest: Dieser *Nudelsuppenspeier* war nicht mein verfolgtes Phantom; solche *Vögel* lungern genug herum! Zu fortgeschrittener Stunde liegen sie dutzendweise am Hang der Theresienhöhe entlang.

Seit dem letzten Lebenszeichen des Schweinigels ist noch kein Vierteljahr vergangen; schon gibt er sich wieder kreativ zu erkennen. Diesmal zeigt mir sein instinktives Handeln aus der Not heraus, wie praktisch dieser Mensch doch veranlagt ist. War kein Papier da? Haha, da erinnert er sich eben seiner Unterhose und hinterlässt sie dem Betrachter zur Ansicht, hängt sie sogar dekorativ ausgebreitet über den Spülkasten. Ganz schön ansehnlich! Besonders schnell scheinen Gastwirte mit ihren Reinigungskräften dann nicht zu sein. Wie kann es sein, dass derartige Artefakte so ausgiebig zu bestaunen sind, ehe sie beseitigt werden? Zwischen Auf- und Abbau fließt viel Wasser die Donau hinab. Jedenfalls sollten wir uns alle glücklich schätzen, nur mit einem männlichen Einzeltäter konfrontiert zu sein. Welche katastrophalen Folgen hätte es denn, wenn sich allerorts Nachahmer fänden? Nicht auszudenken!

Dennoch mache ich mir seit einiger Zeit Sorgen wegen einer Ausbreitung der *Kloitis*, so möchte ich dieses akute Krankheitsbild nennen. Es fand nämlich inzwischen eine Mutation auf eine weibliche Person statt. Meine Frau hat die Kranke sogar in flagrante, also auf frischer Tat ertappt und auch ihre deutschstämmige Stimme im Ausland vernommen. Das wollen wir uns doch angucken – oder etwa lieber nicht?
Campingtoiletten in fremden Ländern sind gewiss keine Offenbarung von Sauberkeit, deswegen mied meine Frau diese Örtlichkeit, bevorzugte die Caravantoilette. Sie musste nur gelegentlich den langen Toi-

lettentrakt durchqueren, wenn sie zu den Duschen dahinter wollte. Kurz geschildert:
Eines Tages – kaum Betrieb heute, aber es stinkt ungemein! Alle Türen des WC-Ganges stehen offen. Zwei Meter gegenüber befindet sich eine lange Zeile Waschbecken mit den Spiegeln darüber. Jetzt, am Ende des Durchganges – bestialischer Gestank! Eine Frau, schweres Mittelalter, fährt aus dessen Zentrum hervor, schneidet gewissermaßen die Vorfahrt, wuchtet rüber zum Waschbecken. Meine Frau stoppt, Blick nach links ins Hocke-Klo, sieht den großen Stinkhaufen dort liegen, entsetzt sich in zurückhaltender Art, etwa:
»also das ist doch ...!«– heftiges Räuspern, Blickkontakt nur über den Spiegel – warum sollte sich die Zuchtel umdrehen? Erboster Kommentar der Mutierten:
»Ich bin noch nicht fertig!« Woher kommen solche Ausfälle in der Kachelstube? Schlechte Kinderstube? Vielleicht. Wer weiß das schon. Nur so viel steht jetzt fest: Eine befallene Frau gibt es auch! Eigentlich war es auch zu erwarten, bei dieser Masse Menschen auf der Welt!

Was meine bisherigen Nachforschungen angeht, bleibt es vorerst beim bescheidenen Täterprofil, das wir ja nun kennen, doch versprochen, ich bleibe aber am Ball! Inzwischen habe ich mir angewöhnt, auch einen Blick in parkende Autos zu werfen; du liebe Zeit! Was man da so alles sieht! Ob Edelkarosse oder Billigimport – welches Drama in mancher Kutsche!
Wenn es ganz arg ist, meint man, die Aura unseres

Unbekannten neben sich zu spüren, selbst wenn überhaupt niemand kommt und in den Schweinestall einsteigt. Gibt es nicht einen philosophischen Ansatz, der besagt, das Äußere sei ein Spiegelbild des Inneren? Und prompt höre ich als feinfühliger Zeitgenosse gewissermaßen den transzendenten Hilfeschrei aus der versauten Karosse beziehungsweise der geschändeten Toilettenzelle:
»Schau her, Mensch! Ich habe ein riesiges Problem! Kannst du es deuten, kannst du es verstehen, kannst du dich in mich versetzen?«
Und mein toleranter Verstand möchte nach solcher Konfrontation aus vollem Hals hineinbrüllen in den Schweinestall, ins geschändete Kachelreich:
»Wo bist du denn, du gigantische Wildsau, damit man dir helfen kann?«

*

Das ist nicht neu: Ein Schmutzfink ist dem Dreck verpflichtet.

Das Radio, der pure Irrsinn!

Neulich gab ich mir einen technischen Ruck und stieg von Kabel-TV auf einen Twin-Sat-Receiver um. Dabei kommt nun der digitale Radioempfang ebenfalls über den Satelliten Astra 19 und landet in einer neuen Gerätschaft, einem kostspieligen Verstärkersystem mit Boxen. Die sind natürlich schwarz, Pianolack, wie schon der Flachfernseher, das Notebook, der PC und Monitor, das Smartphone. Vielleicht kommt demnächst auch das schwarze WC in Pianolack auf den Markt?
Alternativ gibt es leider zum Ärger aller Gerätegrapscher zurzeit kaum eine ergonomisch sinnvolle unempfindliche Materialoberfläche – entweder man überwindet sich oder wartet, bis die Industrie sich auf eine neue Designmasche geeinigt hat, die einem eher entspricht. Aber ich wollte mich doch über das Radio auslassen.
Es ist ziemlich schwierig geworden, seiner Frau zu erklären, wie sie das neue Radio – Zwischenfrage:
»Wo ist das denn?« – fernsteuern soll, vor allem in welcher Reihenfolge der Fernbedienungen. Ich sage:
»Dort, im Verstärker sitzt auch ein FM-Radio – früher hieß das wohl *UKW* – dazu gehört die schwarzlackierte Fernbedienung mit den vielen kleinen Tasten. Wir haben aber keinen richtigen Antennenanschluss mehr, nur eine Zimmerlitze, die nichts bringt und die alte Vogelscheuche auf dem Dach ist weg, und darum ist der Antennenempfang gestört, quasi unbrauchbar. Also dieses FM-Radio können wir vergessen, es macht zu

viele Nebengeräusche. Aber wir besitzen ja neuerdings einen SAT-Receiver – den hier – und die Satellitenschüssel draußen am Haus – ich zeige mit dem Finger in ihre Richtung –, und daher empfangen wir jetzt neben zighundert Fernsehsendern auch circa fünfhundert digitale Radiosender aus dem Weltall ...«
Sie unterbricht:
»O Gott!«, und schaut mich ziemlich fassungslos an, grübelt garantiert, welche Dummheit ich mir wieder geleistet habe.
»Na, dann können wir ja wenigstens den ORF empfangen und ein paar andere Fernsehsender, die im Programmheft stehen, die bisher nicht möglich sind«, meinte sie folgerichtig. Ich atmete tief durch und sagte ihr, dass ich den ORF nicht finden konnte, der sende wahrscheinlich über einen fremden Satelliten. Und die paar anderen Stationen, ja die müssten erst aus mindestens fünfhundert Kanälen selektiert werden, und das sei eben ein Kapitel für sich. Wir wollen die TV-Sender besser so überschaubar lassen, wie sie sind – vielleicht mache ich das später mal; und wir sollten eh nicht so viel in den Fernseher gucken!
»Wenn du also Radio hören möchtest«, fahre ich vorsichtig meine Einweisung fort, »dann schalte zwar den schwarzen Verstärker ein – das ist, wie gesagt, diese Fernbedienung, denn von da geht der Ton in die beiden Boxen. Aber die Sendungen kommen von dort, dem Steuergerät, genannt SAT-Receiver, dem schwarzen Kästchen mit der Klappe in Pianolack. Das ist diese Fernbedienung. Es ist ganz einfach: Du holst den

Receiver aus seinem Stand-by-Betrieb mit der Powertaste, schaltest ihn ein. Jetzt bitte Geduld: Zuerst erscheint das *Willkommen* im Display, dann folgt der Hinweis *Start* – das dauert etwas, vielleicht eine halbe Minute. So, jetzt könntest du sehen, was gerade im Fernsehen läuft, wenn das TV-Gerät eingeschaltet wäre – das wollen wir aber nicht, wir möchten ja nur radiohören! Vermutlich aber läuft intern jetzt das Fernsehgerät, und der Ton, den wir nun hören, kommt von den Filmen und nicht von Radiosendern!« Bei der Frage, wieso da Fernsehen käme und kein Radio, musste ich schlucken, und mein Mund wurde bei den weiteren Erklärungen immer trockener.

»Wir hatten doch zuletzt ferngesehen und da macht der Receiver weiter, wenn er wieder eingeschaltet wird. Auf den Radioempfang kommt man mit der *Radio-Umschalttaste* auf dieser Receiver-Fernbedienung, also die hier ....«

Sobald ich ans Eingemachte gehe und versuche, meiner Frau verständlich zu machen, wie sie nun endlich an den gewünschten Klassik-Sender käme, ja, da komme ich selber ins Schleudern und muss Rätselhaftes in den Bedienungshandbüchern der beteiligten Gerätschaften nachschlagen. Wie denn bringe ich die Favoritenlisten eins bis acht ohne TV-Gerät zur Wirkung? Hat man es womöglich mit *Radio totale*, also der Gesamtliste der fünfhundert Sender zu tun, aus der etwas zu hören ist? In welcher Senderliste befinden wir uns denn?

Vielleicht könnten die *Presets*, die Voreinstellungstasten des Verstärkers, dabei hilfreich sein? Nein, ein

hoffnungsloser Fall!
Dann waren die Klassik-Favoriten nach langem Hin und Her endlich gefunden und vorübergehend hellten sich die Gesichtszüge der angehenden Maschinistin etwas auf. Doch beim Wechsel auf einen weiteren Klassik-Sender kam die Musik quasi *volles Rohr* aus den Boxen, und wir zuckten beide zusammen. Da stürzte ich mich nach vorne, rutschte vor dem Gerät in die Knie, das heißt, auf Arbeitshöhe, und versuchte, dem brutalen Geräuschpegel Herr zu werden, denn über die Fernbedienung allein gelang das im Augenblick nicht. Frustriert stellte ich fest, dass die beiden Geräte die Lautstärke in unterschiedlicher Weise handhaben. Dies wird besonders unangenehm, weil anscheinend auch etliche Radiosender die Lautstärken unterschiedlich handhaben. Der eine Sender sendet moderat, ein anderer rabiat: Dann heißt es, blitzartig und richtig zu reagieren, sonst klirren die Gläser im Schrank. Na, und wie sie klirrten! – ganz schön lange!
»Wichtig für dich!«, warne ich, »nötig sind für den Radioempfang immer beide Fernbedienungen ...«, weiter kam ich nicht.
»Ach, lass mich doch damit in Frieden, bediene deinen technischen Plunder doch selber, wenn's dir Spaß macht. Ich nehme mir das alte Kofferradio, es funktioniert mit zwei Knöpfen: ein – aus. Amen!«
Da ging ich unauffällig in mich und bereute meine neuen Anschaffungen bitterlich, obwohl ich gar nicht im Blöd-Markt eingekauft hatte.

Münchner Oktoberfest mit Gänsehaut

Der junge Mann schließt sein Fahrzeug ab, guckt einmal um die eigne Achse, um sich den Standort des Wagens einzuprägen, und überquert, einigen herbeisausenden Autos entspringend, die Fahrbahn. Während er Mund und Finger mit einem Papiertaschentuch von seiner Automahlzeit, einer Leberwurstsemmel abwischt, betritt er die imposante Treppenanlage, welche hinunter zur Theresienwiese führt. Seitlich daneben schwenkt die mächtige gusseiserne Bavaria mit kräftigem Arm ihren Siegeskranz gegen den weißblauen Himmel, und drunten auf der Wiesn sonnen sich bereits etliche Holzgerippe dieser berühmten und stattlichen Festzelte, aber erst ein einziges ist mit Tuch bespannt.

Kurz innehaltend, tief Luft holend, sich fühlend wie ein Eroberer, schreitet der Kleinstädter, dem das Herz Münchens regelrecht zu Füßen liegt, Stufe um Stufe genussvoll hinab, und mit jeder weiteren fühlt er sich angekommener, weltoffener. Doch zwischendurch zwängen sich schamvolle Gedanken an seine kleinstädtische Herkunft. Er muss an das spießige Milieu der Geburtsstadt denken, ihre langweilig empfundenen Fassaden, Straßen und Gassen. Doch er ist sehr bemüht, solche Gedanken zu unterdrücken, an diesem *königlich-bayerischen* Ort. Unwillkürlich beginnt er sich abzulenken, achtet auf Details, bemerkt, wie nun unten der Verkehrslärm beinahe erstickt wirkt und welch dumpfen Klang die Hammerschläge der Zimmerleute abgeben. Die Schallwellen finden auf der weiträumigen Fläche eben keinen Widerhall, der ihnen Klangfarbe beimischen könnte. Er empfindet die angenehme Wärme der Mittagssonne dieses wunderschönen Herbsttages und so streckt er seine Arme weit aus, blickt ins Himmelszelt, dreht einmal langsam sich im Kreise, als möchte er die ganze Welt umarmen. Eine deutliche Körpersprache, die ausdrückt: Seht nur, mir gehört die Welt! Hm, so also benimmt sich ein eher schüchterner Zeitgenosse, der sich unbeobachtet weiß. Er steht ja alleine hier, und die paar Handwerker haben kein Auge für ihn. Die hieven Balken um Balken nach oben und einer schlägt die mächtigen Schrauben durch die Bohrungen, setzt klobige Muttern darauf, um die Sparren miteinander zu verbinden. Trotz der beträchtlichen Entfernung sind die Schrauben von da unten noch erkennbar, wundert sich der Beobachter. Über sein Gesicht huscht ein Lächeln; er denkt an das *Bierzelt*, das er einmal mit Spielkameraden in seiner Kinderzeit baute, denn es will sich so gar nicht mit dieser Konstruktion vergleichen lassen.

Damals suchten sie zu viert in Großmutters Schuppen nach Material, und was damit entstehen sollte, war ihnen völlig egal, hing es doch lediglich davon ab, welche verwertbaren Sachen sich finden ließen. Schließlich lagen auf der kleinen Wiese im westlichen Stadtgraben einige Balken, Bretter, Latten und ein alter Ballen rot-weiß gestreifter Leinenstoff, dazu noch Holzkisten. Das Material schrie die Buben förmlich an, daraus ein Bierzelt zu bauen, mit Bretterboden, wie es

sich gehört! Das zierliche Tragegestell für die Zeltbahnen war ziemlich wackelig und es machte Mühe, das Tuch darüber zu ziehen, ohne dass alles dabei zusammenfiel. Den Stoff schnitten sie einfach vom Ballen ab – Oma hatte wohl weggeschaut. Bald aber stand das *Zelt*, und als darin die vier Buben auf den Kisten saßen und mit Zitronenbrause in Omas Glaskrügen anstießen, war die Kapazität bereits erschöpft. Nicht einmal der Familienhund war gewillt, sich da noch reinquetschen zu lassen, so eng ging's her. Wie man es vom heimischen Bierzelt her kannte, wollte man nun auch stimmungsmäßig nicht zurückstehen, deshalb begannen die Jungs ein fürchterliches Gejohle und Geschrei. Oben, am Gehweg, hinter dem Gartenzaun, mag sich mancher Passant gewundert haben, was drunten im Garten ablief, und vielleicht hat einer gar das Ende vom Lied gehört und es sogar gesehen. Als nämlich beim Versuch zu schunkeln, die Bude auseinanderfiel und das Zelttuch die grölende Bande unter sich begraben hatte.
Überhaupt scheinen Buben regelrecht besessen davon zu sein, etwas über den Kopf zu haben, in Kartons zu kriechen, sich irgendwo darunter zu kauern – wozu wohl? Um sich wohlzufühlen! Einst war das der Schneebunker am selben Platz, sogar mit angebauter Feuerstätte. Höchst reizvoll war das Zündeln mit Streichhölzern, Papier und Holzspreißeln. Dabei rauchte es so heftig, dass ein von Passanten herbeigerufener Polizist plötzlich vor dem Schlupfloch unseres Iglus stand und die Feuerkammer zuerst mit strenger

Mine verboten und sie dann mit seinen Dienstlatschen zusammengetreten hatte. Ein paar Jährchen später musste es eben, wie gesagt, ein *Bierzelt* sein, und schließlich wird, so das Glück hold ist, das Eigenheim mit Garage folgen. Darin das liebe Auto. Aber ja, auch dieses ist etwas zum Wohlfühlen und Reinlümmeln.
Ein Firmenfahrzeug hat der junge Mann bereits. Es passte zu seiner Strategie, wie er sich von zu Hause abgenabelte, indem er heimlich eine Anstellung im Außendienst suchte und sich im Münchner Umland ansässig machte, gegen den Willen des Vaters, der andere Vorstellungen über den beruflichen Werdegang hatte.
Als Logierherr bewohnt der frischgebackene *Repräsentant* einer renommierten Mainzer Sektkellerei nun ein möbliertes Zimmer, nicht viel größer als Bett, Schrank, Tischchen und das Waschbecken Platz beanspruchen, doch mit luxuriösem Ausblick in einen malerischen Obstgarten. An seiner Grenze fließt, vom Starnberger See kommend, die Würm vorüber, die sich durch ihr angenehmes Murmeln bemerkbar macht, begleitet vom Lichtspiel der reflektierten Wasserspiegelung an der kleinen Zimmerdecke. Was gibt es Schöneres, als nach Feierabend das Tischchen vor das offene Fenster zu schieben und dort die Brotzeit einzunehmen? Ein Glas Bier dazu, der Ausblick ins Grün, die Strahlen der untergehenden Sonne im Gesicht, dem Vogelgezwitscher lauschend und nebenbei hören, was die Würm zu erzählen hat. Einfach wunderbar!
Heute sind noch Kunden in München zu besuchen,

morgen ist für den Rest der Woche Lindau terminiert. Er ist einigermaßen stolz auf sich, wie er hier auf der Wiesn steht, im flotten Anzug und mit Pflichtkrawatte, aufblickend zur Bavaria, während die meisten wohl in Büros und Fabrikhallen gefangen sind – welch ein Genuss persönlicher Freiheit! Vielleicht verwandt jenem Gefühl, das Auswanderer einmal beim Anblick der Freiheitsstatue in New York empfunden haben mögen? Wenn sie dachten, eine alte Lebenssituation abgestreift zu haben, und nun hofften, in eine neue, bessere geschlüpft zu sein.

Man mag ja einwenden, dass für den Auswanderer, der sein Land verlassen hat, die Freiheitsstatue schon mehr Gefühlsgewicht auf die Waage bringt als diese Bavaria für einen Nestflüchter aus der Provinz. Sicher – wäre da nicht auch ein Gefühl von Abenteuer mit im Spiel; und ein solches beginnt manchmal bereits in der Kinderseele. Für die aber zählen keine Entfernungen: Das eine ist so weit weg wie das andere. Und ein kindliches Urteil, über ein aufgesogenes Bild, welches in einer Kinderseele Heimat gefunden hat, verschwindet nicht deswegen aus dem unbewussten Archiv, weil der Mensch älter wird. Es wirkt lange nach und kann durchaus noch die Vorstellung des Erwachsenen beeinflussen. Gehen wir der Sache auf den Grund:

Des Kindes unheimlicher Beigeschmack von München rührt her vom damaligen Tagesgespräch, welches seine Eltern ausgiebig beredet und mit gruseligen Geschichten aus ihrer Jugend erweitert hatten, was dem Dreikäsehoch eine nachhaltige Gänsehaut bescherte. Der

Kleine aber empfand das gar nicht unangenehm, sondern spannend und prickelnd, verlangte neugierig und zielstrebig immer mehr zu erfahren, aus dieser fremden Horrorwelt.

Was seinerzeit ans Licht kam, ist wohl eher rückständiger Maschinentechnik oder einer defekten Küchenmaschine zuzuschreiben. Heutzutage ist die Technik verbessert und zuverlässiger geworden und kein Mensch braucht mehr eine so schockierende Entdeckung, ein solches Malheur, zu befürchten, dafür ist gesorgt.

Damals, in den Nachkriegsjahren, erfuhr das entsetzte Kind, dass neulich ein Gast in einer Münchner Gaststätte Fingerknochen aus dem Suppenteller gefischt hatte. Es muss wohl ein Arzt oder Anatom gewesen sein, der tierische von menschlichen Knochen unterscheiden konnte. So eine Geschichte trübt das kindliche Gefühlsleben beträchtlich! Vor allem, wenn das Kind fantasiebegabt ist und sich vorstellt, was da Unheimliches geschieht, ehe die Suppe auf den Tisch kommt.

Man denke nur an den Schlächter und Massenmörder Fritz Haarmann, dessen Lustdenken gewiss sein Profitdenken überwog. Anders beim aufgedeckten Gammelfleisch Skandal in unseren Tagen, wo der Profitgier keine Grenzen kannte – aber Lustgewinn mit Gammelfleisch? Ausgeschlossen!

Von hier wäre es womöglich nur ein kurzer Schritt, auch Menschenfleisch zu verarbeiten, wenn das lukrativ genug für gewissenlose Geschäftemacher ist. Zumal dürfte dank moderner Maschinentechnik dieses Verbre-

chen unentdeckt bleiben; abschreckend sollten hoffentlich mitteilungsbedürftige Mitarbeiter wirken, die solches wohl verhindern. Die Menschen haben sich schließlich seit dem großen Krieg charakterlich nicht um einhundertachtzig Grad gedreht; und Gierige schon gar nicht. Oder sind sie einsichtiger und menschenfreundlicher geworden? Wer möchte das noch behaupten, wenn man sieht, was überall geschieht? Fleischer Haarmann ist keine Märchengestalt! Der hatte es seinerzeit sogar zu einem Gassenhauer gebracht, in Abwandlung eines Operettenliedes:
»Warte, warte nur ein Weilchen, bald kommt Haarmann auch zu dir, mit dem kleinen Hackebeilchen, macht er Hackefleisch aus dir. Aus den Augen macht er Sülze, aus dem Hintern macht er Speck, aus den Därmen macht er Würste und den Rest, den schmeißt er weg.«
Vergessen wir das – Schwamm drüber! Ja, erst wenn mit Aberdutzenden Gräuelgeschichten die Jugendseele endgültig zugeschüttet ist, haben wir, wie in diesem Fall, den hartgesottenen Erwachsenen, den besagter Skandal in München kaum mehr nahegeht. Und wie steht es mit New York mit seiner Freiheitsstatue, dem Lieblingsziel einstiger Auswanderer? Man wagt sich dort nachts nicht mehr aus den Hotels, zu groß ist die Wahrscheinlichkeit, überfallen und ausgeraubt zu werden, hört man sagen. Angsthase! Ätschebätsch!
Der junge Mann muss den Weg freimachen; ein LKW hupt ihn zur Seite. Eine Ladung Bodenbretter ist angekommen. Als dann zwei Arbeiter mit dem Abladen beginnen, knallen die Holzbündel wie Kanonenschüsse

beim Aufprall am Boden, und der Stapel wächst allmählich in die Höhe. Lohnt sich der Aufwand? Für gerade mal zwei Wochen einen solchen Zirkus zu veranstalten?, sinniert der einzige Zuschauer. Sein Beitrag zur Rentabilität erscheint ihm dabei lächerlich und käme es auf ihn an, würde es manches nicht geben, wohin so viele Menschen ihr liebes Geld tragen. Niemals hatte er ein Fußballstadion betreten, geschweige einen Groschen fürs Zuschauen bezahlt. Aber dabei fällt ihm ein, dass er sehr wohl sein Scherflein zu Stadion-Neubauten beiträgt, indirekt und unbewusst, nämlich durch seine stattlichen Rundfunk- und Fernsehgebühren, wovon die Sender ja keinen belanglosen Teil für die satten Übertragungsrechte der Kicker verwenden. »Tooor!«
Sein Beitrag zum Aufbau dieser Bierstadt, eben da, wo er sich gerade befindet, ist kaum der Rede wert; die paar Maßen, die er auf der Wiesn insgesamt gestemmt hatte, kann er an seinen zwei Händen abzählen. Doch der Kaufmann in seinem Kopf lässt nicht locker. Er fragt sich, welch ungeheurere Menge *summa summarum* denn eigentlich getrunken werden müsste, da doch nur ein geringer Anteil der Biereinnahmen zur Investition für das Bierzelt und seinem Festbetrieb infrage kommt. Schließlich fallen die Bierherstellungskosten, Löhne, Vertriebs- und Werbekosten an, die Steuern sind zu zahlen, außerdem ist der Kapitalzins und nicht zuletzt der Gewinn zu decken, ehe das restliche Bisschen für die Festzeltinvestition bleibt – falls kein vordringlicher Neubau oder Maschinenkauf ansteht. Diese

negative Gewinn-und-Verlust-Rechnung raubt ihm schier seinen Kaufmannsverstand und er wünschte sich augenblicklich keine eigene Brauerei mehr, ja nicht einmal geschenkt möchte er eine haben! Dem Ahnungslosen fehlt eben die Fantasie dazu, wie unendlich viel tatsächlich in den vielen, riesigen Zelten gesoffen und – Pardon – gefressen wird.
Seinen zwei, maximal drei Maßen pro Wiesn Besuch stehen von den Wirten zugegebene fünfzig- bis sechzigtausend Hektoliter Bier in einer Saison gegenüber. Das sind ehrliche fünf bis sechs Millionen Liter. Aber in diskreten Steingutkrügen wären das, je nach Laune des Schankwirts, schätzungsweise – oh, jetzt aber Vorsicht! Ja, möglicherweise auch mehr als – hm – Schwamm drüber!
Dazu wird der Bestand ganzer Hühnerfarmen aufgegessen, in Zahlen: fünfhundert bis sechshunderttausend Hendl. Außerdem zweihundert bis dreihunderttausend Schweinsbratwürstl und wer hat eine Ahnung, wie viele Ochsen gegrillt werden? Das alles spült Geld herein und erklärte ihm das jemand geduldig, möchte er sehr gerne eine Münchner Großbrauerei besitzen wollen. Während er nachdenklich versunken in der Mittagspause auf dieser Großbaustelle herumschlendert, muss er an seinen Zeltbesuch im vergangenen Jahr denken.
Damals schoss ein hemdsärmeliges Etwas auf ihn zu, beschleunigt durch zwei uniformierte Rauswerfer. Gerade noch rechtzeitig hatte er sich beiseite drücken können, und als er den Kopf neugierig wendete, legte der vermeintliche Rowdy kurz hinter ihm eine Bauch-

landung hin.

Abgesehen von dieser Episode erzeugt der Eintritt in eines der großen Festzelte ein absonderliches Hochgefühl, zumindest bei ihm, ja sozusagen einen unvergleichlichen Gefühlsschwall, den man mit den Worten irre, umwerfend, brutal, komisch, herrlich, widerlich, fantastisch beschreiben könnte. Im breiten Portalbereich kommt es zu unangenehmen Verdichtungen, Menschenmassen drängen sich nach drinnen und draußen, ein ununterbrochenes, schleppendes Kommen und Gehen. Wie in einer Gegenstromanlage schwimmt man geradezu dahin, wird fortgetragen von der Strömung, von Strudeln erfasst, womöglich wieder hinausgespült, wenn man nicht mit ganzer Kraft energisch Kurs auf sein Ziel hält. Nirgendwo sonst, denkt der junge Mann, kommt man seinen Mitmenschen näher an den Pelz, hat ihre Gesichter so dicht vor den Augen, spürt ihre Gerüche, die drückenden Körper, ihr legeres Benehmen, ihre Hochstimmung aber auch die Rohheit und Unappetitlichkeit mancher Besucher.

Aus der Kühle einer Herbstnacht kommend, nach Überwindung des Eingangsportals, schwappten ihm tropische Temperaturen entgegen.

Da drinnen herrscht ein feuchtes, heißes Klima, obendrein ohrenbetäubender Lärm. Eine tumultartige Geräuschkulisse, dazu die hochverstärkte, alles durchdringende Blasmusik, gaben ihm das Gefühl, an Gewicht zu verlieren, abzuheben. Eine emotionelle, wogende Stimmung nahm ihn gefangen und schob ihn durch die Menschenmasse.

Als noch nüchternes Individuum fand er schließlich nach kämpferischer Platzsuche mittendrin im Trubel noch eine Lücke. Innerlich zerzaust sitzt er nun eingekeilt neben Hirschleder und Dirndlstoff, und auch zwischen den engen Bankreihen können die Hinterteile noch miteinander in Berührung kommen. Er atmete tiefer als üblich, schaute intensiver als gewöhnlich herum – wann endlich ...
Und schon schwenkte die Bedienung das Dutzend Krüge mit ihren kräftigen Armen über seinen Kopf hinweg und ließ die Fracht auf den Tisch knallen, wobei ihr enormer Busen seine Schulter stupste. Beim Zahlen nicht das Trinkgeld vergessen, denkt er, sonst kannst nächstes Mal lange warten. Sogleich folgte der befreiende Anstoß mit den Tischnachbarn:
»Auf geht's!«, sagte der, zugleich den Sepp anbietend und anschließend:
»So jung kemma nimma z'amma!«
»Freilich! Recht hamm's!«, artig seinen Vornamen anhängend. Ja, so ein Papperlapapp wird fast immer geredet, aber das ist es eben, genau das passt und hat Reiz im Bierreich, selbst der Dümmste kann da wenig Falsches sagen!
Solange er noch nüchtern war, studierte er Gesichter, Charaktere und grinste verstohlen in sich hinein; interessanter als jede Schulung in Psychologie, fand er. Bis er schließlich nach der zweiten Maß selbst ein Beobachtungsobjekt für einen Nüchternen geworden wäre. Das biervolle Individuum hatte seinen Verstand abgegeben, es sitzt da ein neues Wesen, das – kaum zu

glauben – auf einmal die Masse mochte, die es sonst so gar nicht schätzt und gar um Massenveranstaltungen gerne einen weiten Bogen macht.
»Ein Prosit – ein Prosit – der Gemütlichkeit – oans, zwoa, gsuffa!«, tönte es verkaufsfördernd von der Kapelle, und das sooft wie nur möglich. Lästig? Ach woher! Da vergisst man wenigstens nicht das Trinken!
»Zenzi!«, rief der ausgelassene Norddeutsche die Bedienung herbei,
»schicke doch bitte mal deinen Chef vorbei, hätte was Wichtiges mit ihm zu reden.«
Tatsächlich zwängte sich prompt ein geschäftig blickender Mensch an den Tisch und stellte sich fragend zur Verfügung.
»Ach, mein Herr, ich kann Ihnen einen Vorschlag machen, wie sich ganz erheblich der Bierabsatz quasi in die Höhe bringen ließe ...« Dabei war der Preuße höflich aufgestanden, hatte sich zum Gesprächspartner hinübergebeugt und musste mit voller Kraft sprechen, um verstanden zu werden.
Erwartungsvoll, mit nach hinten verschränkten Armen, sein Gegenüber:
»Na, dann schießen's los!«
Und mit trauriger Mimik, den schlecht gefüllten Krug hinhaltend, dabei schelmisch in die Runde blickend, überzeugt, für alle zu sprechen, wetterte der Mann:
»Jungs, macht doch wenigstens die Krüge voll, dann klappt es!«
Auf dem Absatz kehrt gemacht, hochroter Kopf, erboster Abtritt. Da hört offensichtlich der Spaß auf,

was man allerdings der fidelen Tischrunde schlecht nachsagen konnte, sie hatte eine Riesengaudi!
Konversation im üblichen Sinne gibt es aber nicht, eher ein bruchstückhaftes Aufschnappen von Wortfetzen, ein Hinüberbrüllen über den Tisch mit reichlich unterstützender Grimasse und Gestik. Letztere ist unabdingbar, solange die Kapelle spielt, besser, man hält dann sein Mundwerk, verstehen tut man dann sowieso nichts. Gescheiter, man singt mit im Trinkerchor: Etwa das leichtgängige »Humba humba tätärä«, oder – auch beliebt: »Ja, mir san mit'm Radl da – » eben, was halt so Geistreiches von der Musi kommt.
Mitten hinein in die gemütliche Menschenfreundlichkeit krachte es sakrisch am Nebentisch und die Katastrophe nahm ihren Lauf. Ein Raufbold hatte den Maßkrug – damals waren es manchmal sogar noch Glaskrüge, heute werden diskrete Tonkrüge bevorzugt, denen man nicht unter den Schaum sehen kann. Also, der Rowdy hatte seinen Glaskrug auf den Tisch zerschlagen und jetzt hielt er den Scherbengriff in der Rechten und schrammte damit über die Backe des Rivalen. Blutüberströmt ließ sich die blitzartig produzierte Gruselgestalt nicht lumpen, haute seinerseits mit wuchtigem Schlag den Krug ab und torkelte sich in Richtung des zurückweichenden Saufkumpans hin, um Vergeltung zu üben. Die Anrainer schienen auf der Stelle nüchtern, waren entsetzt aufgesprungen, dass die Bierkrüge nur so purzelten. Sofort klatschte man das Bier von der Kleidung, andere rubbelten an Blutspritzern herum, aber ängstlich und hilflos drückten sie mit

ihren Körpern den Platz frei, den die beiden Raufbrüder für die gewalttätige Vorstellung erzwangen. Dabei fielen in der Hektik auch einige Sitzbänke um. Aber wie auch ein Gewitter schnell kommt und ebenso schnell wieder vergeht, waren in kürzester Zeit die beiden Kämpfer von routinierten Ordnungshütern, die sich im Laufschritt zum Tatort durchrempelten, mit Ochsenziemern zusammengeschlagen und letztlich widerstandslos hinausbefördert worden.

»Ein Prosit – ein Prosit – der Gemütlichkeit ...«, und alles war wieder die reinste Menschenfreundlichkeit!

Der junge Mann hatte jetzt ein zweifaches Bedürfnis: Eines, das mit der getrunkenen Biermenge zusammenhing und eines, was das blutrünstige Schauspiel nebenan betraf, deshalb kam er nicht mehr an den Tisch zurück. Er hatte genug. Trotzdem geriet er kurz darauf vom Regen in die Traufe, wohnte nämlich einer Hinrichtung beim *Schichtl* bei, wohin er mehr zufällig im Pulk geschoben worden war. Also schaute er sich für sein Eintrittsgeld den enthaupteten Kopf auf dem silbernen Tablett aber sehr gründlich an. Den trug der schaurig maskierte rote Henker mit Kapuze durch die Zuschauerreihen, begleitet von weiblichen Aufschreien. Ein simpler Holzkopf mit viel Ketchup, fand er und verließ enttäuscht die Vorstellung, so betrunken war er bereits. Was hatte er denn erwartet?

Das glänzende Metallgestell, in dem die Dame ohne Unterleib präsentiert worden war, streife er beim Hinausgehen mit verächtlichem Blick. Er hatte es zwar nicht konstruktiv erfasst aber Spiegelglas gesehen.

Grund genug, sich über den Schwindel zu ärgern. Diese Beobachtung zeigt: Für einen Trinker können demnach auch Frauen ohne Unterleib existieren, eine unglaubliche Sache!

Da war dann noch das Riesenrad, welches ihn angenehm daran erinnerte, dass er komplett war und seinen Unterleib noch hatte, weil es dort bei der schnellen Abwärtsfahrt inwendig so schön kribbelte. Der Ausblick von oben auf das Lichtermeer des Festplatzes weckte in ihm keine romantischen Gefühle, dazu war er zu stumpf geworden. Er hielt Ausschau nach Tempo, nach einem schnellen Dingsbums, fand das häufige Anhalten im Riesenrad langweilig und schwankte, sobald er wieder Boden unter den Füßen hatte, auf eine interessante Sache zu. Aber da kam er noch am Autoskooter vorbei, glaubte, dort Strom zu riechen, und schüttelte ungläubig seinen Kopf. Aber als er die blauen Funken an den Abnehmern bemerkte, war er doch gleich wieder bekehrt und nickte ein paar Mal zustimmend.

»Autofahren, mit solch einem Spielzeug, das spare ich mir«, dachte er damals.

»Autofahren muss ich ja sowieso noch, im eigenen – hick – Auto!«

Da fiel ihm wieder ein, was er in der Höhe ausfindig gemacht hatte und für fahrenswert hielt, dorthin kämpfte er sich durch. Das war eine runde Plattform mit Gitterschalen ringsum, in die man sich nur reinzustellen brauchte – die Sicherheitskette eingehakt – und ab geht die Post! Die anfangs horizontale Scheibe beginnt sich rasant zu drehen und verändert dabei gleichzeitig ihre Lage, allmählich ansteigend, bis in die senkrechte Position. Hierbei wird das Opfer quasi in waagerechter Rückenlage von oben herab in Richtung Erdmittelpunkt geschleudert und Sekunden später muss es befürchten, rücklings mit Hurra ins Weltall katapultiert zu werden. Tempo und wechselnde Steigwinkel lassen die Fahrgäste aufkreischen, wohl kaum vor Vergnügen – oder?

Das Glücksgefühl war nicht auf seiner Seite, stattdessen torkelte eine bleiche Gestalt zielstrebig hinter das geschwinde Fahrzeug und erbrach sich gründlich und ausgiebig. Mit flauem Magen, einer unglaublichen Leere im Gemüt, bahnte er sich jetzt hartnäckig den Weg durch eine zähe Menschenmasse. Darunter tauchten rabiate Gruppen auf, die nebeneinander Arm in Arm Ketten bildeten, also abriegelnd agierten, und dabei alle, die in die Quere kamen, belästigten, aber zumindest ihre Freude daran hatten, ihnen ein rotzfreches Hindernis zu sein.

Unterwegs, in Richtung Parkplatz, schrickt er plötzlich zusammen. Das riesenhafte Skelett von der Geisterbahn hatte ihn ohrenbetäubend angemacht und streckt ihm seinen Totenschädel hin, aus dessen Augenhöhlen es rot herausfunkelt. Es lädt ein, zur Gruselfahrt, was dem alkoholisierten gemüts- und magenleeren Wiesn Schwärmer bestens in den Kram passt. Schon hat er sich in die Schlange vor der Kasse eingereiht. Sein Blick wird magisch von der Flügeltüre angezogen, die jedes Mal polternd, unter Sirenengeheul aufspringt,

wenn ein Wagen dagegen kracht und seine Fahrt beendet hat. Neugierig versucht er, aus den Gesichtern der Insassen herauszulesen, wie es denen in der Geisterbahn denn gefallen hat?
Da sitzen etwa die Entgeisterten, bleich, abgekämpft und einige vergessen sogar das Aussteigen. Andere kommen mit hochroten Köpfen zum Vorschein, lachen Tränen und der Beobachter fragt sich: Waren die in der falschen Vorstellung – oder sind's Unterbelichtete, die es nicht kapiert haben? Ein unzufriedener Fahrgast aber schaut säuerlich umher, schüttelt demonstrativ seinen Kopf, greift sich an die Hirnschale.
Dem ging's wie mir beim Schichtl, denkt da einer spontan. Er selber zeigte doch die gleiche Reaktion, als er nach dieser enttäuschenden Hinrichtung, die Außentreppe hinabstieg. Päääh, Holzkopf mit Ketchup – und die Frau mit Unterleib – nur ein Spiegeltrick zeigt sie ohne – einfach läppisch!
»Ach – wann wird endlich ein zufriedener Fahrgast durch die Türe herausgeschossen? Wie schaut einer, der zufrieden aus der Geisterbahn kommt? – Zufriedenheit ist immer wichtig! Überhaupt das Allerwichtigste im Fahrgeschäft! Wer unzufrieden ist – hick, hat nichts vom Leben«, brütet er zermürbend den Gedanken aus und hin und her, weil ihm nur noch Schmarrn einfällt.
Da! Jetzt tut sich wieder was: Großes Theater am Ausstieg – das Personal hat einen Kunden am Wickel. Der hängt stark nach vorne gekrümmt über seinen Knien, den Kopf tief gebeugt und ist wohl eben damit fertig, das Erbrochene aus dem Gesicht zu wischen. Geister-

bahnfahren ist nicht nur gruselig, sondern auch äußerst ruckelig in den scharfen Ecken der Kabinette, wo es die Leute nur so herumreißt in ihren Wägelchen.

»Ach du Kacke – du altes Schwein, komm nur her! Raus mit der Obersau!«, schreit ein Aufpasser. Ein anderer zerrt das Opfer, als wär's ein Bündel, rabiat aus den Wagen.

Nach zuvorkommender Hilfe sieht das kaum aus, und auch die Ansprache lässt zu wünschen übrig, kritisiert der junge Mann.

»Schließlich muss doch nicht jeder, der bricht, gleich ein Besoffener sein, oder?«, will er sich lallend beim anstehenden Nachbarn vergewissern. Und schon ist er mit sich einig: Ja, genau! – Genau, wie er doch auch nicht besoffen war, als er selber ...

In ihm steigt sofort die widerwärtige Erinnerung hoch und ein herber Geschmack, welcher noch taufrisch in ihm vorrätig ist, redet ihm gut zu, schleunigst das Weite zu suchen. Das lässt er sich nicht zweimal flüstern, und ohne zu zögern, verzichtet er für heute auf gruselige Erlebnisse und kehrt den Geisterbahnfahrern den Rücken.

Auf dem Heimweg durch die Wiesn hört er von weitem schon den *Vogel-Jakob* zwitschern, sieht ihn auf seinem schirmüberdachten Podest am Rande des Festplatzes herausragen aus einer Menschentraube, die ihn umringt hat und seine allseits geschätzten Sprüche und Kalauer mit ausgiebigem Gelächter belohnt. Die wundersamen Vögel gibt es für nicht zu knappen Obolus, sie sind eigentlich unverschämt teuer. Bestehen doch nur aus einem Pappblättchen, in das eine dünne Cellophan Membrane mittels einer Metallspange eingedrückt ist. Nach vorschriftsmäßigem Einweichen im Mund und empfohlener und immer wieder demonstrierter Lage auf der Zunge, kann beim richtigen Anblasen ein Vogelgezwitscher hervorkommen, noch schöner, als es im Wald zu hören ist. Weil das so simpel vorgemacht wird und mühelos scheint, läuft das unaufwendige Geschäft seit Menschengedenken prächtig. Den Wenigsten aber wird es daheim gelingen, selbst nach heftigster Übung, eine nur annähernd klingende Vogelstimme mit dem Plättchen hervorzubringen – weil es eben gewissermaßen doch eine Kunst ist, und Kunst kommt von Können und nicht von Pusten.

Inzwischen stakste der Heimkehrer mühsam unter Bavarias Augen die stufenreiche Freitreppe hinauf. Kam vorbei an zahlreichen zusammengekauerten Typen, die den Anstieg nicht mehr packten und wie geschlagene Krieger teilnahmslos und stumm an den Seiten der Stufen hockten. Und schaute er genauer hin, lagen beiderseits der Treppe den Hang hinauf die schweren Fälle: Volltrunkene, welche wohl bis in den Morgen hinein unter freiem Himmel ihren Rausch ausschlafen werden.

»Für die Profis von denen«, mutmaßt angewidert der halb Besoffene, »wird der neue Tag mit einem Frühschoppen beginnen und wieder auf demselben nächtlichen Schlachtfeld enden, solange bis die große Schlacht auf der Wiesn geschlagen sein wird.« Das hat er einmal erzählt bekommen, wohl von einem, der es

wissen muss. Dafür lohnt es sich, zu leben? Deswegen ein ganzes Jahr zu sparen? Pah, welch armselige Kreaturen, urteilt er.
Oben, aus der Dunkelheit angekommen, fixierte er mit zusammengekniffenen Augen die sich rasch nähernden Lichtkegel der Fahrzeuge, überquerte etwas unsicher die Fahrbahn, und tief aufatmend stand er vor seinem Gefährt, am Stammplatz sozusagen. Immer wenn's zur Wiesn geht, versucht er es hier zuerst. Jetzt fingerte er nach den Autoschlüsseln, öffnete umständlich die Tür und ließ sich auf den Sitz hineinfallen. Kurz darauf startete jugendlicher Leichtsinn den Motor.
Kräftige Hammerschläge, oben am Zeltfirst, holen den geistig Abwesenden aus seinen Wiesn Erinnerungen des letzten Jahres in die Gegenwart zurück. Die wenigen Arbeiter haben ihre Mittagsbrotzeit beendet und setzen ihre Montagearbeit fort. In die beschauliche Ruhe im Zentrum des großen Festplatzes klinkt sich wieder eine sympathisch gemütliche Geschäftigkeit ein, umspült vom gedämpften Lärm des starken Verkehrs, welcher die zentral gelegene Theresienwiese umfließt. Der junge Mann lässt seinen Blick über den Platz schweifen und nimmt schließlich die beiden Kirchtürme ins Visier. Zwischen die soll vor vielen Jahren ein kleineres Flugzeug geraten sein, ehe es auf dem verkehrsreichen Platz vor dem Hauptzugang der Festwiese zerschellte. Bei diesem unerklärlichen Absturz blieben die beiden Türme unversehrt.
»Welches Glück für die Türme, welches Pech für die Toten«, orakelt er sarkastisch. Er guckt auf seine Arm-

banduhr, entschließt sich, kurz noch hinüber zum einzig bespannten Zeltgerüst zu gehen, um nach dem Fortschritt des Innenausbaues zu sehen.
Seine Schritte hallen auf den Bodenbrettern in der Leere des großen, kahlen Raumes. Ein ungewöhnlicher Anblick, das inventarlose Festzelt. Nur die Schmuckgirlanden, gebunden aus blauweiß umbändertem Fichtenreisig, sind schon angebracht, und in der Raummitte ist man dabei, einen Kranzriesen von schätzungsweise fünf Metern Durchmesser, mit allerlei Bänderwerk in die Dekoration einzubinden. Darunter wird vermutlich das Podium für die Musikkapelle seinen Platz finden. Er betastet die hohe Standleiter, auf die er zum Kranz hinaufsteigen könnte, begnügt sich jedoch damit, ein »Oans–Zwoa–Gsuffa!«, zu brüllen, weil er sich alleine weiß und ihm keiner für übergeschnappt halten kann. Augenblicklich durchzuckt es ihn. Das war kein Echo, was er da zeitgleich im Nachklang seines Gejohles gehört hatte. Ihm fuhr ein qualvoller Schrei in den Kopf, wie er niemals im Leben zu Ohren kam – stumpf, alles hergebend, leidend, unheimlich. Jetzt Stille! Niemand zeigt sich, nichts ist zu entdecken – dann, o Gott, wieder dieser entsetzliche Aufschrei! Was geschieht da? Woher kommt die Pein? So durchdringend und mächtig, dass er weiche Knie bekommt. Und nochmal der Schrei, durch Zeltbahnen abgedämpft, so unsäglich, erbärmlich. Woher nur? Von wem? Warum?
Hilfesuchend um sich sehend, in die geahnte Richtung tappend, den Schrei aufnehmend, seine Schritte beschleunigend – sie scheppern auf den Bodenbrettern

– und schon wieder der mürbe Jammerruf! Er ist alleine im Zelt. Niemand gibt sich zu erkennen, Garnichts ist zur Deutung hilfreich, nur die Qual ist in regelmäßigen Abständen zu vernehmen, fürchterlich, unbeschreiblich! An der Mündung eines Ganges zieht ihn der Todesschrei hinein ins Inwendige des Zeltkomplexes. Das Hauptzelt verlassend, dem Stöhnen folgend, durch Vorräume, Flure hastend, dem tierischen Schrei entgegen, der jetzt abwürgend, sterbend und herzzerreißend aus dem Zelttuch hervorkriecht.
Sein Mund ist auf einmal trocken, der Puls beschleunigt – er stürmt ins Furchtbare hinein – erstarrt im Anblick des Elends. Geahnt, es zu treffen, entsetzt, es zu sehen.
Regungslos steht er davor. Das blaue Stück Mensch – ein Arbeiter mit seinem weit ausgestreckten Arm – der nach oben greifenden, verkrampft klammernden linken Hand am Hebel – wie angenagelt am Starkstromkasten – das eingesunkene Haupt, den kraftlos herabhängenden Arm, den letzten aufbäumenden Todesschreien.
Es riecht widerwärtig nach verbranntem Fleisch, auch nach Strom und sein Knistern und blaues Funken über Hand und Schalthebel gebieten Abstand. Eine Warnung, die der junge Mann aus der Schulzeit kennt:
»Nicht anfassen! Vorsicht! Lebensgefahr!« Ihm springen Blitzzeichen und die grellen Warnschilder durch den Schädel. Mit versagender Stimme das Wort Hilfe murmelnd, wissend, dass er mutlos zu sich ruft – es ist niemand sonst da! An den Schrank gehen? Welchen Hebel ziehen? Vorsicht Lebensgefahr!
Der Ohnmacht nahe, verursacht durch eine totale Hilf-

losigkeit, die Körper und Geist lähmt.

Da! Kräftige Schritte hörend – einen Arbeiter erhaschend, der im Flurausschnitt vorübergeschritten war. Hilfe rufend, ihm nachrennend, ihm in den Rücken schreiend ...

»Hilfe! Ein Monteur hängt am Starkstrom – er lebt noch!« Aus einem nur leicht gewendeten Kopf und bei fortgesetztem Schritt kommt es beiläufig, weht wie Eishauch zurück:

»Der schreit schon eine Viertelstunde lang, dass der noch lebt, ist ein Wunder! Lass da bloß die Finger weg!«

»Aber man muss doch ...«

»Ja, ja, man weiß Bescheid ...«

Wieder allein im Zelt, allmählich zu sich kommend, geschockt über die Ungewissheit von Leben und Tod des leidenden Opfers. In diesem Augenblick stürzt auf den jungen Mann der Himmel ein, begräbt ihn unter Vorwürfen und Elend – und auch später, als *älterer Knabe* wird er noch immer sein Problem mit diesem unverarbeiteten Erlebnis haben, das schon so lange zurückliegt.

Mit zunehmendem Alter wird er sich vermehrt nach jenem wundervollen Festplatz zu orientieren haben, der in seiner unvergleichlichen Bedeutung das Oktoberfest bestenfalls zum winzigen Mückenschiss macht.

Respektvoll denkt er an das riesige Portal, wo es ihm, wie er hofft, einmal gestattet sein möge, Einlass zu erhalten. Zum Treffpunkt menschlichen Geistes, zu allen, die guten Willens sind. Wo natürliche Fröhlichkeit, ohne Betäubung des Verstandes für Stimmung sorgt und echte Warmherzigkeit zwischen all den Schwestern und Brüdern der Zeiten wogt, die sich in ihren Seelen allesamt nahe sind und sich erkennen. Wo tüchtige Rauswerfer wie Schießhunde aufpassen, dass Herzenskälte und Gewalttätigkeit erst gar nicht Zugang finden.

Irgendwo in den Sphären des Daseins gibt es diesen Festplatz und der alte Mann wird ihn eines Tages auffinden und versuchen, sich vorbeizudrücken an den Ordnungskräften und alles dransetzen, um den Widerstand im großen Portalbereich zu überwinden.

Gelingt ihm das nicht, wird er sich auf lange Sicht wohl wieder mit hiesigen Festen begnügen müssen, wo es hart hergeht und eine Menge Bier vonnöten ist, um sich den Himmel vorzugaukeln.

In knapp zwei Wochen wird es auf der Theresienwiese von unzähligen Menschen aus aller Herren Länder wimmeln. Das Oktoberfest ist das größte Volksfest der Welt; die Stadt München erwartet bis zu sieben Millionen Besucher.

*

Trinken tötet den Durst, und dennoch ist der Durst des Trinkers bester Freund.

Rentnerzeit – knappe Zeit!

Eine besondere Belastung im zunehmenden Alter sehe ich darin, nicht mehr Schritt zu halten mit meinen selbst auferlegten Vorsätzen. Als Rentner hätte man doch wahrlich genügend Zeit, all das zu tun, was für diese Lebensphase eingeplant war, so scheint es zumindest. Nun stellt sich heraus, dass die ursprüngliche Planung ganz schnell von aktuellen Vorgängen verdrängt wird und ich mich gleichzeitig immer stärker verzettle. Auch das Tempo bei der Bewältigung selbstgestellter Aufgaben, ist nicht vergleichbar mit früheren Erfahrungen, bezüglich Zeitaufwand – von der nötigen Geduld ganz zu schweigen. Aber mein stures Festhalten an diesem und jenem verhindert geradezu die rasche Bewältigung. Anstatt einfach Ballast abzuwerfen, um gewonnenen Freiraum sinnvoller zu nützen, steigert man also sein schlechtes Gewissen bis zum Unwohlsein. Einmal, weil die Vorsatz- und Aufgabenliste immer länger wird, aber doch nur sehr wenig vorangeht. Andererseits, weil der Zeitrahmen gleichzeitig schrumpft und sich der Vorgeschmack von trister Vergeblichkeit, ja schlimmer noch, Sinnlosigkeit einstellt. Es wird nach dieser Erkenntnis hoffentlich nicht mehr lange dauern, bis ich mich dazu durchringe, endlich den Rotstift anzusetzen, und alles streiche, was mich an die Kette zu legen versucht.

Ist es denn notwendig, eine aufwendige Website zu unterhalten – für nichts und die Katz? Muss ich des Computers gehorsamster Untertan sein, samt der zahllosen Programme – hin bis fast an des Grabes Rand? Muss ich mir den Kopf mit tausenden Softwarefunktionen zumüllen, etwa aus PC-Programmen wie Office, Bildbearbeitung, Desktoppublishing oder gar noch aus dem neuen Musikstudio, was alleine wohl mindestens ein Lebensjahr Einarbeitung bedeutet? Das Softwarezeug lagert bereits auf Halde und wartet täglich auf Einsatz!

Reicht es nicht aus, mich auf vorhandene Gerätschaften und ihre Finessen zu beschränken? Also allernötigstes Handbuchstudium zu betreiben, sprich: nur das unbedingte Verständnis zu entwickeln für die technischen Funktionen im bunten Besitzeralltag? Na, was gibt es da schon?

Auto, Handy, Drahtlostelefon, TV, SAT-Receiver, Video, Stereoanlage, Digitalkamera, digitales Musikinstrument, die kluge Heizungselektronik mit ihren Steuerungskurven für Neigung und Steilheit. Auch ein Kaffeeautomat, die Herdelektronik und die des Kühlschrankes mit Abtaufunktion wollen durchschaut sein. Der PC, das Notebook, der Drucker, die WLAN-Box – ha, will das denn, ohne Faxen, gar kein Ende nehmen? Die eigene Frau quält einen noch mit den Zicken ihrer elektronisch gesteuerten Nähmaschine oder wegen eines spinnenden Staubsaugers, einer funkfaulen Wetterstation. Und wie zum Hohn, lauten die nahezu heilig geltenden Verbrauchergebote:

»Habe nicht nur alles, sei auch immer up to date! Tausche technisch Überholtes sofort gegen Neues aus, Altes sowieso.« Und zum gründlichen Einprägen auch

noch das Hauptanliegen von Papa Staat samt seiner Melkwirtschaft, an den Bürger im Laufrad:
»Steuerzahler-Dummi, kaufe, investiere, bleib am Ball und allzeit aktuell!«
Die bildliche Vorstellung dieser Szene macht mich närrisch. Jemand, der in solchermaßen erbärmliche Abhängigkeit reingeschlittert ist, darf doch einen guten ehrlichen Rat geben, vor allem den jüngeren Jahrgängen. Er lautet schlicht: Wehret den Anfängen, sonst ist es sehr schnell zu spät! Jedes technische Lustteil, welches ihr anschafft, bindet euch, und seid ihr schließlich gefesselt, gibt es kein Entrinnen.

*

Die Fälscher sind unter uns: Sie fälschen Kunstwerke, sie fälschen Geld, sogar die Realität, wobei sie Lügen als Wahrheit ausgeben. Oder sie täuschen ihr Gewissen, indem ihnen ihr Verstand etwas vormacht, was ihr Gefühl ganz und gar anders empfindet. Auch ihr Alter verfälschen sie, wenn sie sich jünger machen, als sie sind. Und scheint es ihnen geboten, so geben sie sich eben älter aus.

Das Zauberkästchen

Mit der folgenden Geschichte wird man sich vermutlich schwertun, zu glauben, nur ein modernes Märchen vor sich zu haben, da die Realität zu stark dazwischenfunkt. Aber wir tun eben so, als wär's eins.

Inmitten von New York lebte ein kauziger Alter im neunundneunzigsten Stock eines Wolkenkratzers. Weil der aus einer einsamen Bergregion stammte, hatte er sich die Vorliebe für das Ursprüngliche bewahrt und seine Wohnung mit alten Balken und Brettern so urig verschalt, sodass er sich wie ein einfacher, armer Mann in einer Blockhütte fühlen konnte. Es war nicht ungewöhnlich, wenn der Alte mit einem Bündel Bretter in den Lift stieg und nach oben fuhr, er tat dies häufig und schon seit einigen Jahren. Zu arbeiten, um sein Brot zu verdienen, brauchte der Junggeselle nicht. Er hatte finanzielles Glück gehabt, zur rechten Zeit die richtigen Aktien erworben und war damit sehr reich geworden, doch gönnte ihm sein Geiz nur das Allernötigste. Eines Tages, als er bei einem Altwarentrödler nach einer Petroleumlampe stöberte, entdeckte er ein Holzkästchen, das weder schön noch hässlich war und das ihm wegen seiner Unscheinbarkeit ins Auge fiel. Der Mann bezahlte den bescheidenen Preis und nahm es zusammen mit einer angerosteten Öl-Funzel nach Hause. Mittlerweile war die ausgefallene Behausung fertiggestellt und immer seltener ward nun der Mann außerhalb seiner vier Wände gesehen. Meist saß er vor dem verhangenen Fenster, das nur spärliches Licht

hereinließ, doch einen winzigen Spalt den Blick freigab, hinüber zu den beiden Türmen des Word Trade Centers. In einem bequemen Sessel, neben sich den unermüdlich schnäbelnden Papagei, las er im Zwielicht der Petroleumlampe die tägliche Zeitung. So war er zufrieden mit sich und der Welt. Eines Tages griff sich der Alte das Kästchen, um einige Münzen hineinzulegen. Doch in dem Augenblick, da er es öffnete, vernahm er eine Stimme, die sprach:
»Große Vögel schießen in den Tower – Feuer sprüht – krachend stürzt die Mauer!« Bleich geworden vor Schreck und mit zittrigen Händen stellte er die Schatulle ins Regal zurück. Tage vergingen, ehe der Mann den Mut fasste, um erneut das Holzkästchen zu öffnen:
»Krieg wird sein im Morgenland und Brände zieh'n durchs Vaterland!« Und auch beim dritten Mal kam keine gute Nachricht aus dem Kästchen:
»Wer Unglück über Völker bringt, dem Schicksal in die Hörner springt!« Zutiefst beunruhigt wollte der Mann es erneut versuchen, ob nicht doch einmal eine gute Nachricht zu entlocken wäre, und klappte wiederum den Deckel hoch:
»Gebirge von Schulden türmen sich auf, der Zerfall nimmt seinen Lauf!« Und der Papagei wiederholte krächzend:
»Der Zerfall nimmt seinen Lauf.« Verunsichert suchte der Alte wieder Rückhalt in der Tageszeitung, was ihm auch half. Und wenn es in der Presse gelegentlich rumorte, war das Geschehen ja weit weg; soeben er nahm zur Kenntnis:

»Auf der Achse des Bösen«, wie der damalige Präsident das Teil seines weiträumigen Fahrgestells beim Namen nannte – im Morgenland, dem Schatzhaus der Erde – dort lebe seit langer Zeit so ein Bösewicht, der schreckliche Waffen besäße, um auch das große Amerika zu vernichten. Man müsse einem *Sadam* zuvorkommen und das Land dieses Feindes zerstören.
Der Alte schüttelte ungläubig schmunzelnd den Kopf, weil er das nicht ernsthaft glauben konnte, und er war deshalb weder verängstigt, noch besonders beunruhigt. Wer denn in dieser Welt besäße noch mehr und schlimmere Waffen und größere Macht als sein eigenes Land? Aber jener Feind sei unermesslich reich an Erdöl, hatte er weiter gelesen, und darauf gelte es Einfluss zu gewinnen. Dies wäre neben Strategiegewinn und Waffengeschäft der wahre Beweggrund der öl- und waffenverwandten Machtclique, wofür letztlich jedes Mittel recht und billig sei ...
Nein! Und nochmals nein! Diese Verleumdung aber ging dem alten Mann zu weit! Er legte die Zeitung beiseite und dachte an sein Holzkästchen. Wenn das so gescheit ist, wie es sich gibt, dann wüsste es gewiss auch Bescheid über die wahren Absichten der Regierenden. Es würde ihm ganz bestimmt die ehrenhafte Sorge bestätigen, die Repräsentanten des US-Kongresses für die Sicherheit ihres Landes hegen. Beherzt stellte er die Schatulle vor sich auf den Tisch und äußerte die Bitte, ihm seine beklemmende Frage zu beantworten. Dann hob er neugierig den Deckel und die Stimme sagte:

»Nun gut, – von den über fünfhundert Repräsentanten des Volkes, das sei statistisch richtig,
würden 29 des Ehebruchs bezichtigt.
Und so viele landeten im Knast:
7 wegen Betrugs
3 wegen schwerer Körperverletzung
14 wegen Drogendelikten
8 wegen Ladendiebstahls
und Folgende tragen andere Last:
19 Anklagen wegen ungedeckter Schecks
71 ihrer Zunft erhalten keine Kreditkarten,
zu schlecht die Schufa- oder Bankauskunft.
117 waren direkt oder indirekt in Konkursen verstrickt – von mindestens zwei Unternehmen! Das ist ja verrückt!
Ganz und gar nicht ohne Tadel seien Weitere behaftet:
84 wurden im Vorjahr wegen Alkohol am Steuer verhaftet.
Und nicht zuletzt sei angesagt, dass 21 momentan in Gerichtsprozessen angeklagt.
Also, wenn du die Wahrheit willst erforschen, bedenk des Wahrheitsbaumes faule Äste und die morschen!«
Danach schwieg die Stimme. Der Mann fasste sich ein Herz und fragte nach:
»Woher willst du das wissen? Ich kann das nicht glauben!« Aus dem Kästchen lachte es heraus und die Stimme entgegnete:
»Jemand tat es sich erlauben, dies ins Internet zu pferchen.
Brauchst es nicht zu glauben, du lebst ja nur im Mär-

chen!« Wochen gingen ins Land und der Alte war misstrauisch, gar mürrisch geworden, unzufrieden darüber, fortan nur noch schlechte Nachrichten zu erkennen, wohin er auch seine Aufmerksamkeit richtete. Wie er so eingesunken dasaß und grübelte, hörte er hinter sich die vertraute Stimme:

»Mitten im alten Europa, in einer Stadt – durchströmt von Flüssen, die schwarz, grün und blau – dort, am Ende der Herbstgasse, wohnt eine alte Frau, die das Kästchen der guten Botschaft hat.«

Als er dies vernommen, war er fest dazu entschlossen, die Frau aufzusuchen, um das Kästchen mit ihr zu tauschen. Nach allerlei Herumfragen war die Stadt ausfindig gemacht und sogleich war ein Flug nach München gebucht. Von dort reiste der Mann guter Dinge in die Drei-Flüsse-Stadt Passau. Die Frau indessen schien ihn bereits zu erwarten, denn gleich fragte sie, ob er denn sein Kästchen zum Tausch mitgebracht hätte? Als er dies bejahte und es aus seiner Reisetasche hervorholte, verschwand die Frau für einen Augenblick und kam mit einem Kästchen zurück, das dem des Alten glich und äußerlich in nichts zu unterscheiden war.

Wie aber könnte er sichergehen, dass dieses fremde gute Stück auch tatsächlich zu sprechen imstande wäre und das ausschließlich im positiven Sinne?, wollte er wissen. Da lachte die listige Frau und meinte, sie könnten ja beide Wunderkisten auf die Probe stellen. Sogleich holte sie ein Glas aus dem Küchenschrank und füllte es am Hahn zur Hälfte mit Wasser. Dann stellte sie das Glas vor das Kästchen des Mannes und

sprach, während sie den Deckel aufmachte:
»Was du siehst, das sage mir!«, sogleich meldete sich klar und deutlich die vertraute Stimme:
»Das ist nicht schwer, das Glas ist schon halb leer!«
Aufgeregt fasste der Alte das Glas, stellte es vor das Kästchen der Frau und gab den Befehl:
»Was du siehst, das sage mir!«, sofort hob er hastig den Deckel an und prompt war zu vernehmen:
»Das ist ja toll! Das Glas ist noch halb voll!«
Der Mann hatte große Mühe, seine Begeisterung zu verbergen, und sagte der Frau, dass diese Botschaft, na ja, doch recht simpel sei. Schnell aber waren die beiden handelseinig und innerlich triumphierend verließ der Amerikaner die Stadt, das Land und flog zurück über den Atlantik in die Metropole der Neuen Welt.
Aber bereits im Flugzeug sah er Bilder, die damals um die Welt gegangen sind: die explodierenden großen Vögel in den Türmen des Word Trade Centers. Und als er daheim den Vorhang aufzog, war freie Sicht und in der Tiefe lag Ground Zero mit dem Schutt eines babylonischen Bauwerks, das zerstört ward. Diesmal nicht deswegen, wie in der Bibel zu lesen, weil sich die Leute nicht mehr verstehen konnten, sondern weil sich die Menschen nicht mehr verstehen wollten.
In der Tat, Unverständnis ist ein kurzer Weg zum Hass, und die Gründe zur Böswilligkeit finden sich leicht auf dieser Strecke.
In größter Verzweiflung besann sich der alte Mann auf seine neue Zauberschatulle, die ihm gerade jetzt Trost spenden könnte. Hoffnungsvoll klappte er den Deckel

hoch und erschrak zutiefst:
»Das ist ja toll, das Glas ist noch halb voll!« Und jedes Mal, wenn er den Deckel des Kästchens anhob, immer kam der gleiche Spruch. Entweder gab es keine handfesten positiven Aussichten oder das Kästchen hatte einfach nichts anderes im Kasten, wer weiß das schon? Über diesen Zustand war der kauzige Alte schließlich so erbost, dass er das Kästchen zu Boden warf und mit den Füßen zerstampfte.
Doch wer sich einmal für das Positive entschieden hat, der sollte es auch ertragen und so führt der Papagei die Rede fort und plappert oftmals am Tage und manchmal sogar in der Nacht:
»Das ist ja toll, das Glas ist noch halb voll!«
Dabei verstrich die Zeit, und nacheinander erfüllten sich auch die Prophezeiungen jenes unscheinbaren Holzkästchens, welches er einmal besessen hatte und das jetzt im alten Europa, in einer uralten Kommode seinen Platz gefunden hatte, mit all den negativen Befürchtungen.
Eines aber ist schon merkwürdig: Sowie der Alte sein Kästchen zerstört hatte, blieb auch der Zwilling stumm. Die Botschaften aber bleiben. Gutes und Schlechtes scheint eben mehr zu verbinden, als man meinen möchte.
Am Ende saß der alte Mann zwischen aufgestapelten Dollarscheinen, für die es aber nicht mehr viel zu kaufen gab. Er war jetzt so arm, dass seine Einrichtung vollkommen zu ihm passte. Weil er die Miete nicht mehr bezahlen konnte, zog er sich zurück in die Berge,

woher er einst gekommen war. Da lebt er nun abgeschieden, armselig und mit sehr gemischten Gefühlen bis an sein Ende.

*

Was ist etwas wert, das zur Zeit niemand haben will? Welchen Wert wird Selbiges haben, wenn auf einmal alle es besitzen möchten? Und gibt es überhaupt einen richtigen, einen endgültigen Preis? Nein, denn die Zeit weht über den Requisiten der Menschen und treibt auch Wertvorstellungen dahin, wie der Wind den Sand in den Dünen. Nur dein Seelengeist wird den wahren Wert kennen.

Biermücken

Am nachdrücklichsten lernt man diese kleinen schwarzen Quälgeister bei der Gartenarbeit kennen. Winziger als ein Stecknadelkopf, umwirbeln die Mücken ihr Opfer und stechen es am liebsten in die Kopfhaut, die Fußknöchel oder sonst wo hin. Spontan möchten sie allzu gerne auch ins Auge, Ohr und in das Nasenloch hineinfliegen. Lästige Geschöpfe eben.

Welche Überraschung für den Hausherrn, der neulich mit seinem leeren Flaschenträger in den Keller hinabsteigt und sich plötzlich von einer Angriffsformation dieser Plagegeister attackiert sieht. Er hatte sich zum Bierkasten hinabgebeugt, um Nachschub aufzunehmen. Nie zuvor hatte er die kleinen Mücken im Keller gesichtet. Da – jetzt verteidigen sie hier den Biervorrat im Leergut! In den folgenden Wochen entdeckte er immer mehr von ihnen, wenn er unten im ungemütlich kühlen, dunklen Keller das Licht anknipste. Im Laufe der Zeit hatte er schon einige Dutzend mit dem Akkuhandsauger eingefangen. Draußen vor der Haustüre durften sie ans Tageslicht. Sie einfach im Sauger zu lassen und ihnen brutal den Garaus zu machen, das brachte er nicht übers Herz. Sie zeigten sich doch vergleichsweise menschlich in ihrer Abhängigkeit: Es waren Alkoholiker und dem Suff aus Resten leerer Bierflaschen erlegen. Dafür nahmen sie sogar ein düsteres, ja mückenunwürdiges Dasein in Kauf, welches der Bierkastenbesitzer, weiß Gott, keiner Kreatur wünschen wollte. Wenn er mit dem Fuß an einen der ausgetrunkenen Bierkästen stieß, sah er sie aus den Flaschenhälsen aufsteigen. Doch aus blitzschnellen wendigen Luftakrobaten waren träge schlappe Flieger geworden, welche sofort Halt an der weißen Kellerwand suchten; leichte Opfer für einen Handsauger. Wochenlang ging das so weiter, alle Bemühungen, die Bierfreunde auszudünnen, waren gescheitert, eher vermehrten sie sich. Selbst in eine Mückenfalle, die er extra angeschafft hatte, ließ sich kein einziges Exemplar locken. Der Lockstoff war gewissermaßen kalter Kaffee für die Biertrinker. Ging der Mensch nach oben, bemerkte er zwar, wie einige von ihnen folgten – wohl mochte denen eine Blutmahlzeit die Verfolgung wert sein – doch auf halber Treppe sah er sie kehrtmachen. Der Alkohol war stärker. Erst als unser Mückenfreund auf die glorreiche Idee kam, jede leere Bierflasche gründlich mit Wasser auszuspülen, stellte sich der Erfolg ein. Den Mücken aber war der Schrecken in die Flügel gefahren, und sie nahmen Reißaus und verschwanden, sobald sich ihnen eine Türe nach draußen öffnete. Wahrscheinlich schwirrten sie in Richtung Kompost, hinten im Garten. Dort leben sie nun bis an ihr Ende, bleiben nüchtern und begnügen sich mit Menschenblut, sobald der Grasmäher oder seine Frau ihnen zu nahe kommen; das Blut der beiden scheint denen ja gut zu schmecken.

*

Tiere werden im großen Prozess des Menschen gewiss keine unbedeutenden Nebenkläger sein.

Paa

Der Privatgelehrte Dr. Ernst Weißgräber duckte sich, als er dem Hindumönch durch einen niedrigen Türstock ins streng geheime Schriftenarchiv des abseitsgelegenen Klostertempels folgte. Endlich durfte er die dämmrigen Räumlichkeiten betreten, die in einem Felsüberhang eingenistet waren, und wonach er sein Leben lang nachgeforscht hatte. Es erfüllte sich sein Lebenstraum, mit eigenen Augen Einblick in die sensationellste Bibliothek zu nehmen, die es auf der Welt gibt und die jede Vorstellungskraft zu sprengen vermag.
Die Mönche hüten hier einen Schatz von Überlieferungen uralter Schriftrollen und Kladden des sogenannten Zukunftsarchivs. Man sagt, hier seien über jeden Menschen Einträge zu lesen, niedergeschrieben zu alter Zeit, die hineinreichen bis in eine ferne Zukunft unseres Zeitalters.
Besonders interessierte Dr. Weißgräber die rätselhafte Paa-Ära, eine Epoche, die noch weit ferner im Dunkel der Zeit liegt, und wo leider Fakt und Legende nicht mehr auseinanderzuhalten sind. Wie er ausfindig machen konnte, seien nur einzig an diesem Orte Aufzeichnungen darüber vorhanden. Deshalb hatte er um private Einsicht gebeten, die er nun endlich nach vielen Jahren des Schriftwechsels mit den Tempelgelehrten erhalten sollte. Als ein Zeichen besonderer Aufmerksamkeit führte ihn der Mönch an einen langen Holztisch vor einem Fensterladen, den er etwas öffnete, damit genügend Licht auf das dort ausgerollte Perga-

ment fiel. Mit einem stolzen Lächeln zeigte der Mönch einladend nickend auf den bereits ausgewählten Eintrag inmitten der alten vergilbten Rolle, welcher den Gelehrten elektrisiert haben musste; er übersetzte:

Der den Anker warf
vor unbekannter Küste,
hat seinen Grund gefunden:
Er steht hier, liest seinen Namen:
Weißgräber, Ernst – gestorben
zur Jahreswende des Brahma
zu Eichstätt in Bayern – 2025
sein Ziel gab ihm recht.

Weißgräber kannte sich aus mit alten Schriften. Er hatte sich jahrzehntelang das Lesen altertümlicher Skripte angeeignet und für ihn stand ohne Zweifel fest:
Vor ihm lag ein uraltes Original. Freude und Bestürzung übermannten ihn gleichzeitig, sodass er blass geworden war und keine Worte fand. Der Mönch aber fasste ihn sachte am Arm und zog ihn lächelnd hinter sich her, vor einen brusthohen Schubladenschrank.
»In diesem Schrank werden Sie über Paa lesen – viel über Paa – sehr viel finden über Paa«, munterte der Hindu den fassungslosen Gelehrten auf. Er solle sich in aller Ruhe die Schätze vornehmen und die teilweise leporellogefalteten Schriften studieren, damit bekäme er den besten Überblick über das gewünschte Thema. Dort auf dem Stuhl fände er auch genügend Licht zum Lesen. Dr. Weißgräber bedankte sich und befolgte den

Rat, während sich der Mönch zurückzog, ihn alleine mit den Kostbarkeiten ließ. Der Forscher versank immer tiefer in die Welt des Paa, indem er sich in die alten Überlieferungen vertiefte. Sein Zeitgefühl hatte ihn verlassen, denn als ein Hindumönch nach ihm sah, war es bereits so dämmrig am Fenster, dass kaum noch zu lesen war. Eine ganze Woche lang hatte Dr. Weißgräber die Ehre, den einzigartigen Schatz zu sichten, sich Notizen zu machen, bis zum herzlichen Abschied, wo dem Gelehrten Tränen der Dankbarkeit in den Augen standen. Wieder daheim konnte der vom Grunde aufgewühlte und emotional aufgeladene Privatforscher es kaum erwarten, seinem fachlich interessierten Bekanntenkreis einen Abriss dieser Entdeckungsreise zu geben.
Lauschen wir hinein in die kleine Runde, nehmen wir die fantasievoll ausgeschmückten Geschehnisse auf, von denen Dr. Weißgräber zu berichten wusste und die einen unglaublichen Eindruck auf seine Freunde machten. Im Zwiespalt mit der glaubwürdigen Person des sonst so sachlichen Gelehrten und dem, was er mit missionarischer Mine vortrug, beunruhigte die Zuhörer umso mehr ...

»Meine Freunde! Die langen Zeiträume, die seit der großen Zerstörung vergingen und das damit ursächliche Fehlen jeglicher Geschichtsschreibung machen eine Zuordnung der folgenden zeitlichen Abläufe unmöglich. Begonnen hatte alles nach einer geschichtslosen Dämmerphase von Überlebenden einer untergegan-

genen Zivilisation, deren anfängliche Historie ebenfalls im Dunkeln liegt.
Erst mit dem Auftritt Paas wird schlagartig das Ausmaß einer gigantischen Entwicklung deutlich, die beispielsweise heutige Technologien veraltet erscheinen lassen.
Paa steht für *Erster*, ein Führer, Herrscher also. In seiner auf Günstlingen und Verwandten beruhenden Hierarchie ist das Leben am ehesten vergleichbar mit dem feudalen Lebensstil verflossener Absolutisten. Man genießt jeden erdenklichen Luxus, jagt in den nahen wildreichen Wäldern, oder reitet entlang der Ufer sauberer Seen und Flüsse, die Mengen köstlichen Fischs für die Tafel bergen. Nirgends im Land scheint es Armut zu geben und Tag wie Nacht klingt Gesang und das Gelächter der Zecher aus den Palästen, die sich weiträumig um Paas Residenz großflächig ausbreiten. Arbeit gibt es anscheinend überhaupt nicht und merkwürdigerweise auch keinen Diebstahl, denn Wertvolles steht frei herum; auf den Fenstersimsen vor wehenden Stores blinken goldene Vasen, Juwelenschmuck liegt achtlos auf den Marmortischen der Parks neben bunten Seidenschals der Damen. Nur wenige Menschen kommen zum Vorschein; es sind stattliche, hochgewachsene Erscheinungen von großer Ausstrahlung. Oberflächlich betrachtet befinden wir uns in einem Paradies. Paas Reichtum aber ist unermesslich. Ihm gehört gewissermaßen alles und je mehr er seinen Freunden schenkte, umso schneller wuchs offenbar wiederum sein Vermögen und Einfluss. Seine gigantische Residenz ist in der Art eines Bergwerks angelegt,

mit verzweigten riesigen Stollen, hinein in einen angehäuften Abfallberg, der eigens dazu geplant worden war. Er besteht aus mühsam zusammengetragenen spärlichen Überresten, die das große Final in grauer Vorzeit in aller Welt noch hinterlassen hatte. Sämtliche Räumlichkeiten der enormen Anlage sind in die wunderlichsten Zivilisationsrückstände eingebettet und frontseitig mit einem selbstleuchtenden fluoreszierenden Medium dickwandig einglasiert. Unbeschreiblich, wie Besucher sich im Prachtsaal fühlen müssen. Sie stehen dort auf wertvollen Teppichen, an deren Rändern es magisch aufleuchtet und auf denen sie zu schweben scheinen, unter einem gut dreißig Meter hohen gewölbten Firmament, welches sich aus Relikten unvorstellbaren Wertes über ihren Köpfen ausbreitet. Abfall ist in der Paa-Ära in der Tat ein Überbleibsel aus geheimnisvollster Zeit. Und da es solchen in einem Wertstoffkreislaufsystem längst nicht mehr gibt, sind diese seltenen Überreste weit mehr geschätzt und wertvoller als die historische Gürtelschnalle eines Römers in unseren Tagen.«

Einigen Zuhörern brannte aber eine ganz andere Frage auf den Lippen und beinahe gleichzeitig trat sie hervor:

»Wer aber hat in dieser eigenartigen Gesellschaft denn die Arbeit getan?«

»Die Saaden!«, antwortete Dr. Weißgräber und erweiterte seine Exkursion in eine Richtung, welche die Zuhörer wohl nicht für möglich gehalten hatten ...

»Während die Paaisten grundsätzlich konventionell leben, also Ehen eingehen und Kinder zeugen, wohnen

Saaden, strikt nach Geschlecht getrennt, jeweils zu zirka fünftausend Köpfen, in einem sogenannten Basistad. So ist es durchaus möglich, dass ein männlicher Saade niemals in seinem Leben ein weibliches Wesen zu Gesicht bekommt, ja er hat nicht einmal eine Vorstellung davon.

Ein Basistad ist ein kreisförmig angelegtes, vielstöckiges Festungswerk, nahezu fensterlos zur Außenseite hin, zugänglich nur durch zwei mächtige Torwerke, eines in nördlicher, ein zweites in südlicher Richtung. Ihre breiten, geraden Zugänge führen auf das große Rund einer Freifläche im Zentrum der Anlage, die sich sogar überdachen lässt; eine metallische Lamellenkonstruktion schließt sich dabei blendenartig. Inmitten dieses Rondells ragt bis auf Gebäudehöhe der silbrig strahlende Metalyth auf, ein Obelisk, der Technik verbirgt und dessen Fundament bis in die unterirdischen Geschosse reicht. Unter der Freifläche befindet sich, gleichgroß, der Technikbereich im Untergrund; hier ist auch die gesamte Haustechnik untergebracht. Am Rand der Untergeschosse verlaufen Ringstraßen, die mit ihren Auf- und Abfahrtsrampen eine oberirdische Ringstraße verbinden. Die befindet sich exakt darüber und umgibt die Freifläche. An den Straßenkreisel grenzen nun die Segmente des Rundkomplexes an, zuvorderst die riesigen öffentlichen Räumlichkeiten. Diese sind raumhoch verglast und werden daher vom natürlichen Tageslicht durchflutet. Dahinter zieht sich ein mäßig ansteigender, breiter Rundgang, über den die Bewohner in ihre privaten Zellen, teils über abzweigende Stiegen, gelangen können. Dort in den Zellsegmenten ist es eng. Nur ein Bettgestell, Tisch und Stuhl, ein Schränkchen, die Toilette, ein Waschbecken findet darin Platz. Wie bereits die bogenförmige Decke des fensterlosen Ganges ist auch die Zellendecke fluoreszierend in wechselnden Farben erleuchtet. Auch die Zellen haben keine Fenster, trotzdem ist die Raumluft rein und individuell temperierbar. Das spärliche Inventar ist von erlesener Qualität, die Armaturen vergoldet und auf dem kunstvoll eingelegten Intarsientischchen steht ein filigraner silbrig glänzender Gehirnstromtrainer, eher Kunstwerk denn Gerät.

Um sechs Uhr morgens treten die Saaden schweigend in langer Reihe hinaus ins Freie und reihen sich in ihren metallisch kupferfarbig schillernden Gewändern spiralförmig um den Metalyth-Obelisken. Es folgt eine kultige Verehrung des Paa, wobei eine Riege hochrangiger Saaden, erkenntlich an der silbrigen Gewandung, aus geflochtenen Körben die benötigte Tagesration Energie den Niederknieenden in die erhobenen Hände legen. Die Speise des Paa ist ein lebenswichtiger Extrakt in Tablettenform. Diese zur Vollnahrung entwickelten Tabletten werden in spezialisierten Standorten massenweise herstellt und in den Depots aller Basistade immer reichlich bevorratet. Weil Saaden ausschließlich derartige Nahrung zu sich nehmen, sind ihre Zähne schadhaft geworden, weshalb man die in früher Jugend restlos entfernt. Stattdessen tragen die armen Kerle transplantierte Keramikeinsätze, die in verschiedenen Farben zur Verfügung stehen und wohl nur dem Zweck dienen, Zugehörigkeit nach Farbgruppe anzuzeigen. Saaden sind kleinwüchsig, alle etwa nur einen Meter fünfzig groß, und sie kommen allesamt aus einem einzigen Basistad, welches Retortenzüchtung betreibt und die Kinder im Sinne Paas erzieht. Das Genmaterial wird computergestützt verwaltet und stammt von eingesandten Auslesen, die man nach gewünschten Charaktermerkmalen dezentral bezieht. Erst wenn ein Saade die Initiation, einen Paa-Weihe-Ritus, hinter sich hat, ist er einsatzfähig. Zuvor bekommt er eine goldene Kontaktplatte in die Stirne implantiert, welche mit dem Gehirn Verbindung hat. Danach zerstreuen sich die Grünschnäbel mit ihrer grünen Mundkeramik in alle Winde, gelangen schließlich zu Basistaden, die sie einfach anfordern können. Bei entsprechender Qualifikation wechselt später die Farbe der Mundkeramik und im Falle höchster Kompetenz, auch das Kupfergewand zum Silbergewand. Saaden werden zur Bedürfnislosigkeit erzogen, zur Gedankenkontrolle und Konzentration, im Bewusstsein, Paa zu gefallen, von dem sie alles erhalten, der für sie sorgt und dem sie zu dienen haben. Dafür haben sie lebenslang zu lernen. Es geht um reines Anwendungsdenken, losgelöst von jeglichem Wissen, welches unsereiner anstreben mag. Nur solches Denken, das Verwertbares, kontrollierbare Ergebnisse zeitigt, ist zugelassen. Anderweitiges Luxusdenken ist geächtet und kann mit einer Abstufung bestraft werden. Doch auf Widerspruch oder gar Aufruhr steht die Todesstrafe. In solchen Fällen kommen Schwarzzähne zum Einsatz, die in kleinen Trupps von draußen durch die Torwerke marschieren. In ihren schwarzen Gewändern und den schwarzen Mundstücken wirkt diese Polizei gewiss gespenstisch auf die Artgenossen. Wortlos führt der Trupp seine Einsatzkommandos durch und ist alles im Recycler verschwunden, einer Verwertungsanlage im unterirdischen Technikbereich, verlässt die Gruppe das Basistad so schnell, wie sie gekommen war. Die sogenannten Schwarzzähne sind bewährte, mit Polizeiaufgaben geehrte Saaden, die um jedes Basistad, vorzugsweise im Umfeld der Tore, in kleinen schmucken Anwesen siedeln und Kontroll- und Einsatzdienste, nötigenfalls Verteidigung zu leisten haben. Wegen dieser Sonderstellung genießen sie allergrößten Respekt bei ihren Artgenossen, wobei aber jeder engere persönliche Kontakt oder auffällige Gesprächigkeit unweigerlich selbst für sie das Ende im Recycler bedeuten würde. So unerbittlich sind eben die Vorschriften. Als weiträumige Nachbarn der gefürchteten Schwarzzähne grenzen die Berufskollegen anderer Basistade an, mit denen sie in freundschaftlicher Nachbarschaft leben. Einmal in der Woche beziehen auch sie Proviant, anlässlich eines besonderen Paa-Kultes im zugehörigen Basistad, wo sie auch anschließend Instruktion erhalten und großzügige Hilfestellung für ihre Arbeit. Im Übrigen sind Saaden kahlköpfig, denn Haare gelten als wertvoller Rohstoff, wie auch alles andere von biologischer Herkunft. Sie leben ohne Besitz und haben keine persönliche Freiheit. Und sie werden von Kindheit an manipuliert, sind somit gefangen in der Vorstellung, nach aufopferungsvollem Dienst einst in das Reich

Paas zu gelangen, weil sie nicht ahnen, dass dieser ein Mensch ist, wie sie und sie nur ausnützt. Nur selten stirbt ein Saade eines natürlichen Todes. Ständig wird er überwacht durch Gedankendetektoren, sowohl am Arbeitsplatz, wie in der Wohnzelle, wo Geräte alle Norm-Abweichungen erfassen und gegebenenfalls der Leitstelle melden. Das geschieht auch, sobald einer ernsthaft erkrankt, oder seine Konzentrationsfähigkeit und damit die geschulte Gedankenkraft nachlässt, die er tagtäglich aufzubringen hat. Dann dauert es nur wenige Tage, bis in einem wöchentlichen Ritual die letzte Ehrung Paas vor dem Metalythen stattfindet – unter dem Symbol der reichen Ernte – wonach anschließend die Betroffenen zuversichtlich ihre verheißungsvolle Reise in den Recycler antreten, zu Paa.«

Dr. Weißgräber war etwas vom Thema abgedriftet, was nicht verwundert bei allem, was ihn innerlich aufwühlte und zutiefst bewegte. Nun nahm er den Faden wieder auf, wobei seine Zuhörer nachdenklich den Ausführungen folgten. Er knüpfte beim frühmorgendlichen Ritual an, wo man zum Höhepunkt den Saaden die Speise des Paa in die Hände legt, die sie andächtig aufnehmen.

»Nach einem stillen Innehalten, der Sammlung, löst sich schlagartig die Formation auf und ein jeder saust ausgelassen, so schnell er kann mit wildem Geschrei über das Freigelände, um sich auszutoben. Eine Viertelstunde später zieht sich die erschöpfte Menschenmasse durch den Bädertrakt hindurch in die private Sphäre ihrer Zellen zurück. Nach einigen Pflichtübungen vor dem Hirnstromtrainer, etwa um die kontrollierte Wellenmodulation zu perfektionieren oder die persönliche Feldstärke zu steigern, trift man sich lässig, aber pünktlich um acht in der großen Arbeitshalle. Die Saaden nehmen in langen Stuhlreihen ihre Plätze ein. Vor ihnen stehen Hirnstrom-Generatoren, die alle miteinander verbunden sind und letztlich die erzeugte Energieleistung – es können auch Datenmuster sein – an das Energie- und Auswertungszentrum übergeben. Für besonders intensive Konzentrationsaufgaben ist die Kniebank vor jedem Generator hilfreich. An der Stirnseite der riesigen Halle, auf einem Podest, steht im silbern schimmernden Gewand die Arbeitsleitung mit weißer Mundkeramik vor einer überdimensionalen Großbildwand. Damit die kleine Person in der Tiefe des Raumes wahrzunehmen ist, kann ihre Mimik im Seitenstreifen der Bildwand von allen gut verfolgt werden. Mit einer erheiternden Bemerkung und quittierendem Gelächter geht es nun offenbar an die Lieblingsaufgabe: Energieerzeugung. Das nötige Denken hierzu ist Saaden von Kindesbeinen an vermittelt worden und selbst kurzfristiges untätiges Pausieren hat im Sinne des Paa zu unterbleiben, von wenigen Ausnahmen abgesehen. Die Geistesarbeiter greifen lachend nach ihrem Kopfbügel, drücken ihn über die Schläfen, sodass eine mittig abzweigende Spange den Kontakt zur Stirnplatte herstellt. Auf der Bildwand erscheint jetzt eine Grafik, welche die einzelnen Parameter mittels Kurven oder Grafikbalken sichtbar macht. Solches gedanklich zu steuern, bedarf lebenslanger Schulung, da auch ständig neue Aufgabenstellungen und entsprechende Methoden gefordert sind. Wie gesagt, Energieerzeugung erscheint jedoch simpel, macht Spaß. Vermutlich lässt sich dabei viel Frust abstoßen. Kontinuierlich steigt das Leistungsdiagramm und die Führung klatscht wohlwollend mit den Händen. An den einzelnen Arbeitsplätzen müssen peinlich genau die Anzeigeinstrumente überwacht und ihre Zeiger in optimaler Lage gehalten werden, damit die Gemeinschaftsleistung nicht absinkt. Beendet ist die Energiegewinnung, sobald alle Basistade des Reiches über den Großbildschirm ihre Deckung gemeldet haben, was von heftigem, freudigem Fußgetrampel begleitet wird. Überschüssige Gedankenenergie geht automatisch über den Metalythen – jenem Sende-und Empfänger-Pfeiler im Zentrum der Freifläche – an Basistade, die während der Energieerzeugung Bedarfslücken aufweisen. Ein Gutteil jedoch gelangt in das so ferne und geheimnisumwitterte Quartestas, dem luxuriösen Elitezentrum von Paaisten, im weiten Umfeld Paas, ihres Herrschers. Dort finden übrigens auch regelmäßig Sitzungen mit unterwürfigen Weißzahn-Saaden der Führungsebene aus den verschiedenen Basistaden statt.

Diese in großem Reichtum lebende Elite ist zuständig für Forschung, Strategie und überregionale Planung sowie für die Konzeption energetischer Bauteile und Denkstrukturmoleküle, außerdem für das allseits beliebte Psychodesign. Man untersteht unmittelbar einer Eliteführung des Paa, welche dieser autoritär aus seinen Getreuen bestimmt. Er selbst mischt sich nicht ins Tagesgeschehen ein, bleibt für Außenstehende unerreichbar und lebt völlig abgeschirmt. Ganz bewusst unterlässt er jeden öffentlichen Auftritt, hält weder Reden, noch gibt es eigene Veröffentlichungen von ihm und auch keine Abbildung. Auf diese Weise fördert er die Legendenbildung der einfältigen Saaden, welche ihn für unsterblich, unsichtbar, ja für die einzige Gottheit halten. Alle Paaisten unterstützen sie in ihrem Glauben. Doch zurück zu den Saaden.

Die Energiegewinnung ist jetzt abgeschlossen, und nach einer kleinen Pause schließt die tägliche Schulung nach Lehrplan an, mit Gedankentraining, Detailübungen und schlussendlich folgt die Produktionsbesprechung für die eigentliche Arbeit am Nachmittag. Sie beginnt nach einer regenerativen Pause über die Mittagsstunden, wo nach Belieben in den Bädern, Sportanlagen oder im Freigelände Möglichkeit zur Entspannung geboten ist. Beim Baden tragen die Saaden eng anliegende, hauchdünne transparente Badekappen, um die Stirnkontakte zu schützen. Sie sehen dabei nicht besonders vorteilhaft aus, dafür sind sie deswegen umso lustiger. Punkt fünfzehn Uhr sitzt die Belegschaft konzentriert hinter den Meta-Generatoren und folgt den Anweisungsschritten, die eine Weißzahn-Führungskraft auf der riesigen Bildwand erläutert.

Hauptsächlich müssen diverse Maschinenteile schabloniert werden. Immer geht es nur um Einzelanfertigungen, um Energiemasken – vereinfacht könnte man solche wohl als Formate oder Formen bezeichnen – und die lassen sich dann beliebig weiterbearbeiten und vervielfältigen. Per Metalyth gelangen diese energetischen Bauteile in die Konstruktionsarchive in Quartestas. Und dort entstehen unter ausschließlicher Beteiligung paaistischer Spezialisten die energetischen Werkstoffe und die fertigen energetischen Maschinen, wiederum nur als Einzelteil, als Modell gewissermaßen. Erst in besonders eingerichteten Basistaden, die wie gesagt, über Metalyth die Vorlagen empfangen, produzieren Automatenlinien die wirklichen, materiellen Produkte. Alles kann nach Bedarf angefordert werden, eine Berechnung gibt es nicht. Das Treiben gleicht dem einer großen Familie, wo doch auch jeder für jeden einsteht und alle aus einer Kasse leben. Da aber jegliches Tun eines Anreizes bedarf, damit es auf freiwilligem Antrieb gründet und Ehrgeiz weckt, gibt es noch ein hehres Ziel für wenige, jedoch eine Menge Genüssliches für die Masse zu erreichen. Ein Silberzahn-Saade möchte sich vielleicht als künftiger Goldzahn im blitzenden Goldgewand wähnen, als Erster der Saaden – diese Stelle ist noch frei. Womöglich gar an der Seite Paas? Was für ein frevelhafter, lästerlicher Gedanke – und gefährlich noch dazu! Sollte ein solcher zufällig im Gedankendetektor lokalisiert werden, wäre es auch um einen Silberzahn geschehen.

Beim übrigen Saadenvolk gleicht der Lohn für fleißige Arbeit eher dem Lohn des Urlaubs unserer Tage. Summieren sich nämlich die Leistungsspitzen eines sprichwörtlichen Geistesarbeiters zu stetigem Leistungsanstieg, gibt es dementsprechend lange Erholungsphasen der begehrtesten Art: Fantasiereisen! Hierbei handelt es

sich um Psychosoftware, die künstlerisch veranlagte Psychodesigner in Quartestas perfektionierten.
Bevor ein belohnter Saade die Reise auf der Zellenliege antritt, selbstverständlich kann das auch eine Saadin in einem Frauenbasistad sein, nimmt man den genau bemessenen Proviant zu sich, setzt dann den Kopfbügel des Gedankentrainers auf. Hernach versinkt man immer tiefer in eine Körperstarre, bis die Lebensfunktionen des Körpers auf ein Minimum herabgesetzt sind und ein völlig realistisches Leben beginnen kann, das genau dem Regieplan des Psychodesigns entspricht, bis auf jedes allerkleinste Detail. Was wir in einem Film nur optisch erleben können, erfährt der »reisende« Saade als körperliches Erlebnis. Die Güte der Psychoprogramme hängt, wie beim heutigen Film, von einem Stab qualifizierter Mitarbeiter ab. Erkennt man die Begehrlichkeit solcher Reisen, so ist zu schließen, dass die Qualität nichts zu wünschen übrig lässt, und es gibt Erholungsprogramme, die kämen heute nur unter der Ladentheke ins Angebot. Freilich sind diese speziellen Sachen nur für Paaisten bestimmt. Unglaublich, was sich da an Vorstellungskraft in die persönliche Erlebniswelt umsetzen lässt – da könnt ihr euch überhaupt keine Vorstellungen machen, liebe Freunde – oder vielleicht doch?«, schwärmte Dr. Weißgräber seine Zuhörer an. Die nämlich waren auf einmal merklich aktiver geworden, da ihre eigene Fantasieproduktion offenkundig eingesetzt hatte und ihnen, durch den höheren Blutdruck, etwas Farbe in die blassen Gesichter jagte.
»Wäre es denn nicht denkbar, dass eine solch virtuose

Sache, zumindest ansatzweise, auch jetzt schon technisch zu formulieren ist?«, wollte Schulfreund Günther ernsthaft wissen, indem er hilfesuchend in die Runde blickte.
»Wohl müssten sich da die Neurochirurgen mit Hirnforschern und Programmierern, noch dazu mit Elektronikern zusammentun«, meinte forsch der Ingenieur und Fabrikant Oberwallner.
»Ich bin dein erster Kunde, wenn du das Gerät produziert hast! Meinen Fernseher vertrage ich schon lange nicht mehr, der geht mir immer stärker auf den Nerv – den werfe ich dann eigenhändig zum Fenster hinaus – aber den Himmel auf Erden, ja, den kaufe ich. Auf der Stelle – sofort!«
Mit welchem Eifer der alte Junggeselle das vorbrachte, machte seinen Freunden glauben, er zücke nun gleich die Brieftasche, um die Anzahlung darauf zu leisten. Keiner in der Runde wollte da zurückstehen und alle bekräftigten ihren Kaufwillen, sogar um jeden Preis, wie einer meinte.

Dr. Weißgräber, in Wirklichkeit pensionierter Bibliothekar von Beruf und aus Hobby leidenschaftlicher Schriftenarchäologe, hörte sich noch laut lachen, als er aus seinem Traum hochfährt. Er ist jetzt mächtig verwirrt und gleichzeitig, mit der Rückkehr der Gedanken, scheint sich in seinem Kopf alles zu drehen. In wenigen Minuten bricht in ihm seine Identität, eine ganze Epoche, eine Welt, ja ein Universum in sich zusammen, das nur vor ein paar Nachtstunden geboren war und nun schlagartig gleichsam in Trümmern liegt. Was ihn eben noch fesselte und absolut verlässlich, wahrhaft schien, schrumpfte im Lichte des Verstandes auf ein NICHTS zusammen.

»Welch unnützes Zeug habe ich da zusammengeträumt! Überhaupt nichts, gar nichts Nachdenkenswertes?«, grübelt der Erwachte. Diesem *Nichts* wachsen auf einmal Flügel, es schwingt eigentümlich in ihm nach, und die Bedeutung des Begriffs wabert und beginnt sich wellenförmig auszubreiten, ähnlich, als hätte er einen Stein ins Wasser geworfen. Das ursprüngliche, belanglose Wort zieht weite Kreise; nun hat es sich zum weltanschaulichen Nichts, jenem dichterischen Sein oder Nichtsein, in Weißgräbers Gedanken festgesetzt. Und gleich philosophiert er: Eigentlich, sagt er sich, ist das absolute NICHTS Unsinn, wenn man einen Schöpfer leugnet: Woher käme denn das Allererste, was im neu zu schaffenden Universum existieren soll?

Dr. Weißgräber ahnt nun nach seinem Traum, dass die Gedankenwelt eigenen Gesetzen folgt – darin nichts unmöglich ist und alles Vorstellbare im Reich des Geistes eine besondere Wirklichkeit haben muss. Seine philosophische Ader ist erwacht: Er fühlt das weiche Federbett unter den Händen, und er wird sich ganz plötzlich dessen schier endlos langen Werdeganges bewusst: vom allerersten Ursprung bis zum fertigen Produkt. Schlaglichtartig aufblitzend – ein Sekundenfilm, der die Schöpfung der Erde, das Tierreich, Gefieder, uns Menschen, blühende Baumwollfelder, Webstühle, Verkaufsmärkte, und schließlich seine

Schwester zeigt, wie sie erst kürzlich den Baumwollüberzug über das Plumeau zog, das er eben sachte überstreicht. Der gewaltige und doch so unscheinbare Zusammenhang fasziniert ihn.

Eine Paa-Ära, wie Dr. Weißgräber sie im Zukunftsarchiv der Mönche erkunden durfte, wird der Menschheit hoffentlich erspart bleiben[1], aber unterschwellig nagen in ihm Zweifel, bedrückt ihn die prophetische Jahreszahl 2025, sein geträumtes Sterbejahr. Jede Faser seiner Person sorgt sich gewissermaßen über die Zeit danach – es eröffnen sich Parallelen und tun sich unheimliche Möglichkeiten auf. Später, während der Pensionär den Rasierschaum ins Gesicht pinselt und sich im Spiegel anäfft, nimmt er sich gleichsam innerlich wie äußerlich als Clown wahr und ihm geht ein merkwürdiger Vers durch den Kopf:

Bin ich etwa ein Sadist?
Man hat mich hergeschickt
aus parallelen Welten,
wo andre Maße gelten.
Ich soll euch raten:
Lebt genügsam, so wie Saaden!
Kehret heim zum guten Paa,
den ich noch niemals sah.
Ihr werdet glücklich und rein,
selbst im Recycler sein!

[1] Folgender »Nachtrag zu Paa« hegt daran Zweifel.

Nachtrag zu Paa

Als die vorstehende Paa-Geschichte entstand, war ein vergleichbar reales Schicksal der Menschheit für den Normalbürger undenkbar, zu weit entfernt lagen für uns noch die technischen Möglichkeiten zur Unterdrückung. Das hat sich inzwischen leider geändert. Immer mehr kommt ans Licht, welch düsteren Pläne für unsere Spezies bei den hintergründigen Machteliten längst in den Schubladen liegen. Weil das kaum minder schlimm ist als Jenes, was aus blühender Fantasie den Saaden zugedacht war, gilt es äußerst wachsam gegenüber jeder hochgelobten Technik zu sein – von erzwungenen Maßnahmen ganz abgesehen. Schließlich handelt sich um sehr langfristig angelegte Strategien, zu denen auch die Beeinflussung der Gedanken gehört. Die Veränderung der Genstruktur per weltweiter Impfung, sowie die Verbindung menschlicher Gehirne mit Computern ist bereits in Mache und die neue Funktechnik 5G kommt nicht von ungefähr. Das wird aber nur der Anfang sein.
Wie sagte doch öffentlich Klaus Schwab, der Gründer des Weltwirtschaftsforums (englisch World Economic Forum, kurz WEF):
»Heute, am Ende (dieser Entwicklung), sprechen wir über Computerchips, die implantiert werden können. Und zunächst werden wir sie in unsere Kleidung implantieren, als *Wearables*, wie man sie nennt. Und dann könnten wir uns vorstellen, dass wir sie in unsere Gehirne implantieren oder unter unsere Haut. Und am Ende wird es vielleicht eine direkte Kommunikation

geben ... zwischen unserem Gehirn und der digitalen Welt. Ja, man spricht und sagt: >Ich möchte jetzt mit jemandem verbunden sein<, und als Erstes haben Sie die personalisierten Roboter.« Zitat Ende.
Übrigens – dass im Anschluss an die *Corvid-19-Pandemie* ein *Great Reset,* der *Große Neustart,* folgen sollte oder müsse, hat dieser *Hochkaräter* auch auf dem Schirm. Und bereits 2016 prognostizierte Schwab, dass bis 2026 alle Menschen durch im Körper eingepflanzte Chips online vernetzt sein würden; somit verdammt zur Prophetie der Johannes Offenbarung 13, 16-17.
Die »Stunde des Tieres 666« scheint bald gekommen.

*

Wer Hintergründiges nach vorne bringen will, muss eben die jeweiligen Ebenen nach vorne klicken.

*

Die Menschheit ist den krankhaften Neurosen ihrer »Eliten« ausgeliefert. Deswegen steht man mit seinen beiden Beinen nicht in einem Lande wo Milch und Honig fließen, sondern stapft in der Gosse und denkt mit Wehmut an jenes Wunderland.

Frosch Alien

Es war einmal ein Kellerfenster, dahinter der Kellerschacht, dazwischen Fliegendraht. Auch der Gitterrost des einen Meter hohen Schachtes ist seit Jahren mit Fliegengitter abgeschirmt, um Laub und Ungeziefer fernzuhalten.

Eines Tages gehe ich in den zugehörigen Kellerraum und erstarre: Vor mir im Gegenlicht des Kellerfensters hebt sich ein dunkles, handflächengroßes, außerirdisch anmutendes Objekt ab. Ein unsäglich aussehender Frosch, abgemagert, zaundürr, mit überlangen, weit abgespreizten Fingern und Zehen, haftet regungslos am Fliegendraht. Er bleibt ruhig dort sitzen, als ich ganz nahe in seine riesigen Glotzaugen schaue. Erbarmungswürdig! Sofort sause ich los, hole meine Kamera, knipse ein paar Aufnahmen. Es ist ja sensationell: Wie kam der Frosch da hinein? Wo kann er sich in diesem unzugänglichen Betongrab verstecken – nie zuvor hatte ich ihn gesehen. Wovon lebt er? Keine Fliege gelangt in den Schacht, überhaupt ist mir rätselhaft, was es da zu fressen gäbe. Selbst die Tatsache seiner Existenz ist ein Rätsel – das Tier kann da eigentlich gar nicht drinnen sein – doch es ist da! Derlei Gedanken schießen mir durch den Kopf. Erregt über das Schicksal des armen Geschöpfes, und trotz eines gruseligen Gefühls, drängelt eifrig der Rettungswille nach vorne. Ich will den Frosch aus seinem Gefängnis befreien, öffne vorsichtig das Fenster – wupps! Rücklings hüpfte der *Alien* nach hinten, und als ich mich streckte, um den Boden zu sehen, war er bereits in Deckung. Aber wo? Meine Augäpfel sprangen in ihren Höhlen herum – er war verschwunden! Nur in der rechten Außenecke entdeckte ich eine winzige Höhlung im Beton, viel zu klein für die stattliche Amphibie, wie ich meine. Davor lagen bröcklige Kieselsteinchen, verdächtiger Sand. Vom Frosch aber keine Spur. Also kratzte ich mich verlegen am Kopf: Der Kerl kann sich doch nicht unsichtbar machen! Wer den Alien gesehen hätte, könnte das schier annehmen – eine außerirdische Erscheinung, der allerhand zuzutrauen ist. Na ja, er wird sich schon wieder zeigen.

Seit jenem Tag erlebte ich mich wie ferngesteuert, musste zwanghaft bei jeder Gelegenheit in den Schacht gucken. Und eines Morgens hatte der Arme sich tatsächlich an der Glasscheibe festgesaugt, das Fliegengitter hatte ich bereits vorsorglich entfernt, behutsam öffnete ich den Fensterflügel. Mein Alien zog sich diesmal ganz gemächlich zurück und blieb in der Mitte des Schachtbodens hocken. O ja, das war die große Chance! Ein Gurkenglas stand schon bereit. Dieses stülpte ich über ihn, und mit einem Sperrholzbrettchen unterfuhr ich sachte das Glas, wobei der Frosch ohne jede Panik seine Füßchen hob und es geschehen ließ. Gleich trug ich ihn durchs Haus in den Garten hinaus und schenkte ihm inmitten einer kleinwüchsigen paradiesischen Pflanzenwelt die Freiheit. Gleichermaßen für ihn, wie für mich empfand ich ein befreiendes Gefühl. Ich spürte in diesem kurzen Moment den wohlwollenden Blick des Himmels auf meinem Rücken

ruhen. Wie könnte ich die Empfindung anders benennen als mit dem abgedroschenen Begriff Glücksgefühl?
Eigentlich ist die kleine Episode damit erzählt, gäbe es nicht einige Jahre später eine Begebenheit, die erwähnenswert bleibt. Meine Frau jätete in ihrem Pflanzenreich Unkraut, gerade in jenem Teil, wo ich Alien vor zwei, drei Jahren ausgesetzt hatte. Dort saß der Frosch ruhig und offensichtlich furchtlos da, sogar noch, bis mich meine Frau dorthin gerufen hatte. Es war unverwechselbar Alien, mit seinen gespenstisch langen Gliedmaßen, doch sein Körper schien jetzt gut genährt. Also darf ich sagen: wieder so ein Hochgefühl für mich, verbunden mit aufrichtiger Freude über Aliens Glück in der Freiheit.

*

Warum fliegen wir nicht? Unser Geist ist doch ein wunderbarer Vogel – und so mancher hat ihn in unterschiedlichster Weise!

Falsche Götter in Schwarz und Weiß

Nun sitzen die beiden ägyptischen Gottheiten schon einige Jahre im Bücherregal und halten ihren wachsamen Blick auf meinen PC gerichtet. Wenn ich damals im riesigen Andenkenladen richtig zugehört habe, welchen der Busfahrer routinemäßig nach jeder Gräbertour mit Touristen flutet, sind es zwei grazile heilige Katzen aus Speckstein, eine weißgefleckte und eine schwarze.
»Garantiert echter Speckstein!«, versicherte der Verkäufer damals. Routiniert ließ er zum Beweis eine Figur aus seiner Hosentasche auf den Fußboden fallen und man denke gutgläubig: Sie zerbrach nicht!
»Billige Gipsfiguren zerbrechen«, sagte er. Nun also bin ich sauer auf den Mann und auch auf die beiden Katzengöttinnen. Die Katzen hatten erstens nicht verhindert, dass mein Computer neulich verstorben ist, obwohl sie ihn dauernd beschwörend anstarrten – totaler Festplattenausfall. Ach, und zweitens: Die weiße Gottheit besaß nicht einmal die Kraft des Überlebens, als ich sie beim Hantieren mit verhedderten PC-Kabeln leicht anstupste und sie deswegen gleich zum Todessprung vom Regal ansetzte. Über den Mann mit Speckstein in der Hosentasche will ich nichts sagen, er spricht ja für sich selbst. Meinerseits bin ich vorsichtig, feige, wage keinen Härtetest mit der überlebenden Katzengottheit – sie könnte ja auch aus Gips sein, möglich wäre es doch?

Klitzekleine Ungeheuer

Mühsam war sein Leben nie gewesen. Und auch in den Kreisen, wo er verkehrte, ließe sich schwerlich jemand finden, auf den dies zuträfe.
Wie leichtfüßige Windhunde laufen die Tage, Monate, Jahre und Dekaden dahin, ohne nennenswerte Aufregung oder Beschwernisse zu bringen. Dieserart Fügung scheint aus ganz besonderem Garn gewoben. Ein Fremder, der solch trageleichten Stoff gründlich prüft, kann nur verwundert über dessen Beschaffenheit sein: Exotisch schön, bunt, auch pflegeleicht, haltbar, gar reißfest und üppig fällt das sonderbare Tuch vom Ballen. Wie ärmlich kleidet den Fremden dagegen sein eigener Stoff. Er möchte sich am liebsten einige Wicklungen am Querfaden abreißen, würde dafür seinen tristen, ausgeblichenen, abgewetzten Lebensanzug gerne fortwerfen und sich vom begehrten Stoff ein neues Gewand schneidern lassen. Doch keinen einzigen Faden kann er an sich bringen, zu vermessen erscheint es ihm, etwas haben zu wollen, was nicht für ihn erhältlich ist! Für die Anderen schon, die besitzen wohl einen Anspruch darauf, denkt er gehässig. Wer hat, dem wird gegeben – ihm, dem Fremden, wird auch das Wenige genommen. Seine Bitterkeit bekommt ihn nicht, denn er verliert ständig und jetzt schon wieder, sobald er darüber nachgrübelt. Er hat keine Ahnung, was ihm abhandenkommt, aber irgendwas wird von der nagenden Bitterkeit maßlos aufgefressen. Ein schönes Stück, ein Filetstück seiner Persönlichkeit, mitsamt verflos-

senen Idealen. Auch sein Sinn für Gerechtigkeit schwindet und der darüber wabernde Glaube daran, und wer weiß, was sonst noch alles verloren geht. Diese Köstlichkeiten erfahren im Gedärm des Neides die Verdauung und werden wertlos ausgeschieden. Dann ist alles einfach weg. Der Fremde fühlt sich um etwas gebracht. Von wem? Einem Phantom? Sind es klitzekleine Ungeheuer? So klein, wie es im Buche steht:
»Wer Ohren hat, der höre!«, und ist es da nicht angebracht zu denken: »Wer Augen hat, der sehe!« Doch er hat offenbar weder Ohren noch Augen, um die vermeintlichen Ungeheuer wahrzunehmen. Also rätselt der Fremde unablässig weiter. Demütigt und schlägt ihn ein unsichtbarer Auspeitscher? Hat der Quälgeist eine Form, ein Gesicht – oder schlüpft er nur in andere Menschen und agiert von dort aus, gegen ihn? Kurz erwägt er die Möglichkeit, er selbst könnte die Hülle sein, in die der Auspeitscher einfährt, um ihn zu quälen. Fremde Mächte könnten dem Quälgeist befohlen haben, ihm Verluste zuzufügen, ihn gar in seinem abgründigen Ozean von Unzufriedenheit zu ersäufen. Er ist aber schließlich überzeugt, jene Kräfte wirkten von außen auf ihn ein – durch die Anderen! Aber, – mit Verlaub – dass er sein eigener Auspeitscher sein könnte, darüber kann er nur verbittert auflachen. Das wäre ja noch schöner! Was für ein Dummkopf, der sich selber die Schläge gibt! Was der Auspeitscher nicht schafft, erledigt seiner Vorstellung nach diskret eine andere geheimnisvolle Instanz und denkt er an sie, bleibt sein Nacken starr, aber die Augäpfel richten sich

unwillkürlich nach oben zur Decke des unwohnlichen Zimmers. Im Freien aber schielt er hinauf in den Himmelsdunst. Da ist aber nichts und so zieht es ihm vorwurfsvoll, ob dieser feigen, nicht zu fassenden Bedrohlichkeit, verächtlich die Mundwinkel nach unten. Der unsichtbare Gegner quält den Fremden noch stärker als die vermutete, von Menschen hervorgerufene Bitternis, die ihn langsam aber stetig mit Haut und Haaren aufzufressen droht. Der Name dieses Geheimnisvollen schreibt sich mit zittriger Schrift in allen Windungen des Gehirns dauerhaft fest: ein großes G – ein O – ein zweifaches T. Ihm gilt seine eigentliche Klage, die den Fremden inwendig aufbrüllen lässt. Manches Mal in kaskadenartigen Vorwürfen; ein andermal nur mit einem einzigen quälenden Aufschrei: »WARUM« – warum ist ihm das Glück versagt? Warum lenkt die Fügung, die Vorsehung andauernd gegen ihn, auf ihn zu, überfährt ihn, macht ihn so unsäglich platt? Bei ihm trifft der Zufall immer ins Schwarze, zu seinem Pech! Ja, ein Pechvogel, das war er von jeher. Von Anfang an ist er bestraft und schmerzhaft an den Ohren gezogen worden, von diesem GROSSEN »G«. Er verwendet in Selbstgesprächen nur den einen Buchstaben, mehr traut er sich nicht zu. Seine Angst sitzt tief und er fürchtet, ihm könnte noch mehr Pech übergeschüttet werden, würde er die Instanz beim Namen nennen. So rumort nur wortlose, dumpfe Wut, die ihn durchdringt, vergiftet und gelegentlich zur Zimmerdecke oder in den Himmel springt.

Der Fremde ist vergrämt und voll von angestauter

Aggression. Er will auch nicht mehr lachen, weil er nicht mehr kann – oder kann er nicht mehr lachen, weil er nicht mehr will? Einerlei, es kommt aufs Gleiche raus. Wenn der Fremde durch die Straßen der Stadt geht, fühlt er sich abgesondert, da er jede Aufmerksamkeit nur auf sich richtet, hinein in einen finsteren Gemütskerker. Und weil das gleichwohl seine verwandten Spiegelbilder tun, an denen er achtlos vorbeiläuft, geradeso wie sie an ihm, schleppt er bleischwere Einsamkeit mit nach Hause, dünkt sich von allen guten Geistern verlassen. Nur jene sind ihm wieder schmerzlich aufgefallen, die das sinnlich unbeschwerte Lebenstuch tragen, das er ihnen von Herzen neidet. Jedoch: Das Glück beachtet das Unglück nicht.
Dem Fremden kommt es vor, als hätten die Beneideten wieder etwas von seinen letzten Reserven aufgesogen, sodass er sich zu Hause erschöpft in den Sessel fallen lässt und zur Decke stiert.
Die lästige Stubenfliege holt ihn schließlich aus dem Kehrichteimer hässlicher Grübeleien zurück. Er greift sich den Pantoffel und zerschlägt die Mücke an der Wand. Unerklärlich ist ihm die leise Genugtuung, welche er hernach verspürt. Er hat von »G« was ausradiert – war es das? Mag sein. Oder befriedigt ihn die unterschwellige Freude an einer Machtausübung? Nichts Geringeres, als Herr über Leben und Tod zu spielen. Ein Lächeln huscht bei diesem Gedanken über sein Gesicht. Auch allen Unterdrückern und Mördern rund um den Globus dürfte solch abscheuliche Genugtuung keineswegs fremd sein. Eigentlich sind das doch

erbärmliche Geschöpfe, die sich in ihr inneres Verlies eigenhändig eingesperrt haben und die folglich überhaupt nichts über freie, unabhängige Geister zu bestimmen haben, ohne sich lächerlich zu machen. Tun sie es doch, mag es eine Narretei des Lebens sein – oder was denn sonst? Unerklärliches Verhalten entschuldigt nicht, es genügt dem Urteil, wie es ist.

Der Fremde beschloss, beinahe am Ende seiner Gemütskräfte und bevor alles zu spät ist, sich in die Höhle des Löwen zu begeben. Er, der jenen reizvollen Stoff ungemein begehrte, zugleich aber Personen mied, wie der Teufel das Weihwasser, die sich in solch siegessicherer Lebenshaut blicken ließen, schrie bei diesem Gedanken laut auf:

»Himmel nochmal! Mir reicht es!« Zugleich schämte er sich, in so einem elenden Seelenkostüm herumlaufen zu müssen! Aus purer Verzweiflung buchte nun dieser Mensch kurzerhand eine teure, aber gerade noch erschwingliche Flugreise ans ägäische Mittelmeer. In einem türkischen Hotel der gehobenen Klasse, inmitten einer atemberaubenden Kulisse in den Bergen, übrigens nahe dem berühmten Traumstrand, bezog er sein komfortables Quartier. Er nahm sich vor, wenigstens mal dabei zu sein, sich auch einmal in den Kreisen dieser Anderen zu bewegen, sie zu beobachten – »o G!« – vielleicht mit denen ins Gespräch zu kommen? Zumindest wollte er von ihnen lernen. DIE – das waren doch seine Auspeitscher! Welcher Mut hatte sich da in ihm aufgebaut! Nun saß der neue Gast am luxuriösen

Pool, bestellte sich beim Pool-Service ein *EFES Pilsen*. Prompt mussten ihm die Markenrechte aufstoßen, was das tschechische *Pilsen* für ein türkisches Bier betrifft – aber tapfer beobachtete er neugierig seine ungewohnte Umgebung. Früh am Morgen gab es noch kaum Betrieb am Pool, und nur wenige der Liegen mit ihren beigestellten dunkelgrünen Sonnenschirmen waren belegt. Der vorzüglichste Platz allerdings, unter einer Schatten spendenden Piniengruppe, war als einziges Revier schon mit vier großen herrschaftlich wirkenden Badetüchern reserviert. Dunkles Blau, strukturierte Webung, goldfarbenes, königliches Kronendesign. Nur einige freie Liegen weiter saß nun der Fremde und versuchte, den Reservierungsanspruch der Abwesenden innerlich herunterzuspielen. Schließlich wollte er guten Willens sein, beabsichtigte doch, als Gerechtigkeit haschendes Lämmchen endlich mit den skrupellosen Wölfen zu heulen. Tierische Skrupellosigkeit, davon war er zutiefst überzeugt, besaßen seine Auspeitscher im Übermaß.

Aus dem Säulengang, hinter dem Wasserfall des Pools, der aus einer weiteren, höher gelegenen Beckenanlage herabfiel, löste sich eine mächtige Gestalt und wogte gemächlich, mit der Gestik eines soeben geehrten Preiscatchers, den Pool entlang, direkt auf ihn zu. Die goldene Rolexuhr und eine massive Goldkette um den Hals verloren sofort ihre provozierende Wirkung, als das Schwergewicht den Fremden wohlwollend zugenickt hatte und dann zu seinen reservierten Liegen ging. Das Lämmchen heulte vor Freude auf. Der Dicke hat es

nicht erkannt, hält es für einen Wolf! Großartig ist es hier, freut sich der Fremde.
Der Koloss hatte durch seinen Gruß gepunktet und Sympathie eingeräumt bekommen, die er sogleich stark strapazierte. Er hantierte gerade mit etlichen unhandlichen Liegenpolstern herum, beanspruchte insgesamt vier Schaustoffpolster für die beiden Liegen und breitete darüber nun Badetücher aus. Dass andere Badegäste auf Polster verzichten mussten, störte ihn nicht. Um seinen Platzanspruch auszudehnen, stellte er auf eine unbenötigte polsterlose Liege die Badetasche. Und um noch mehr Distanz zum Nachbarn zu schaffen, entfernte er gar noch eine Weitere, zog sie wie ein unartiges Kind über die Cottofliesen nach hinten, an der Dusche vorbei und schubste sie auf die ungenützte Grünfläche dahinter. Soll sie doch der Kuckuck holen, wenn ihm die Liege etwas pfeift, mag er sich dabei gedacht haben. Einen der wenigen sehr gefragten weißen Plastikstühle holte er sich von der gegenüberliegenden Beckenseite, beschlagnahmte ihn, indem er ein Handtuch darüber warf.
Und jetzt, nach einigen sparsamen allseitigen Herrschaftsgesten, ließ sich der wuchtige Kahlkopf in seinem Luxusreich aufs extraweiche Poster nieder. Noch ehe der sprachlose Zuschauer sich über die Darbietung analytische Gedanken machen konnte, auch nicht das verständnislose Kopfschütteln der noch wenigen Anwesenden bemerkt hatte, stolzierte eine majestätische Erscheinung daher, gemessenen Schrittes, in allerbester Haltung, steif wie eine Königin. Spätes

Mittelalter, doch jünger als der Dicke, dunkelblondes Haar, gepflegte Frisur, etwas rundlich, goldbehangen und mit großen Schneidezähnen huldvoll aber grell, immerdar lächelnd.
Der Fremde fühlte sich elektrisiert, als er das Paar, die blanke Ausgeburt seiner Neurose, beinahe in Reichweite neben sich wusste, denn was sollte das *Lämmlein* jetzt den *Wölfen* Schönes rübersagen? Anfangs zögerlich – schließlich, er begann und gewann! Zum ersten Male, nach schier unendlich langer Zeit, floss ihm mit jedem Satz, den er mit seinen Auspeitschern wechselte, frische Energie spürbar zu, anstatt, wie er es gewohnt war, etwas abgeben oder einbüßen zu müssen. Dem Fremden imponierte insgeheim der unverschämte Egoismus dieser Person, und mit jeder weiteren Anstößigkeit begann er sogar unerklärlicherweise Sympathie zu empfinden. Er, das Lämmchen, wäre zu einer derartig zur Schau gestellten Selbstsucht niemals imstande, wenigstens nicht vor allen Leuten.
Eigentlich, hm – genau!, das ist doch der vorteilhafte Stoff, dachte er sich, den ich mir schon längst hätte umhängen sollen, und warum in drei Teufelsnamen kann ich mir nicht nehmen, was ich will? Es geht doch ganz einfach, wie man sieht. Die Fliege klatschen, solange sie stillsitzt! Von den Auspeitschern lernen, was Sache ist, werde wie sie! Nimm! Und nochmals nimm! Nimm, was du willst! Nimm es dir einfach, ohne Rücksicht auf Verluste! Egal, was andere denken, das schert dich einen Dreck!
Der Fremde lag mit geschlossenen Augen auf seiner

Liege und war beim Nachsinnen über den rabiaten Schwenk in seiner Lebensplanung eingenickt.

Zuerst waren da lauter kleine dunkle Flecken. Sie schwammen als Schatten auf einer glasigen Brühe. Darunter verbargen sich zierliche Nixen, weibliche Formen, winzige Mündchen, die herauslachten, wenn die Flecken sich bewegten und den Blick freigaben. Alles war sehr niedlich, nur unerreichbar klein. Die Schatten kamen vom Fremden, der sich neugierig über diese Magie gebeugt hatte, und weil er sich danach verzehrte und in allerhand Brocken Sehnsüchte zerrann, vermehrten sich die Schatten und verdeckten die Begehrlichkeiten in der Brühe. Da wurde er wütend und packte mit großer Gier die schwere Silberschale, in der sich seine geheimen Wünsche tummelten, und trank sie in einem Zuge leer.

»Wenn ihr euch ziert, dann mache ich kurzen Prozess: weg damit!«, sprach's und wischte sich den Mund. Auf einmal war es ihm so wohl. Die Gelüste sollten ihm ihre Rache zuckersüß heimzahlen. Der Zaubertrank veränderte ihn. Er war plötzlich ein Anderer, einer der vom Lämmchen zum Auspeitscher geworden war. Auch er konnte jetzt mühelos Frauen um den Finger wickeln, soviel und sooft er wollte, davon war er absolut überzeugt, und das tat er fortan.

Seine Fantasie erschuf ihm das Milieu, wie er es sich nur wünschte. Er lebte auf großem Fuße dank eines riesigen Vermögens, bar aller Sorgen und verbrachte die Zeit mit Verführung und Sex. In seinem Kopf, wäre

der durchsichtig, hätte man gewiss den Inhalt jener Silberschale schweben sehen: Frauenbrüste, Genitalien, Nacktheiten – sonst nichts. Seine Gier nach Sex trieb ihn zu wahnwitziger Aktivität und selbstgefällig malte es sich alles aus. Hinter vorgehaltener Hand sollten die bedienten Damen, ihren Freundinnen wärmste Empfehlungen flüsterten:
»Er kann immer – eine Sexmaschine – ein Nimmersatt«, – so wollte er sich sehen und so war es denn. Irgendwelche Bindungen, feste Beziehungen – meine Güte! – am Ende noch Liebe? – Solches kam dem Dauerbrenner gar nicht in den Sinn. Schon beim kleinsten Umgarnungsversuch pflegte er nach Gutsherrenart zu verfahren, warf die Zicke einfach raus. Das schadete dem Ruf überhaupt nicht, ganz im Gegenteil! Einige der hörigen Damen schienen es in seiner Fantasie regelrecht zu genießen, von ihm gedemütigt zu werden. Wie sonst ist es erklärlich, wenn sie gerne wieder zur Stelle waren, nachdem sie kurz zuvor unsanft hinausgetreten wurden. Am Sex alleine kann es kaum gelegen haben, denn einfühlsam war dieser Sexprotz nicht und rücksichtsvoll schon gar nicht. Ist Abartigkeit ansteckend? Wie Cholera, die Pest? Vielleicht – wer kann sich da sicher sein?
Weder Verschleiß noch ein Nachlassen der Manneskraft ließ jene Welt zu, in die der Fremde geschlittert war und so wucherte das Verlangen nach ständig neuen Sexabenteuern, wie außer Kontrolle geratenes Unkraut. Die Wesen der Brühe leisteten ihren Dienst, verzauberten seine Gedankenwelt immer unbändiger.

Als er eines Tages mit einer Schönen zugange war, verfärbte sich das Rosa ihrer Haut hin zu einem zarten Pastellgrün, welches zunehmend kräftiger wurde. Gleichzeitig veränderte sich der Körper; er zog sich im Bereich der unteren Gliedmaßen zusammen, verschmolz zu einem Nixenschwanz. Als der ekstatische Fremde die Schuppenhaut fühlte, war es bereits zu spät. Anstatt der Arme, die ihn umfingen – sie waren verschwunden – umklammerten plötzlich zwei kräftige Krallenklauen seinen Kopf, welche sich explosionsartig aus dem Hinterhaupt der Schönen entwickelt hatten. Mit gewaltiger Kraft schlossen sie sich und quetschten mühelos, als wäre der Schädel nur Eierschale, den Inhalt heraus.
Ein gellender Aufschrei sollte doch widerhallen in den Wänden, aber nur erstaunliche Stille trat ein.
Die Vorgänge im Fremden waren deshalb so seltsam, weil er aufhörte, Mensch zu sein. Um ihn herum war es stockfinster, dennoch wusste er, dass sein Inventar samt Haus verschwunden waren und auch jenes Wesen, das ihm in diese Lage gebracht haben mochte. Nur eine Ebene lag unter ihm, die noch Halt gab. Auf ihr rann die Brühe aus seinem Kopf und er erkannte, was es ist: nichts anderes, als seine Begierden. Die Flüssigkeit aber verbog die Ebene zuerst trichterförmig, dann schließlich zu einem Zylinder. Kein Sterblicher wird sagen können, welche Gesetzmäßigkeiten die Ebene verformten. Das Gewicht der Brühe oder die Schwerkraft der Gedanken oder war es ein zufälliger Eindruck, ein Einbruch nach unten? Auch vermöchte niemand zu

ermessen, in welchem Ausmaß die Öffnung entstand, ob ihr Durchmesser zwei Millimeter, zwei Meter oder gar zwei Kilometer betrug, da nichts sonst war, was einen Vergleich hätte bieten können.
Der Fremde aber glitt in ein kreisrundes Loch und steckte nun in einer langen Röhre. Er fühlte sich gleich einem ungeheuren Kolben, der sich langsam durch den Zylinder schob. Sonst blieb nichts an ihm, aber in ihm waren nur die lüsternen Sinne, welche gleichsam millionenfachen Augen entlang der Wandung auf und ab fuhren. In seiner Empfindung klebten dort ringsum, scheinbar wie Teigfladen im lehmigen Erdofen, riesenhaft, zweidimensional ausgewalzt und ineinander verlaufend, die Begehrlichkeiten aus der Silberschale, welche er einst gierig geleert hatte. Einzig der wilde Sinn danach erzeugte mit steigender Geschwindigkeit des Kolbenwesens, eine unbeherrschbare Ekstase, sodass die Begierden im Sinnentaumel hell aufglühten. Dann – betäubend wie ein Kanonenschuss – entlud sich der Rausch in völlige Nüchternheit, und nach einem Lichtblitz, der die Sinne blendete, begann jegliches Empfinden zu schrumpfen und mit ihm der Zylinder, worin es stak.

Sobald seine Wahrnehmung wieder reagierte, war die anliegende Röhre nur noch mit geometrischen Zeichen belegt. Derart hervorgehoben, als seien die ursprünglichen Formen abstrahiert und, ähnlich einer Fotografie, solarisiert worden. Aber nichts Eckiges war enthalten, kein Quadrat, kein Rechteck, dafür Kreise, Wellen oder

Bögen, welche regenbogenfarbig aus ihrer hellen Einfassung heraus schimmerten.
Der Fremde stürzte wie ein schweres Eisenteil haltlos mit hohem Tempo in die Tiefe des Rohrschachtes ab und schlug nach einer empfundenen Ewigkeit klirrend auf. So etwas Ähnliches wie eine Plattform war das. Es kam ihm vor, als hätte er sich in ein Stahlteil verwandelt und da sein Wahrnehmungssinn noch funktionierte, erkannte er die Schattenseite, auf welcher er sich befand. Unmittelbar daneben grenzte Helligkeit an, die wie aus einem unendlich hohen Glasprisma strahlte, dessen Seitenkante sich hart vom Dunkelfeld abhob. Blickte er ins Licht, sah er ein Bild lebendig werden, das in der Kindheit über seinem Bett gehangen hatte und das man fortwarf, weil es so kitschig und altmodisch gewesen sei, wie man es seinerzeit begründete.

Der Fremde erlebte sich am Rande eines wogenden Kornfeldes, spürte den lauen Sommerwind, der über das Getreide strich. An dessen Rain wandelte entspannt ein strahlend schöner, weißgewandeter jugendlicher Mann mit schulterlangem Haar. In der einen Hand eine Ähre haltend und die andere Hand zur fragenden Geste hin zu seinen Begleitern geöffnet. Die trugen farbige Gewänder und folgten in lockerer Weise, aber mit nachdenklichen Gesichtern ihrem Meister. Der Fremde vernahm deutlich, wie dieser eben die Ernte der Felder mit der Ernte des Lebens verglich und seinen Freunden ihre Aufgabe näher brachte:
»Schaut euch doch um! Überall reifen die Felder heran

und sind schon jetzt bereit zur Ernte. Der Erntearbeiter erhält guten Lohn, und die Früchte, die er einsammelt, sind Menschen, die zum ewigen Leben geführt werden. Welche Freude erwartet beide zugleich: den, der pflanzt, und den, der erntet!«[1]
Es war das Bild, das er gut kannte und das er so oft mit Kinderaugen studiert hatte. Nur – jetzt glaubte er, es in Wirklichkeit zu erleben. Doch schon verblasste das Geschaute und er erkannte den alten blinden Bettler aus der Jugendzeit wieder, auf einer Haustreppe sitzend, den sie seinerzeit Schabernack mit Kieselsteinen spielten, anstatt ihm die erbetenen Almosen in seinen verschlissenen Hut zu werfen. Verdutzt sah der Fremde den Weißgewandeten von eben, wie der sich herunterbeugte und den Bettler aufrichtete, ihn stützte und mit ihm fortging.
Aus dem gleißenden Licht drang intensiv gefühlte Hilfsbereitschaft und Freundlichkeit, auch tiefe Zuneigung war überwältigend zu spüren. Zu sehen waren jetzt nur Hände – helfende Hände, die sich anboten – Hände, die etwas gaben – Hände, die sich gegenseitig hielten – Hände, die auf Schultern ruhten – unendlich viele Hände – doch nirgends die geballte Faust und nirgendwo eine Waffe in einer. Wenn Eisen weinen könnte, hierbei kämen dem Element die Tränen, wie der Fremde weinen wollte, könnte er es, so erfasste ihm die Sehnsucht dorthin. Aber er hatte keine Gestalt dazu, Dortiges war nicht seinesgleichen und es war ein unerreichbarer Ort. Er hielt ja immer noch innerlich die

[1] Johannes 4,35

Faust geballt, konnte sie nicht öffnen, und wohler wäre es ihm, zu schießen, zu hauen und zu stechen in alles rings um ihn herum, egal auch, wer und was es sei. Dabei erlosch ganz allmählich die Wahrnehmung dieser fremden Welt. Das Leuchten ging zurück, ebenso das Bewusstsein. Es blieb nicht einmal mehr, was vorher war, lediglich dumpfe Symbolik, abstrakte Funktion, grenzenlose Mathematik, Nichtverstehen, Fremdheit schien ihm zu umflackern.

Da lag das Teil. Im dämmrigen Bereich der vermeintlichen Plattform standen reihenweise Geschütze, die drohend ihre Rohre gleichsam als gestreckte Zeigefinger erhoben. Gespenstisch fluoreszierendes Kriegsgerät, Kanonen, Panzer, Mörser aber auch palettenweise Kolben waren da. Kolben für Panzermotoren, Schiffsdiesel, aber auch für jede Art von Pumpen, die mit Kolben arbeiteten.

In düsteren Arealen hockten Kräfte, die einer Beschreibung unzugänglich sind, weil sie von jeher unsichtbar geblieben sind und keine Form haben, die zu benennen wäre. Deswegen bewegte sich das Teil wie von Geisterhand, als die Kräfte tätig wurden und es in die Produktion transportierten. Die Maschinen dort erinnerten an das auf und nieder – das hin und her – ans Spiel des Kolbens im Zylinder. Sie stanzten, schliffen, sägten, nieteten. Doch alles geschah völlig lautlos und ohne sichtbares Personal, denn es waren weder Körper noch Dinge vorhanden, weder Luft noch Schall, der sich darin hätte ausbreiten können. Auch nicht Licht noch

Auge, etwas zu sehen, nur der Geist haftete als Bewusstsein an seinen Flüchen hier, an seinen Segnungen dort. Der Fremde dümpelte sinnenleer in sich herum.

Ein schwacher, heller metallischer Klang – ein Zirpen, oder war es ein Schnarren? – etwas kratzt an seiner Lebensfaser, ganz zart. Aus einer anderen Welt glaubt er, menschliche Laute zu vernehmen. Brummelt es in ihm? Ist die Lichtseite wieder da? Kommen die Stimmen von dort? Wie er das Wort Schildkröte heraushört, durchzuckt es ihn. Weit zurück in eine unendliche Ferne rennen seine Sinne, um sich die Bedeutung dafür zurückzuerobern. »Schildkröte – was ist Schildkröte?«, schreit er verzweifelt ins Dunkel der Röhre hinauf, aus der er gefallen war. Das Echo hallt tausendfach, stroboskopartig zurück, versetzt ihn in Vibration, schnürt ihm die Kehle. Er glaubt zu ersticken und mit allerletzter Kraft schnappt er nach Luft. Beinahe gleichzeitig wird er hellwach in die Gegenwart geschleudert, ertappt sich bei einem mächtigen Schnarchlaut, wobei ihm die Atemluft mit Gewalt heftig nach innen flattert. Er reißt seinen Oberkörper von der Liege hoch und blinzelt peinlich berührt die Umgebung ab, ob sich etwa amüsierte Zuhörer von seinem Schnarchsolo zeigen.

Nein, alle stehen nur um die Schildkröte herum, die aus dem Rasen über die Fliesenabgrenzung geklettert und zur Erfrischung unter die Dusche gekrochen war. Der Fremde ist neugierig, will sehen, was dort geschieht und schlendert wie nebensächlich die paar Schritte dorthin. Jedes Mal, wenn ein Badegast sich duscht, zieht sie ihren langen faltigen Hals ein und bereitet dem Fremden eine klitzekleine Scham, fährt sie ihn langsam wieder aus. Die umstehenden Damen sind es wohl, die sein Gefühl verstärken. Er hält sie schließlich für fantasievoll genug, dasselbe Intime zu erblicken, an was er gerade denkt und vermeidet deshalb Blickkontakt mit ihnen.

Wenn niemand duscht, schlürft das Tier, groß wie ein beachtlicher Brotlaib, genüsslich aus den Wasserpfützen, und zwar mit einer Ausdauer, die jeden Quartalsäufer beschämen müsste. Allmählich, auch nach ausgiebiger Knipserei, erlahmt das Interesse an dem Reptil, und die Zuschauerrunde löst sich auf. Alleine steht jetzt nur der Fremde da, beobachtend, wie das Tier beginnt, sich in Richtung des flachen Poolrandes zu schieben. Vorausschauend fragt er sich, ob eine Landschildkröte nicht auch für gewisse Zeit zur Wasserschildkröte werden kann? Was sie wohl macht, wenn sie hineingefallen ist? Ob sie untergeht oder elegant durchs Wasser segelt? Werden die Badegäste im Pool sie nötigenfalls retten, wer sonst? Gewiss wird große Aufregung sein. Er wird jedenfalls kurz weggehen, sie in Ruhe lassen, mal sehen!

Aber erstens kommt es anders und zweitens, als man denkt. Das Panzertier legte auf halbem Wege eine kleine Rast ein, machte kehrt und verschwand unter den Büschen, welche die Wiese säumen. Als der Fremde sensationslüstern zurückkehrt, ist die Schildkröte bereits verschwunden. Doch in allerbester Lauflage, mitten im Weg zwischen Dusche und Pool, liegt ein ordentliches Stück Andenken von ihr.

Der Fremde fühlt sich jetzt damit ziemlich allein gelassen, niemand will sich dafür interessieren; auch in einer solchen Situation werden Blickkontakte vermieden, wenngleich aus einem anderen Grund. Nirgends im Nahbereich findet sich ein Opfer, welches augenblicklich, im wahrsten Sinne des Wortes, zu Diensten aufgefordert werden könnte.

Aber ja doch! Nur die Königin strahlt ihn mit ihrem Dauerlächeln und einer unverhohlenen Schadenfreude entgegen, auch der Dicke glotzt ihm frech ins Gesicht, und beide dächten im Traume nicht daran, ihm die Drecksarbeit abzunehmen. Lediglich er, der als Einziger immer noch neben der Kacke steht und auch gewissermaßen nächster Anlieger mit seiner Liege ist, fühlt sich in die Pflicht genommen. Die eingebildete Verantwortung vor den uninteressierten Auspeitschern macht ihm schließlich Beine. Er trollt sich betont lässig auf die Wiese, knipst zwei große feste Blätter vom exotischen Busch ab und macht sich diskret an die Arbeit. Mit dem einen Blatt zwischen Daumen und Zeigefinger hofft er, die Wurst zangenartig greifen zu können. Sie ist weich, sogar noch körperwarm und beim Anheben zäh haftend, klebrig, sodass nur ein geschwinder Untergriff mit dem zweiten Blatt in der Handschale den Erfolg beschert. In beiden Händen die Fracht haltend, trägt er sie mit dem Gefühl, als stächen ihm die Blicke nun ungebremst in den Rücken, an die

Entsorgungsstelle unters Gebüsch. Als gründlicher Mensch pflückt er dort noch ein weiteres Blatt zur Nachbesserung, um die letzten Verdauungsreste aufzuwischen. Die Wurst könnte von einem großen Hund stammen, Schäferhund, Boxer, jedenfalls etwas von Masse, denkt er sich – aber von so einer relativ kleinen Schildkröte, wie geht das denn?

Für gewöhnlich befasst sich der Mensch thematisch nur selten mit derartigen Fragen, doch vom Prinzip her tut er dies andauernd. Er spielt nämlich oft mit solchen Abwägungen: Das gibt's doch nicht, aber ...
Kann schon sein, doch ...
Ist es möglich, dass ... Und so fort.
Man hat es vielleicht bemerkt, gerade ist jemand aus dem Hintergrund dieser absonderlichen Geschichte hervorgetreten. Keine Sorge, er ist weder Auspeitscher noch Sexmaschine noch der unbekannte Andere. Aber – was macht er da! Er packt den Fremden am Hemdsärmel – ach, ist der Sonnenscheu?, – trägt langärmeliges Hemd über der Badehose! – und schleudert ihn in den Pool. Jetzt rennt er zur Königin und zerrt sie an den Haaren dorthin, schubst sie hinein. Der Dicke befindet sich noch in der Phase des Aufstehens, ihm wird nachgeholfen. Steht er endlich, erhält er hinterrücks einen Fußtritt in den Allerwertesten und darf die Königin besuchen. Hinterher fliegen sofort die Liegen der drei, ihre Sonnenschirme, Badetaschen, Handtücher, Brillengestelle und leeren Biergläser. Als der Serviceboy heraneilt, landet auch der im Wasser. Und die Leute

sowieso, die jetzt begannen, aufzumucken.
Es ist der Autor, der sich in seiner Erzählung blicken lässt! Er ist so stark, dass niemand ihn bezwingen kann. Er schreibt es nieder und schon fliegen sie alle ins Wasser. Aber, fragt der sich im Sinne jener Abwägung, wie lange kann ich noch weiter den starken Mann spielen, ehe die Leser wütend werden und mich an der Druckseite packen?
Es muss was Neues her! Er könnte beispielsweise behaupten, alles hätte sich im Pool aufgelöst, von der goldenen Panzerkette des Dicken bis zum Sonnenschirm der Königin, alles weg, also nicht mehr vorhanden – bis auf den Fremden. Der könnte dann herausklettern und dienlich für Weiteres zur Verfügung stehen.
Aber gerade das wäre ein entscheidender Fehler, denn wenn schon, na bitteschön, was soll dann mit ihm geschehen, zumal das Ende nahe ist, fragt sich der Autor abwägend. Einfacher machte er sich die Sache, riefe er die Königin und den Dicken mit ihren Siebensachen schleunigst wieder zurück. Schließlich sind sie die beiden wahren Figuren und nicht einmal ein Sätze zaubernder Autor sollte sie verschwinden lassen, wenn er verrät, dass es die einzigen Personen seiner Geschichte sind, die er wahrheitsgemäß beschrieben hat.
Die Einzigen? Was ist mit dem Fremden? Ist der denn so weit hergeholt, dass er nirgendwo, in keine lebende Person hineinpasst? Wenn nicht, dann vielleicht nur ein klitzekleines Stückchen von ihm? Das wäre doch denk-

bar. Ebenso mag es auch für andere undenkbar sein – na, dann soll der Fremde eben im Pool bleiben und sich auflösen! Letztlich ist das aber gleichgültig!
Unerklärliches Verhalten entschuldigt nicht, es genügte dem Urteil, wie es ist, wenn es so wäre, nicht wahr?

*

Ein Auftreten, so fies und unverschämt, als hätte jemand Gemeinheit studiert.

Blitzeinschlag

Nach einer Serie schwüler Augusttage waren für die Nacht starke Gewitter angekündigt. Im Halbschlaf nahm ich noch wahr, wie kräftiger Regen spontan einsetzte und Sturmwinde diesen ans Fenster peitschten. Dennoch schlief ich ein und hatte schätzungsweise eine halbe Stunde dagelegen, als mich ein Donnerschlag wahrlich im Bett hochschnellen ließ. Der Krach war derart heftig, und der Blitz musste in unmittelbarer Nähe eingeschlagen haben, dass ich verstört aus dem Zimmer rannte und einen forschenden Blick in den Flur und die angrenzenden Räume warf. Durch diesen Kontrollgang beruhigt, auch weil keine weiteren Einschläge mehr kamen, legte ich mich wieder hin und war bald weggetreten. Soweit der erste Teil dieser nächtlichen Begebenheit.

Die Fortsetzung folgte bereits in gefühlt kurzem Abstand. Immer mehr zwängte sich Unruhe ins Bewusstsein, Windböen schlugen Zweige ans Mauerwerk und aus den Bäumen rauschte es ins Gehör. Ich blinzelte soeben in Richtung Fenster und sah, wie augenblicklich ein Blitz in den Heizkörper unter dem Sims einschlug, samt fürchterlichem Knall. Gleich als Zugabe, innerhalb weniger Sekunden, explodierte im Schlafraum erneut der Blitz zu grellem Feuer, wobei er sich nochmals an selber Stelle einbrannte, dazu ein ohrenbetäubender Schlag. Ich war zu keiner Bewegung fähig, erwartete verkrampft das Unheil, was mich jetzt zu vernichten drohte. Mein Herz raste und es schien mir im Leibe zu zerspringen, als plötzlich das Fenster mit Gewalt aufsprang, die berstenden Scheiben auf dem Fußboden klirrten und der Sturm gewalttätig ins Zimmer eindrang. Er wirbelte die abgelegte Kleidung umher und peitschte den silbrig hellen Vorhang nach draußen, wo er abgehoben flatternd, wie eine ausgestreckte Geisterhand in der Dunkelheit vor dem Fenster drohte, jederzeit bereit, nach mir zu greifen.

Ich war gelähmt vor Schreck, versuchte vergebens, mich aufzurichten. Erstarrt lag ich in den Federn, spürte das unheimliche Geschehen körperlich schmerzhaft in jeder Faser meines Wesens, der Hals wie zugeschnürt, ein Aufschrei unmöglich, nur abgewürgtes Röcheln kam hervor. In mir herrschte Panik und blanke Angst. Wirr durcheinander schossen alle sofort zu ergreifenden Maßnahmen durch meinen Kopf, so, als wäre eine wilde Horde ausgerissen, die jeden klaren Gedanken niedertrampelte. Ich, der zwangsernannte Katastrophenmanager, versuchte zu denken: Was soll ich jetzt nur schnell anziehen? Wie fangen wir's an? Auch die Feuerwehr anrufen! Welche Dokumente retten? Wird die Versicherung einspringen? Das Auto vor seiner Explosion aus der Garage fahren! Was tun wir dann? Mitten in der Nacht – ohne Quartier – vielleicht im Auto bleiben, bis zum Morgen und dann? Solche Fragen steigerten meine Panik.

Im abgesenkten Denkbetrieb während der Nachtruhe drücken Sorgen und Nöte erfahrungsgemäß viel heftiger aufs Gemüt, als sie es im Lichte des Tages vermögen. So brannten mir nun vollends die Sicherungen durch. Ich war plötzlich körperlich wie geistig gelähmt, litt unter einer Ladehemmung für sinnvolle Strategien jeglicher Art. Jetzt, sofort wäre zu entscheiden, vor allem schnellstens zu handeln gewesen, mit mir aber war da nicht mehr zu rechnen.

Unmerklich, sehr langsam, und ganz sachte schlitterte ich nun über eine Grenze, gewissermaßen in eine Todeszone hinein, in deren Weite die heranrollenden Gefühlswellen sich glätteten und ausliefen. In dieser Phase beginnt die Resignation, ja im Endstadium überwiegt vielleicht sogar die Gleichgültigkeit gegenüber dem heranpreschenden Angst-Tsunami. Obwohl der ja gerade dort zusammenstürzt, mit einem selbst, aber so, als wäre es eine Selbstverständlichkeit. Ich bin also am Ende, habe mich ergeben. Mein Puls hat sich abgeschwächt und flackert ungleichmäßig, als ich mich gewissermaßen zum Schafott aufmache – die Gliedmaßen lassen sich zu meinem Erstaunen wieder bewegen. Ich richte mich auf, habe ein Bein bereits auf den Boden gesetzt – dann die unfassbare Situation! Völlig unvorbereitet durchströmt mich ein überwältigendes Glücksgefühl, ein befreiendes Wohlbehagen, welches wie ein rätselhaftes Wunder aus fernen Welten grüßt: Das Fenster ist geschlossen! Wie ist das möglich? Und die beiden Bahnen des Vorhanges hängen ruhig von seiner Stange herab? Ja! Um mich herum ist es friedlich und still? Jawohl, so ist es! Tage, nein Wochen scheinen mir nötig, dieses Erlebnis zu verarbeiten. Werde ich die Sache für mich klären können? Was ist echter als echt? Es ist eine schwierige Frage.

Das verflixte Fieberthermometer

Sechs Wochen waren vergangen, seit Toni Kolbe sein Antibiotikum abgesetzt hatte, das die Zahnärztin wegen entzündeter Zähne im Oberkiefer verordnet hatte. Damit war auch das leichte Fieber von 39 Grad zurückgegangen. Heute Morgen wollte er überprüfen, ob sich erneut Temperaturanstieg zeige, weil die Zähne sich wieder mit dem vertrauten Pochen gemeldet hatten. Toni stieg um sieben Uhr aus dem Bett, ging ins Bad und holte das Fieberthermometer aus der Schublade, ein sehr schlankes Glasutensil mit einer roten, flexiblen Plasikflosse, die dazu diente, das Quecksilber am Ende der Aktion wieder herunter zu wedeln. Um Zeit zu sparen, wollte er die Messung während der Morgentoilette durchführen, sich also nebenher waschen, die Zähne putzen und sich rasieren. Folglich schob er das Glasstäbchen bis zum Anschlag in den After, damit es, wie er befürchtete, nicht während der morgendlichen Prozedur herausfalle. Hätte er geahnt, was ihn erwartete, niemals möchte er so ein antiquiertes Ding in den Po gesteckt haben, stattdessen wäre nur ein modernes Messgerät mit Sensortechnik zum Einsatz gekommen. Beinahe hatte er das rektale Inventar vergessen, doch als er es schließlich bergen wollte, griff er ins Leere, es war nicht mehr greifbar. Nun ist es also doch rausgerutscht, dachte er und fahndete in seiner Schlafanzughose nach dem Glasröhrchen. Dort war es nicht, also schüttelte er die Hosenbeine – vergebens. Auch auf dem Boden lag es nicht, nirgends kam es zum Vorschein. Toni wusste jetzt: Es steckt im Darm und er versuchte krampfhaft, es zu erwischen – nix da! In Gedanken sah er das zerbrechliche Thermometer mit seiner sperrigen roten Kunststoffflosse, unerreichbar für seine Finger, im Darm stecken. Und er war sich der Gefahr bewusst, in der er schwebte, sah hellsichtig voraus, wie das Glas bei ungeschickter Körperbewegung brach, fühlte geradezu die Glassplitter im Gedärm und malte sich aus, welche Wirkung hochgiftiges Quecksilber in ihm anrichten könnte. Toni Kolbe geriet in Panik, sein Gesicht war leichenblass, als er seiner Frau die peinliche Angelegenheit schilderte.

»Bloß nicht groß bewegen – nicht hinsetzen! Du musst sofort ins Krankenhaus«, bekam er zu hören. Ihren Vorschlag, es noch mit Einläufen zu versuchen, setzte er gleich in die Tat um. Da war jene Gummibirne mit Düsenansatz genau richtig. Er füllte sie, indem er lauwarmes Wasser ansaugte und es dann vorsichtig in den Darm entleerte. Heraus kam nur wenig, jedenfalls kein Thermometer, auch nicht nach dem zehnten Einlauf.

»Es hat keinen Zweck«, stellte die Ehefrau fest.

»Rufe bitte jetzt den Krankenwagen – oh! – nicht hinsetzen!« , rief sie noch rechtzeitig.

Mit zittrigen Fingern wählte Herr Kolbe den Rettungsdienst.

»Ach, mir ist eine peinliche Sache passiert«, begann er, nachdem er Namen und den Standort gemeldet hatte.

»Ich habe beim Zähneputzen und Rasieren Fieber gemessen – dann war das Thermometer in den Darm gerutscht – ist nicht mehr zu kriegen. Es könnte brechen – die Glassplitter, das Quecksilber – eine Katastrophe!«, stöhnte er ins Telefon.

»Der Rettungswagen kommt in zirka fünf bis zehn Minuten«, antwortete der Mann, und Herr Kolbe machte sich bereit, zog die Schlafanzughose aus und seine Unterwäsche an, darüber den Morgenmantel. Dann stapfte er ganz vorsichtig die Treppe ins Erdgeschoß hinab, schlüpfte in ein Paar Lederhausschuhe und wartete ohne weiteres Handgepäck auf den Krankenwagen. Er ging davon aus, mittags wieder mit dem Taxi heimzukommen. Zu seiner Frau meinte er:

»Für den Arzt ist es ein Klacks, der zieht mit einem Instrument das Teil einfach wieder heraus – finito!«

Der Rettungswagen kam mit Blaulicht und Sirene an. Toni verabschiedete sich kurz von seiner Frau und ging die kurze Strecke zur Straße vor, wo der Wagen parkte. Eine hübsche Ärztin übernahm den Fall, und eine junge Helferin und der Fahrer, die sich im Fahrzeug aufhielten, brachten Herrn Kolbe auf die Idee, es besser auf die humorvolle Schulter zu nehmen. Nun, man lachte, und gleich wurde es auch schön peinlich. Toni sollte sich bäuchlings auf die Pritsche legen, damit man zuerst mal einen Greifversuch machen könne. Doch die Ärztin gab schnell auf – keine Chance. Der Fahrer startete den Motor und fuhr rund zehn Kilometer zum Klinikum der Kreisstadt.

Im Bereich der Aufnahme fand sich Herr Kolbe schließlich in einem winzigen Bürozimmer – um dort bitte zu warten. Die Uhr über der Türe zeigte 9:15. Ein Schreibtisch, zwei Schränke, ein Stuhl, eine Pritsche,

Waschbecken, viel mehr war da nicht.
Bevor etwas geschah, kamen die Vampire. Der eine wollte Blut zur Untersuchung, der andere legte eine Kanüle und zapfte sich zwei Ampullen ab. In der Folge betraten allerlei Maskierte den Raum, es war Coronazeit, nannten unverständlich ihre Namen, stellten diverse Fragen, tippten in die Tastatur und ließen Kolbe im Zimmer zurück. Wieder andere kamen herein, ohne ihn zu beachten, es ging zu wie in einem Taubenschlag. So verging viel Zeit. Endlich stellte sich eine jugendliche Ärztin vor, die sich gründlich über die Situation informierte. Auch sie schickte den Patienten bäuchlings auf die Pritsche, streifte sich Gummihandschuhe über und fingerte vergeblich nach dem Thermometer.
Bald lag ein Stapel Formulare auf dem Schreibtisch, Herr Kolbe kreuze im Stehen seitenweise unzählige Kästchen an. Kaum war das erledigt, stellte sich eine andere Person vor, guckte auf den Bildschirm und fragte wiederum fast alles ab, was Kolbe bereits im Fragebogen beantwortet hatte. Zwischen den einzelnen Kontakten verging allerdings eine Ewigkeit, sodass sich der Patient wie ein Gefangener in der Zelle fühlte, sich die Füße vertrat, indem er vier Schritte längs nahm – Drehung, drei Schritte quer – Drehung, vier Schritte – Drehung, drei Schritte – Drehung, und so fort – im Zimmer herumtappte. Seine Glieder taten ihm vom Stehen weh, Füße und Rücken vor allem, weil er bereits seit vier Stunden auf den Beinen war, nüchtern dazu, und sich nicht setzen durfte, auch keine dehnende Bewegung wagte er. Ein Blick auf die Uhr: 11:00 – ver-

dammt! Wie soll es denn weitergehen?, fragte er sich und verließ das Zimmer durch die weit offenstehende Türe, schlenderte eben drei Meter über den Flur, um in den Aushangkasten zu gucken, als eine resolute Schwester in anfauchte: »Sie bleiben bitte im Zimmer, das habe ich Ihnen doch gesagt!«

»O Verzeihung – jawohl, Schwester.«

Endlich tauchte die Ärztin wieder auf, die seinen Po nun gut kannte, und versetzte ihm einen Schock:

Es sei eine Vollnarkose erforderlich, hätte der Oberarzt verlangt. Kaum hatte sich Kolbe gefasst, traf ihn der nächste Schlag. Frau Doktor informierte ihn nun über die Risiken dieser Behandlung:

»Bitte bleiben sie ohne Sorge, doch ich muss sie darüber aufklären – Sie sollen ja auch ihr Einverständnis mit Ihrer Unterschrift geben. Sollte es nötig werden, muss der Bauchraum geöffnet werden ...« Dabei bewegte sie ihre Hand von oben nach unten über ihren weißen Kittel und dann quer über den Bauch, zeichnete ein kopfstehendes T.

Toni Kolbe hörte Worte, wie von weitem herangeweht, welche dennoch wie Stiche in sein Gehirn eindrangen:

»Künstlicher Ausgang – gefährliche Glassplitter im Darm – Problem Quecksilber ... unter Umständen besteht sogar Lebensgefahr ...«

Der Patient schluckte, holte tief Luft und meinte tapfer:

»Was sein muss, muss sein – wo ist zu unterschreiben?« Gesagt, getan.

»Sie werden jetzt zur Station gebracht«, die Ärztin verlies den Raum. Kolbe nahm nach ereignislosem Warten seine Zellenwanderung wieder auf. Vier Schritte längs – Drehung, drei Schritte quer – Drehung, vier Schritte - Drehung, drei Schritte – Drehung ... Ein eigentümliches Gefühl nahm ihn gefangen: »Himmel noch mal – Toni!, was hast du nur angestellt, dass du jetzt wie ein Sträfling Runden drehst?«, wird er gedacht haben.

Inzwischen stand der Uhrzeiger auf 11:30 und Kolbe war mürbe geworden, konnte nun locker aufs Schafott gebracht werden. Endlich kam eine Schwester mit dem Rollwagen. Kolbe legte sich recht umständlich in Seitenlage darauf, und gleich ging die Fahrt durchs untere Gedärm des Gebäudes, zum Lift, dann hinauf in den zweiten Stock zur Station, Zimmer 231.

Anfangs war gar kein freies Bett vorhanden. Aber die nette Ärztin hatte alle Hebel in Bewegung gesetzt, um eins zu organisieren. Eine Patientin wurde mit einer anderen Frau kurzfristig zusammengelegt, sodass ein Zimmer für Herrn Kolbe zur Verfügung stand.

Türe auf – und hinein mit ihm auf der Pritsche. Der Raum machte einen abweisenden Eindruck auf den neuen Bewohner. Ein langer Schlauch von Gang, kahl der Raum, ein einziges Bett vor dem Fenster. Kolbe trug noch Unterhemd und Unterhose und erhielt nun rasch von der Stationsschwester einen OP-Kittel, eine Art Schürze mit kurzen Ärmeln, nach hinten salopp offen getragen. Nun hieß es, auf die Abholung zur Narkose zu warten.

Endlich! – es mag kurz nach Mittag gewesen sein, als ein mürrischer Pfleger sein Opfer abholte und durch lange Flure, in große Lifte und durch noch längere

Gänge schob. Dort oben, im Operationsbereich, taten sich geheimnisvolle, lichte Raumwelten hinter breiten, riesigen Schiebetüre auf. Kolbe schien es, als befände er sich in einer Operationslandschaft, mit zahlreichen OP-Sälen und dunkler Flure davor. Genau konnte er sich nicht orientieren, da seine Augen nur einseitig von der Liege nach Anhaltspunkten schielten. Hier herrschte reges Treiben; Kolbe wagt insgeheim den Vergleich mit einer Kesselschmiede, wo nach seiner Vorstellung ähnlicher Krach dazugehört. Aber in einem Krankenhaus – in der OP-Zone? Hm. Stark verwundert war er über das laute Gelächter, das sich im allgemeinen Lärm des Handierens vernehmen ließ. Frustriert malte er sich aus, wie er bald selber das Lachen befeuern werde, sobald sein Problem-Po zur Inspektion eingefahren wird.

Der Rollwagen hatte inzwischen seinen Platz gefunden, stand nun im Dämmerlicht eines schmalen Flures, abseits von den großen Schiebetüren. Der Narkosearzt begrüßte Kolbe, legte ihm Elektroden an, drei auf die Brust, schloss diese an Gerätschaften an, deren Monitor über Kolbes Kopf sofort magische Kurven zeichnete und mit jedem Herzschlag piepste.

Zum zigsten Male an diesem Tag gab der Patient dem Arzt seine Story zum Besten. Der lachte aber nicht, sagte nur trocken:

»Was glauben Sie, was die Leute sich alles in den Hintern stecken! Ihr Thermometer ist dagegen kalter Kaffee. Was ich da schon erlebt habe – das ist unglaublich, einfach unglaublich!« Kolbe schien da einen stol-

zen Unterton wahrgenommen zu haben.
Der Arzt ging nun an seine eigentliche Arbeit, rief einen Assistenten herbei, um mit ihm die Narkose einzuleiten. Kolbe musste mühsam in Rückenlage gebracht werden, eine Kautschukmaske legte man auf seine Brust, aus ihr strömte reiner Sauerstoff. Was an seinem Arm geschah, konnte er nicht sehen, vermutete aber, es sei ein Anschluss für das Narkosemittel gelegt worden. Die Sauerstoffmaske kam über die Nase mit der Aufforderung, nun tief und kräftig einzuatmen – zwei – drei – viermal. »So ist's gut!«, war das letzte, was der Patient gehört hatte. Das nächste, was er hörte: »Wir haben nichts gefunden ...« Jemand sagte das neben ihn, Kolbe kam sofort aus der Narkose und stammelte: »Und nun? – Kann man da nicht röntgen?«
»Ja, man fährt Sie jetzt zur CT ...«
Eigentlich, dachte Kolbe, hätte man das doch als erstes machen können?
Der Computertomograph fuhr brummend über den Bauchraum. Anschließend rollte die Liege wieder durch endlose Gänge. Auf der Station stieg Kolbe um in sein Bett und döste vor sich hin. An das ständige Blutdruckmessen hatte er sich schon so gewöhnt, dass er es kaum mehr wahrnahm. Sein inständiger Wunsch, das Ergebnis der Tomographie zu erfahren, war bisher nicht erfüllt worden. Irgendwann hörte er im Halbschlaf, dass auch die Aufnahmen keinen Gegenstand zeigten; da war er hellwach und besorgt schaute er auf den Pfleger, der die problematische Botschaft überbrachte; Schulterzucken und Abgang. Es war später

Nachmittag, als zaghaft die Türe aufging und Kolbes Frau das Krankenzimmer betrat. Sie brachte eine Reisetasche mit Waschzeug und Kleidung. Völlig aufgelöst und entnervt sei sie seit aller Frühe - noch gar nicht zu klaren Gedanken gekommen, kam verzweifelt hervor. Mehrmals hatte sie in der Klinik angerufen, aber immer wieder die Auskunft erhalten, Herr Kolbe befinde sich »im OP«, ohne etwas näheres erfahren zu können. Als sie jetzt neugierig die Lage sondierte und erfuhr, dass weder drei OP-Ärzte noch der Computertomograph das Thermometer hatten finden können, sank Frau Kolbe erschöpft auf den einzigen Stuhl im Zimmer. »Und nun? Wie geht es weiter?«

»Keine Ahnung – kein Arzt ließ sich blicken; die sind wohl ratlos ...«

»Wenn sie dir jetzt den Bauch aufschneiden ...«, ihr Mann unterbrach sie leise:

»Hast du auch die Ablage unter dem Spiegel untersucht? Ich weiß zwar, dass ich das Thermometer reingesteckt habe – aber zuvor hatte ich etwas Creme drangegeben – vielleicht bin ich aber schon so irre, dass ich es auf der Ablage vergessen habe und mir nur einbilde, es verwendet zu haben.«

»Na, du machst Sachen! Da muss ich nachsehen; ich werde alles nochmal absuchen und dir auf jeden Fall noch heute Bescheid geben lassen, ob ich das Miststück gefunden habe.«

Voll banger Hoffnung döste Kolbe wieder ein, nachdem seine Frau gegangen war. Ein Pfleger stellte das Abendbrot ans Bett. Zwei Scheiben Schwarzbrot, zwei Scheiben Käse, fünf Scheibchen Schinkenwurst, Butter – nichts zu trinken. Als hätte er seine Botschaft beinahe vergessen, drehte der Pfleger sich kurz um und meinte beiläufig: »Frau Kolbe lässt ausrichten, dass sie das gute Stück in der Pyjamahose gefunden hätte.«

»Oh, vielen Dank!«, brachte Herr Kolbe hervor und machte innerlich einen riesigen Freudensprung. Nur konnte er gar nicht recht nachvollziehen, was ausgerichtet worden war. In der Schlafanzughose? Die hatte er doch sofort untersucht, auch die Hosenbeine geschüttelt und natürlich die Hose auch ausgezogen und an den Haken an der Badtüre gehängt; da war nichts herausgefallen. Egal, Hauptsache das Thermometer ist da, der Bauch bleibt zu. Toni Kolbe schlief ausgezeichnet, fühlte sich trotz der Nachwirkung seiner Narkose bestens.

Morgens um sieben stieg ein Mensch total erleichtert aus dem Bett, bereitete sich auf die Visite vor und machte sein Handgepäck startklar. Inzwischen brachte eine Schwester das Frühstück und starrte verwundert auf ihren Patienten, der bereits bekleidet und in Straßenschuhen vor ihr stand. Sobald sie den Grund erfuhr, grinste sie übers ganze Gesicht und verließ auflachend das Zimmer. Eigentümlich, wie sehr doch der Mensch ein Gewohnheitstier ist! Einen langen Tag hatte sich das vorsichtige körperliche Verhalten in allen Gehirnwindungen einprägen können. Jedes Mal, wenn Herr Kolbe sich hinsetzen wollte, meldete sich reflexartig sein Gewissen, es bitte dringend zu unterlassen. Das sah ein bisschen komisch aus, wie jetzt sein Körper auf

halbem Wege kurz innehielt und sich erst mit Verzögerung auf den Hosenboden setzte. Die Türe öffnete sich, und ein Schwall von Personen drang herein, schätzungsweise zehn maskentragende Gesichter starrten ungläubig auf den Patienten. Der Oberarzt begrüßte freundlich Herrn Kolbe, der sogleich für Aufklärung sorgte:
»Ich habe eine Überraschung für Sie. Meine Frau ließ mir ausrichten, dass sie das Fieberthermometer in meiner Schlafanzughose gefunden hat. Es muss sich auf unerklärliche Weise in den Fußbünden verklemmt haben, denn ich hatte es ja zu allererst in der Hose vermutet und dort auch gesucht, die Hosenbeine geschüttelt – nichts. Beim Ausziehen der Hose und Aufhängen wäre es doch normalerweise herausgefallen – seltsam ist das!« Die Gesichter hinter den Masken schienen zu lächeln, zumindest taten es die Augen, und der Oberarzt meinte: »Ja, doch, es kommen die erstaunlichsten Sachen vor – aber nun ist doch alles in Ordnung.« Von ihm fiel vermutlich eine große Bürde ab, denn er war wohl ratlos, was er andernfalls als Nächstes zu tun gedachte. Herr Kolbe gab sich einen Ruck und sagte mit brüchiger Stimme:
»Ich möchte mich bei Ihnen allen entschuldigen für die unnötige Mühe, die ich verursacht habe – Sie können mir glauben, das habe ich nicht mit Absicht getan ...«
Da lachte die versammelte Mannschaft und der Oberarzt variierte noch einmal:
»Ach, so etwas kann vorkommen, das passiert eben, da kann man gar nichts dagegen machen.«

Mit guten Wünschen zog man sich zurück, und Toni Kolbe nahm seine sieben Sachen und machte sich auf die Socken. An der Pforte ließ er ein Taxi bestellen, welches ihn nach Hause brachte. Er hoffte inständig, dass er dem Taxifahrer nicht schon wieder sein Malheur erzählen musste, was eine Fiebermessung im Po alles heraufbeschwören kann. Nein, man redete über Corona und das spleenige Wetter. Daheim wollte Kolb von seiner Frau wissen, wo sie das Thermometer denn tatsächlich gefunden habe? Er hielt die Schlafanzughose für eine geschickte Ausrede, weil er ja sonst als seniler Mensch dagestanden wäre, der sich das Corpus Delicti gar nicht hinten reingesteckt hatte. Unerträglich diese Vorstellung! Gespannt hörte er zu, was Sache war. Seine Frau hatte das Bad gründlichst in Augenschein genommen – das Thermometer war nicht da! Sie sei in schiere Panik geraten, weil ja nun wohl nach ihrer Meinung eine Bauchöffnung anstand, mit einer weiteren Vollnarkose. Sie sah ihren Mann bereits als Krüppel heimkehren, gezeichnet fürs Leben, mit künstlichem Ausgang, usw. Als sie das Bad verlassen wollte, kam ihr der Schlafanzug an der Tür vor die Augen. Automatisch griff sie auch diesen von oben bis unten ab – vergebens. Sie nahm ihn ab, um ihn ins Schlafzimmer zu bringen, da hörte sie ein schwaches Klirren. Das Thermometer war auf den Fliesenboden gefallen.
Die weitere Geschichte ist ja hinreichend bekannt; es ist nur noch hinzuzufügen, dass die Begebenheit wahrheitsgemäß so ablief und nur der Name unseres »Helden« irreführend ist.

Zwei Vögel in der Klemme

Hört Leute, das muss ich euch zwitschern: Ich bin der Vogel von meinem Boss. Was der sich geleistet hat, das haut doch dem Fass den Boden durch! Als er noch beruflich unterwegs war, suchten wir ausdauernd nach einer Firma, die auf seinem Besuchsplan stand. Doch alle Mühe war vergeblich!

»Ja, wo bin ich denn?«, schien die Adresse ihn zu foppen. Seine Nerven lagen blank.

»Hei, jei jei, Himmel, Sack Zement«, hat der Chef gerufen und mit der flachen Hand an mein Domizil, seine feuchte Stirne, gehauen.

»Wie kann man denn so dusslig sein«, schrie er beim Wendemanöver in einer Sackgasse. Da hinein hatten wir uns bereits vor einer Viertelstunde verirrt. Kaum ist das Vehikel mit der Schnauze zur Weiterfahrt in Gegenrichtung gewendet – augenblicklich stand der Meine auf der Bremse und kurbelte das Fenster runter. So ist's recht Boss! Menschenskind, ist mir heiß heute, mindestens dreißig Grad draußen und im Schädel noch reichlich mehr! In diesem Hirnkasten bekomme ich ja alles mit und wusste, weshalb der Chef anhielt.

»Hallo, so ein Zufall! Die Welt ist doch klein! – grüß Gott!«, rief er den Herrn zu, der fast gleichzeitig abgebremst hatte und jetzt, mit dem Fahrrad zwischen den Beinen, dastand, nun im Begriff, das Bein über den Sattel zu heben. Es ist höchste Zeit, zu beichten: Ich war an der Misere ja nicht unbeteiligt, habe meinem Boss einen Floh ins Ohr gesetzt:

»Das ist doch der Welser – den kennst du doch: Verwandtschaft – also raus jetzt, und nichts wie rüber zur Begrüßung!« Herr Welser ist der Vater von Chefs Schwägerin. Schließlich war er es, der uns vor Jahrzehnten bei der Steuererklärung half und dabei linkshändig schrieb, weil sein rechter Arm außer Betrieb war und stattdessen schlaff nach unten hing. Seitdem waren wir uns nicht mehr begegnet, hatten uns zwischenzeitlich auch räumlich entfernt.
Ach, wie schön – wir wohnen jetzt am Waldrand, von dessen Ästen die Piepvögel, meine Namensvettern, so hingebungsvoll und sinnenfroh herunterzwitschern. Übrigens, ein kalter Waschlappen hilft immer, wenn der Chef erschöpft aus dem Münchner Raum zurückkommt, wo wir vorher sesshaft waren. Auch mir tut die Kühle vor meinem Zuhause gut; denke, es ist die einzige Möglichkeit, die ein erhitzter Vogel im Hirnkäfig hat, sich etwas zu entspannen. Hm, ein eiskalter Waschfleck käme mir gerade recht, bin heute arg durcheinander, außer Fassung, sozusagen.
Inzwischen hatte der Autofahrer das Fahrzeug verlassen, der andere kam ihm radschiebend in der Straßenmitte entgegen. Die beiden Anzug-und Krawattenträger waren verkniffen lächelnd aufeinander zugeeilt, schüttelten sich wie alte Bekannte die Hände.
»Ja so trifft man sich«, kam es vom Radfahrer leicht gewürgt hervor, der jetzt ständig seinen Kopf nach hinten drehte, als suchte er nach Hilfe. Oder wollte er sich versichern, dass niemand diese Begegnung beobachtete?

»Das gibt's doch nicht!, nach einer Ewigkeit sieht man sich wieder – ausgerechnet in dieser verflixten Sackstraße, wohin ich mich heute schon einmal verfahren habe.« Beide lachten.

»Wir wohnen jetzt Nähe Altmühltal –«, der Radler unterbrach überrascht:

»Ach was! Das Altmühltal kenne ich auch; sehr schön. Da sind wir vor ein paar Jahren durchgeradelt. Wo wohnt ihr denn da?« Der Ball war geschickt abgegeben und nun galt es zu parieren. Längst war dem Chef klar: Dieser Mensch war gar nicht der Welser. Der hatte ihm doch gerade die rechte Pratze gegeben und schraubstockartig zugedrückt. Da war ihm brühwarm eingefallen, dass der echte Welser immer seine Linke ausstreckte, was anfangs zu unangenehmen Kompatibilitäten führte, sobald die seitenverkehrte Begrüßungsprozedur stattfand. Also reichte der Chef eben linkes Händchen.

Aber nun? Vor ihm stand ein völlig fremder Mensch! Na ja – ähnlich, auf den ersten Blick sogar verdammt ähnlich, war der Mann seinem Hirnvogel schon vorgekommen, und der hatte ihm ratzfatz den »Welser« eingeflößt. Jedenfalls musste auch der andere einen vorschnellen Vogel haben, schoss es dem Chef in den Sinn. Denn gleichzeitig, beinahe wie elektrisiert hatten sie aufeinander reagiert, mutierten aus heiterem Himmel mitten auf der Straße zu Bekannten, sogar Verwandten. Für den Boss zwar nur weitschichtige Verwandtschaft – lang, lang ist's her, seit sie sich ein paar Mal getroffen hatten. Dazwischen lagen oft Jahre. Und gefühlsmäßig nahe kam er dem Welser seinerzeit auch nicht. Eher waren das formale Begegnungen, kurze Zweckgespräche, während der Besuchte linksarmig mit den Steuerformularen hantierte. Auch meinte er, man siezte sich damals. Instinktiv vermied er auch jetzt das Du. Der Autofahrer war dran und antwortete:

»Wir wohnen nun in Konstein. Den Ort kennen die wenigsten, aber nach Wellheim sind es nur drei Kilometer.«

»Und ob ich Konstein kenne, dort ist doch der Klettergarten. Unten, vom Parkplatz aus, schauten wir den Kletterern in der Steilwand zu, und an der Wand haben wir die Gedenktafeln der Abgestürzten gelesen; alles blutjunge Leute.«

»Ja, das ist der bekannte Dohlenfelsen, fünfzig Meter hoch, kein leichter Brocken. Sogar Münchner und Augsburger kommen zum Klettern dorthin – und ihr wohnt noch an gleicher Stelle?« Zack, der Ball war beim Radler gelandet.

»Ja, schon, aber die Sache ist ...« Ein Anlieger war mit seinem Wagen auf die beiden langsam zugerollt und veranlasste sie, Platz zu machen, standen sie doch mitten auf der Straße. Am allerliebsten wären die zwei bei dieser günstigen Trennung geflüchtet, doch nun war die Passage frei, sie mussten wieder zueinander aufschließen. In den Hirnkästen ihrer Figuren tobten die Vögel wie wahnsinnige Unholde und trieben den Inhabern allmählich Schweiß auf die Stirnen. In der Tat, während sich ihre Piepvögel beinahe totlachten, hatten die zwei Männer diese peinliche Situation abzuarbeiten, in die sie dummerweise geraten waren. Jedem war längst klar, dass man ein völlig fremdes Gegenüber vor sich hatte, aber der närrische Kerl ließ es sich nicht anmerken. Weder der eine, noch der andere. Gleich zu Anfang hätten sie ihren Irrtum ja noch eingestehen können, doch mit jeder Sekunde schien es abwegiger, gar unmöglich, reinen Tisch zu machen. Verdammt noch mal, welch blamable Situation!, mochten sie gedacht haben. Der Ball war wieder beim Chef und wartete auf Abgabe:

»... und bei euch ist alles ok?«

»Alles in Ordnung! Und selbst?« Ein raffinierter Knochen, der spielt mir den Ball schneller zu, als ich denken kann.

»Ich kann nicht klagen – die üblichen Zipperlein, jeden Tag halt was anderes.«

»Oh das kenn ich auch; man wird ja nicht jünger ...«

»Wenn's anders wär, ging's einem ja zu gut!«

»Klar, das darf schon gar nicht sein, ja wo gibt's denn so was!«, dabei grinst der Radfahrer meinem Chef ins Gesicht, genauso, als hätte er gesagt: Wie lange wollen wir uns noch verarschen? Jeden Augenblick nahm die Befremdlichkeit der zwei Akteure zu, bald hatte sich ein surrealistisches Befinden eingeschlichen. Das konnte doch nicht wahr sein, was man spielte und dargeboten bekam. Aggressiv denkbar war mittlerweile, den andern in die Wange zu kneifen, ihm zu hätscheln, etwa:

»Aber ja doch, Sie guter alter Verwandter.« Dazu fehlte jetzt gar nicht mehr viel Überwindung, und wie könnte der reagieren? Genauso! Das ist ja der Wahnsinn!

»Och Sie, liebster Bekannter ...«, tätsch, tätsch, linke Backe, rechte Backe ... »Irre! Mein Boss ist irre!«, krakeelte der Vogel im Hirnstübchen. Der gefühlte Schlagabtausch der beiden Simpel via Äußerung und Gegenrede kam durch die hirnrissige Kneif- und Tätschfantasie des einen etwas ins Stocken, sodass endlich die Frage an den Autofahrer ging:

»Und was macht man hier in Landsberg, bei dem schönen Wetter?« Auch der Radler vermied die direkte Anrede.

»Mit Baden ist leider nichts, muss arbeiten, Kunden besuchen ...«

Aber Hallo! Das war augenblicklich die Superchance. Mein Boss zückte demonstrativ seinen Arm, bis die Uhr unter der Manschette hervorkam –

»Oh, jetzt wird es aber knapp – das Lenkrad ruft – Zeit ist Geld!« Dabei schwang der Oberkörper bereit hin zum Auto und die Beine folgten auf der Stelle.

»Also – dann viel Glück und eine gute Zeit!«, rief der vermeintliche Welser, trippelte dabei einige Schritte neben dem Rad her und stieg in den Sattel. Ein Händchengeben zum Abschied war wohl für beide nicht mehr nötig, zu mächtig trieb die Freude an, schnellstmöglich aus dem Blickfeld des Gegners zu verschwinden.

»Und schöne Grüße zu Hause – Wiedersehen!«, rief mein Boss aus dem offenen Fenster. Beiderseits noch ein beiläufiges Winke, Winke und nichts wie weg! Beim Barte eines Propheten: Genauso ist es geschehen. Auf der Heimfahrt brachten gefährliche Lachanfälle den Autofahrer beinahe ins Schleudern.

Mein *Chef* zwang sich immer wieder zu ernsten Gedanken, versuchte verzweifelt, sein Minenspiel anzupassen, doch sofort ließ ich ihm wieder den Welser vor sich sehen, und er war dann nicht mehr zu bremsen. Einfach schlimm, wenn man nicht über seine eigene Dummheit lachen will, aber es doch zwanghaft muss!

*

Der Alte zeigt mir stolz seinen wuchtigen Spazierstock mit Gummipuffer:

»Der gehörte einem Herrn Kommerzialrat in Wien!« Sollte ich mich jetzt schämen, mit meinem Wanderstecken? Der gehörte zeitweise einem Hund, wie man leicht an den Beißspuren der Rinde feststellen kann.

Der Türmer

Seit Jahren quälte den Turmwächter eines mittelalterlichen Städtchens auf seinem stattlichen Kirchturm ein furchtbarer wiederkehrender Traum. Dabei erlebt er sich als Versager, weil er nicht wachsam genug war und ein verheerendes Feuer im Ort verschläft, was doch seine Aufgabe wäre, solches zu verhindern. Jedes Mal gerät der alte Junggeselle in Panik, sobald ihm wieder jener unheimlich vertraute beißende Qualm den Atem nimmt und er vom glutroten Widerschein der Feuersbrunst an den Wänden der Turmstube aus seiner Bettstatt gerissen wird. Zitternd vor Schreck starrt er dann vom Turm hinab in das Inferno. Alle Häuser brennen lichterloh, schreiende Menschen sieht er als lodernde Fackeln daraus fliehen. Ihm wird vor Versagensangst schlecht und schwindelig, denn vor seinen Augen dreht die brennende Stadt immer schnellere Runden, schleudern sprühende Feuerkreise im Kopfe den Mann zu Boden. Gleich hört er die wütende Meute, welche auch jetzt wieder im Turm nach oben gestürmt war; es sind leibhaftige Teufel, die Rache fordern. Sie packen ihn gewalttätig an Armen und Beinen und werfen ihn über die Brüstung, hinab ins Feuer. Schweißgebadet liegt der Türmer hernach im Bette, zittrig richtet er sich auf, drückt beide Hände vors Gesicht. Mittlerweile hat er eine Neurose entwickelt; die Albträume wirken derart heftig auf seinen Gemütszustand, dass er nicht mehr in die Tiefe schauen kann, zur Höhenangst war es nur ein kleiner Schritt. Was soll er nur tun? Verzweifelt sinnt er über einen Ausweg nach, doch nichts fällt ihm ein. Er ist schließlich berufsunfähig, kann nicht einmal an die Brüstung treten, geschweige hinunter auf die Häuser sehen. Aber zu keiner Menschenseele darf der Arme auch nur ein Wörtchen davon preisgeben, sonst verlöre er ja seinen Posten als Turmwächter.

Wieder sind einige Jahre vergangen und sein Zustand hat sich zunehmend verschlimmert. Seine Neurose macht es ihm jetzt nahezu unmöglich, aus dem kleinen Erkerfenster nach draußen in den Himmel zu gucken, ohne sogleich einen Schwindelanfall zu bekommen. Auch hat er häufig den Eindruck, der Turm schwanke, sodass ihn blanke Todesangst befällt. Also sitzt er meist deprimiert da und vegetiert vor sich hin. Und die Welt da unten, so denkt er, habe ihn längst vergessen. Bei geschlossener Außentür ist es still dort oben. Bis auf das Gurren der Tauben und das gleichmäßige Klicken der Zahnräder der eisernen Turmuhr herrscht Grabesstille.

Zwischen Kirchturm und dem Rathaus gegenüber wird ein Drahtseil gespannt, Seiltänzer werden morgen eine Vorstellung geben. Der Turmwächter hat das gar nicht mitbekommen. Der durchlitt in dieser Nacht wieder seinen grauenhaften Traum, und am folgenden Tag quälte ihn die Entscheidung, für oder gegen die *»Lösung«* zu sein, welche inzwischen in seinem Kopf herangereift war. Nun, dieser Tag war gekommen, er ist bereit. Nachmittags band er sich ein Tuch um den Kopf, eine Augenbinde, damit er überhaupt fähig war, hinaus an die Balustrade des Turms zu treten. Just im selben Augenblick, als die Zuschauer mit offenen Mündern nach oben auf die waghalsigen Hochseilakrobaten starrten, hievte sich der Turmwächter auf die Brüstung, richtete sich auf und sprang mit aller Kraft hinaus ins Leere. Er vernahm im Falle unmittelbar den gellenden Aufschrei der Leute auf dem Platz unter dem Hochseil. Kann man ermessen, was dem Manne blitzartig durch den Kopf sauste? An ein Wunder konnte der in diesen Sekunden gewiss nicht glauben, dennoch geschah es: Der Mensch federte vom Sicherungsnetz himmelwärts, kam darin zurück, erhob sich erneut wiederholte Male, bis die Hände die Maschen zu fassen bekamen. Seine Augenbinde war bei solchem Trampolinspringen abgefallen, und er sah durch das Fangnetz hindurch unter sich eine jubelnde Menge. Die glaubte nämlich, eine sensationelle Einlage eines Artisten gesehen zu haben, und der gefeierte Springer vermied es geschickt, seine wahre Absicht zu verraten. Wundersamerweise war auch seine Höhenangst verschwunden, dennoch hatte er sich, voll von Dankbarkeit dem gütigen Schicksal gegenüber, dazu entschlossen, den Turmdienst aufzugeben und künftig sein Dasein auf festem Boden im Umfeld der Stadt zu fristen. Ein Angebot der Hochseiltruppe hatte er, eigentümlich grinsend, ausgeschlagen.

*

Missgeschick: Leider stieg der Leiter auf der Leiter eine hohe Sprosse weiter, die dann brach – wie sein Genick.

Die wilden Glasmacher

»Früher war dieser Hang noch eine Schafweide«, sagte der rüstige Achtziger neben mir. Wir lehnten mit aufgestützten Armen an der Balkonbrüstung und blickten hinunter ins Urdonautal. Stünden jetzt nicht die Häuser dort, welche in den letzten Jahrzehnten den Südhang erobert hatten, samt Bäumen und Gebüsch, könnte man von hier die längst stillgelegte Glashütte sehen, in der Rudolf sein Leben lang gearbeitet hatte.

»Ich war eigentlich ein Außenseiter«, meinte der spitzbübisch, »weil ich kein Biersäufer war wie die Kollegen, sondern nur Tee getrunken habe: Pfefferminze – Malve – Schwarztee – ganz egal welcher, aber täglich in großer Menge!«

Mit seinen einundachtzig Jahren strotzt dieser Mann von Vitalität und Gesundheit und ich erwäge insgeheim, meinen vergleichsweise bescheidenen Bierkonsum auf Tee umzustellen. Ach nee, vergessen wir's!

Etwas ungewöhnlich mag es sein, wenn die Moral von der Geschichte nicht am Ende, sondern gleich zu Anfang gepredigt wird; aber so wird das wenigstens nicht vergessen. Sie lautet:

»Wer viel säuft und raucht, sich kaum um hohes Alter kümmern braucht.« Wie wahr! Von Rudolfs trinkfesten Arbeitskollegen lebt schon lange keiner mehr.

»Welche Mengen die Kerle vor den Feuerlöchern in der Gluthitze getrunken haben?«, wiederholte Rudolf genüsslich meine Frage.

»Gesoffen haben sie! Ohne zu schlucken!, es lief von

alleine durch die Gurgel. Diese Technik ist schnell gelernt, wenn einer zum Kampftrinker aufsteigt. Unter zwanzig Flaschen Bier während der Arbeitszeit ging kaum ein Glasbläser nach Hause. Etliche blieben am Feierabend in der schräg gegenüberliegenden Eckgaststätte hängen und versoffen ihren letzten Pfennig. Und wenn der Pichler am nächsten Tag nicht zur Arbeit gekommen ist, hat man mich losgeschickt, um ihn zu holen. Der schnarchte mal wieder auf der Ofenbank in der düsteren Gaststätte, aber Respekt – wachgerüttelt, war er willig und sogleich einsatzbereit; zwar ungewaschen, unrasiert, doch so was fiel ja nicht auf, in unsrer rußigen Hütte.«

Überhaupt sei das liebe Geld immer ein großes Problem der Trinker gewesen. Die an Kummer gewöhnten Frauen ließen deshalb regelmäßig beim Kramer anschreiben und bezahlten nur einmal am Zahltag, gleich aus der Lohntüte heraus. Selbst beim Kartenspiel zeigte sich, wie Geld den Charakter verdarb. Rudolf nannte ein Beispiel:

Zu viert wollte man karteln. Der bauernschlaue Xaver nahm sich seine drei Mitspieler insgeheim nacheinander vor, ehe man sich an den arg strapazierten Stammtisch setzte. Jedem hatte er das gleiche Geschäft vorgeschlagen: Sie sollten sein Falschspiel übersehen, denn wenn er dadurch gewänne, wolle er den Gewinn redlich teilen. Das hatte er aber allen dreien versprochen. So kommod abgesichert ging es endlich zur Sache, und der Xaver zog den Arbeitskollegen regelrecht das Fell über die Ohren, die das gutgläubig und mit listigem Augenblinzeln geschehen ließen. Xaver strich wortkarg den Reibach ein und ging früher als gewohnt nach Hause.

Tags darauf fanden einige Vieraugengespräche statt, zu denen der widerstrebende Gewinner diskret aber nachdrücklich von seinen Mitspielern genötigt wurde. Schließlich aber sagte Xaver jedem Einzelnen grob ohne große Umschweife:

»Ach, leck mich doch am Arsch!«, ging rasch weg und ließ den verdutzten Kompagnon mit offenem Mund wie angewurzelt zurück.

Eine simple und viel ertragreichere Geldquelle zapften gelegentlich Glasmacher an, die sich auf Wanderschaft befanden und aus Thüringen und Sachsen stammten. Sie meldeten sich zur Arbeit, ließen sich einen Vorschuss auszahlen, mit dem sie kurz darauf auf Nimmerwiedersehen verschwanden. Was für Zeiten!

In der Glashütte sei der Meister wie ein Gott für seine Gesellen gewesen, erinnerte sich Rudolf. Er bestimmte, wo es lang ging, duldete keine Widerrede und ihm war es auch freigestellt, wie er das vom Lohnbüro überlassene Geld an sich und seine Untergebenen verteilte. Es geschah nach Gutdünken, je nach Stimmungslage und Eigenbedarf. Wenn der Meister aber befahl, jemand solle eine Kanne Bier holen, rannten immer gleich mehrere auf die Blechgießkanne zu, um der Ehre zu genügen. Es war dieselbe Gießkanne, mit der man auch die erhitzten Glasformen zischend bei dichtem Wasserdampf abkühlte – mit Wasser allerdings! Das Bier holten die Gesellen also gießkannenweise aus der Kantine. Der Meister richtete dann den Auslauf auf seine Brust und verschaffte sich eine kurze kühlende äußere Anwendung, der das schlucklose Einfüllen durch den Mund folgte. Umringt von durstigen Gesellen machte das Arbeitsgerät schließlich die Runde, die niemals wiederholt werden musste, eher so endete, dass mancher schon beim ersten Durchlauf leer ausging. Rudolf hatte mein ungläubiges Gesicht bemerkt und gleich eins draufgesattelt:

»Der Biergirgl hat mich einmal nach Gammersfeld zum Essen eingeladen; dabei war noch der Martl«, erzählte er. Weil Girgl die Köchin in der Wirtschaft gut kannte, versprach er den Arbeitskollegen ein gutes und reichliches Mittagessen.

Man hatte sich um halb zehn verabredet und Girl kam pünktlich mit seinem Auto vorbei und brachte die beiden in die Wirtschaft, rechtzeitig zum Frühschoppen. Rudolf hob die Stimme:

»Bis zum Mittagessen hatte, der Girgl und der Martl, jeder seine fünfzehn Halbe Weißbier getrunken! Und nach dem Essen, vielleicht um drei, standen beim Biergirgl 26 Striche und beim Martl sogar 28 Striche rundum auf dem Bierdeckel!«

Als die Runde schließlich aufbrach, entschloss man sich aus polizeilichen Gründen, statt die Teerstraße, lieber einen abschüssigen Waldweg hinunter in den Ort zu fahren. Beifahrer Rudolf, der seinerzeit noch keinen Führerschein besaß, erhielt jetzt vom Fahrer Girl eine kantige Sicherheitseinweisung. Biergirgl fasste resolut nach der Hand seines Beifahrers und drückte sie fest

auf den Handbremshebel.
»Lass den nicht los – verstehst! – und soo musst du ganz fest anziehen, wenn ich was falsch mache!« Beim gedehnten »soo« riss er demonstrativ den Hebel samt umklammerter Beifahrerhand schmerzhaft nach oben. Im Schritttempo wären sie den steinigen Weg nach unten gehoppelt, und als der blaue Girgl auf die Bundesstraße zusteuerte, zog sein nüchterner Schutzengel die Notbremse. Nach einem lautstarken Disput mit den Trunkenbolden ließen sie endlich das Auto einfach im Wiesengrund stehen und begaben sich zu Fuß auf den restlichen, nicht sehr weiten Nachhauseweg. Als Martls Weg sich aber getrennt hatte, sei Biergirgl stocknärrisch geworden:
»Der Sauhammel hat mich doch glatt unter den Tisch gesoffen!, achtundzwanzig Halbe hat Martl g'schluckt! Ich hab's einfach nicht mehr g'schafft – nicht mehr 'packt!, verstehst, Rudolf: Ich hab's einfach nicht mehr 'packt!«, fügte er weinerlich nach einem herzhaften Rülpser hinzu, während er es den Hunden gleichtat und ein Hauseck wässerte. Sein Auto holte Biergirgl ab, als er wieder nüchterner war, am nächsten Tag.
»Du lieber Himmel, das waren aber bunte Vögel, in eurer Glasfabrik«, musste ich zugeben.
»Und wilde Hunde dazu!«, meinte Rudolf ernsthaft.
»Der Kroner Sepp war so einer. Der hat sich nämlich ein schönes Stück geleistet!«
Monatelang hatte sich beim Sepp der Frust über seinen Vorarbeiter, dem Hermann, angestaut. Die beiden gingen wie Hund und Katz miteinander um. Der Her-

mann hatte den jähzornigen Sepp so richtig auf dem Kick; rein gar nichts konnte der ihm recht machen. Und wenn der Sepp eins in der Krone hatte, prophezeite er wiederholt seinen Kollegen, dem Hermann werde er noch einmal zum Krüppel machen, ihm den Finger abbeißen, dem verdammten Hundling! Des Trinkers Rede indes vergeht wie sein Rausch, deswegen nahm man solche Sprüche nicht ernst.

Als einige Tage später die Polizei in den Hof der Glasfabrik einfuhr und dann verschiedentlich Verhöre vor Ort anstellte, kam ans Tageslicht, was im Dunkel der Nacht geschehen war. Der Kroner Sepp hatte sich wieder mal einen angetrunken und seine Rachegelüste gegen den Vorarbeiter geschürt. Dabei hatte er orakelt, dass die Zeit nahe sei, die Stunde bald geschlagen hätte und er deshalb jetzt heim ins Bett gehen müsse. Tatsächlich begab er sich aber mit all der angestauten Aggressivität auf den Heimweg seines Vorarbeiters, der etwas außerhalb der Ortschaft wohnte, um ihn aufzulauern. Hinter einem der letzten Anwesen des Ortes wartete er in stockfinsterer Nacht geduldig auf sein Opfer. Als sich schließlich die schwankende Gestalt näherte, sprang der Sepp aus dem Hinterhalt hervor und wortlos, mit voller Kraft, bemächtigte er sich der Person, zog deren Arm an sich und biss gewalttätig einen Finger ab. Ein gellender Aufschrei durchschnitt die nächtliche Ruhe und eine flüchtende Gestalt verschwand unerkannt im Schutze der Dunkelheit.

Wie später der Kroner Sepp erzählte, hatte er bei seiner Flucht den blutigen Finger noch im Mund. Erst als er sich in Sicherheit wähnte, steckte er die Beute erleichtert in die Brusttasche seines Sakkos, als wäre es eine geschnorrte Zigarre. Befriedigt sei er dann nach Hause geschwankt.

Am nächsten Morgen nahm der Kroner Sepp wieder die Arbeit auf, als sei nichts geschehen. Doch als er aber den Vorarbeiter erblickte, erzählte man, wäre der Sepp plötzlich kreidebleich geworden und habe herumgestottert, was sonst nicht seine Art war.

»Wem habe ich dann den Finger abgebissen?«, wird sich der tollwütige Sepp irritiert gefragt haben, denn Hermann war wie gewohnt herrisch munter und dessen Hände waren komplett.

Doch wer einen Zeigefinger vermisste, wusste inzwischen fast ein jeder, nur nicht der Kroner Sepp mit seinen Kollegen vor den Feuerlöchern.

»Kasper, den Briefträger, hat heute Nacht ein Verrückter den Finger abgebissen«, lief es wie ein Lauffeuer von Ohr zu Ohr. Noch bevor der Postler Anzeige bei der Polizei erstattete, nahm man dort schon ein paar belastende Aussagen zu Protokoll – Bemerkungen, welche einige Frauen von ihren Männern aufgeschnappt hatten, dass nämlich ein Glasmacher seinen Vorarbeiter einen Finger abbeißen wollte.

Finger ist Finger, wird sich der Polizist gedacht haben; schau'n wir eben mal nach, in der Glashütte, dann sehen wir schon. Der blasse Kroner Sepp zeigte sich kooperativ und holte schließlich sogar den Postler-Finger aus dem blutfleckigen Sakko, das in seinem Blechschrank hing.

Leerer Wälzer

Ich öffne mein imaginäres Tagebuch, es ist leer;
trage gedanklich ein:

Bald ein alter Mann und erst jetzt der erste Eintrag:
Mittwoch, 12. Mai.
Als es heute Morgen klingelte, stand ein Lama vor der Haustüre, welches mich mit Kulleraugen empfing, es war sehr schön. Gleich gab die Tür den Blick frei auf den Mann mit Sammelbüchse daneben; sein aufgedunsenes Alkoholgesicht gefiel mir weniger. Dennoch warf ich einen Euro in den Dosenschlitz, dem Lama zuliebe. Darum schleppt der Mensch ja das Tier von Haus zu Haus, von Tür zu Tür. Es schien mir, das hinreißende Wesen hätte mir zugeblinzelt, als an seinem Halsseil zur Kehrtwende gezogen wurde. Im Vorbeigehen stibitzte *Hansi* einige Blätter vom Bambusstrauch der Nachbarin.
Das ist der erste und zugleich der letzte Eintrag in diesem fünfundzwanzigtausendseitigen Tagebuch; es ist leider zu spät dafür.

Am Ende kommt wieder nur ein Neubeginn.

In eigener Sache

Als selbstverlegender Autor nimmt man gern jede Möglichkeit wahr, um seine Werke dem geschätzten Publikum vorstellen. Deshalb erlaube ich mir hier, auf weitere Bücher aufmerksam zu machen, welche kurz vor ihren »Stapellauf« stehen und hoffentlich schon bald verfügbar sein werden. Es sind ungewöhnliche Bände, gewidmet ungewöhnlichen Menschen. Weitere Infos unter: www.oppelweb.de.

Ein »Denkerband«, der schier grenzenlos breit und ratgebend gefächert zu sein scheint. Vorrangig geht es aber darum, Antworten auf viele offene drängende Gewissensfragen zu finden, sowie unseren Daseinszweck zu beleuchten, als auch zuverlässige Navigationshilfe ins Lichtreich zu bieten. Inneres Gleichgewicht, mehr Zuversicht und bessere Lebensqualität sind der Lohn! Kommen Sie mit auf eine spannende Gedankenreise? Durch Gefilde von Weltanschauung, Psychologie, Theorien und Erfahrungen bis zum Ziel nützlicher Erkenntnisse.

Der Band verdankt seine Entstehung einer Marotte des Autors, fast sein Leben lang alles Erdenkliche auf Zetteln zu notieren. Dadurch entstand eine faszinierende Sammlung von Sprüchen und Denkhappen aus einem Themenuniversum. Eine Auswahl von zweitausendfünfhundert Texten enthält diese Buch-Rarität namens »Hirnsteinsammlung«. Ihren Besitzern erschließt sich ein unerschöpflicher Ideenquell und jede Menge Diskussionsstoff.

»Verflixter Lernkäfig!«, betitelt der Autor seine Internatserlebnisse von 1953-59. Vieles gleicht einer abenteuerlichen Reise in eine fremde Welt. Dort herrscht weder Mangel an Unfug und Schadenfreude, noch an skurrilen Gestalten, die mit himmelschreienden Profilen dem einstigen Schüler unvergesslich geblieben sind. Höchste Zeit also, zum Kopfschütteln!

Mit Lyrik nichts am Hut – dennoch fand's der Autor gut, es zu probier'n;
er sagt sich: Probieren geht über das Studieren!
Respekt den Lesern – viele Grüße! Man fragt sich, ob er es besser ließe?

Aber hallo! Nur Ihre Neugierde kann das beantworten; jedenfalls wird Ihnen die Entscheidung nicht leicht gemacht, versprochen!